천국을 보여 주는 인생

김양재 목사의 큐티강해
마태복음 4

천국을 보여 주는 인생

지은이 **김양재**

Q.TM

"이르시되 어떤 사람이 큰 잔치를 베풀고 많은 사람을 청하였더니 잔치할 시각에 그 청하였던 자들에게 종을 보내어 이르되 오소서 모든 것이 준비되었나이다 하매 다 일치하게 사양하여 한 사람은 이르되 나는 밭을 샀으매 아무래도 나가 보아야 하겠으니 청컨대 나를 양해하도록 하라 하고…… 종이 돌아와 주인에게 그대로 고하니 이에 집주인이 노하여 그 종에게 이르되 빨리 시내의 거리와 골목으로 나가서 가난한 자들과 몸 불편한 자들과 맹인들과 저는 자들을 데려오라 하니라"(눅 14:16~21).

처음 초청받을 때는 다 올 것 같더니, 그럴듯한 변명으로 사양합니다. 이것은 불가피한 거절이 아닙니다. 하나님의 초청을 거절하는 것은 하나님에 대한 반란이고 적대감의 표현입니다. 세상은 '다 일치하게' 하나님 나라를 사양합니다. 99.9%도 아니고 100% 죄인들이기에 모두가 일치하여 하나님을 대적합니다.

부유함의 상징으로 여기는 서울 강남에서 목회를 하며 날마다 사람들을 초청하지만, 내 초청의 대상은 언제나 가난하고 환난당하고 빚지고 원통한 자들입니다(삼상 22:2). 밭과 소를 가진 사람, 장가간 사람이 와서 자리를 빛내 줄 것 같은데 그렇지 않습니다. 하나님의 초청을 받고 자리를 빛내는 사람, 하나님의 잔치에서 빛이 되는 사람은 가난한 사람, 아픈 사람, 못 보는 사람, 저는 사람입니다. 하나님이 아니면 갈 곳이 없는 사람, 이 땅에 누릴 것이 없기에 하나님 나라를 사모하는 사람이 잔치의 주인공이요 진정한 스타입니다.

가난하고 아픈 것이 자랑거리여서가 아닙니다. 육신과 심령의 가난함 속에서 내 죄를 깨닫기가 쉽기 때문입니다. 배부르고 편한 환경에서는 내가 죄인이라는 걸 깨닫기도 어렵고 하나님을 찾기도 어려운 것이 우리의 본성입니다.

내 힘으로는 해결할 수 없는 고난 앞에 서야 비로소 하나님을 기억하고 나의 죄와 무능을 인정하며 엎드리는 것입니다. 그래서 고난이 축복입니다. 나의 가난하고 저는 것 때문에 하나님께서 나를 주목하십니다. 피하고 싶고 감추고 싶은 부끄러움과 죄의 문제 때문에 하나님께서 나를 찾으시고 나를 초청하십니다. 하나님의 잔치에 불러 주시고, 먹이시고, 살리시고, 풍성하게 하십니다.

날마다 말씀을 묵상하며 하나님의 초청에 응했더니 수많은 사람에게 천국을 보여 주는 인생이 되었습니다. 나와 같이 하나님의 초청에 응한 사람들, 날마다 하나님의 잔치를 누리며 말씀으로 풍성해진 우리들의 이야기가 또 한 권의 책으로 만들어졌습니다.

우리들이 보여 주는 천국은 유리 바다처럼 투명합니다. 하나님의 은혜로 드러나는 죄와 고난의 고백이 너무 생생해서 때로는 눈이 시리고 아프기까지 합니다.

그럼에도 오늘 지금 이 자리에서 천국을 누리고 있기에, 온 세상에 천국을 보여 주는 인생으로 높여 주셨기에 감사밖에는 드릴 것이 없습니다. 이미 임한 천국을 누리게 하시는 하나님, 내가 누린 천국을 말씀으로 증거하게 하시는 하나님께 감사와 찬양과 영광을 드립니다.

2012년 3월
우리들교회 담임목사 김양재

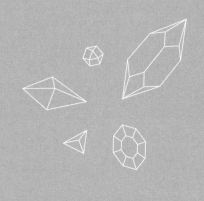

CONTENTS

Part 1

네가 복이 있도다

1

우리에게 더 중요한 것

마태복음 15:1~20

하나님 아버지, 우리에게
더 중요한 일이 있다고 하십니다.
무엇인지 말씀하여 주옵소서. 듣겠습니다.

스페인의 한 왕자가 정쟁에 휘말려 감옥에 구금되는 일이 있었습니다. 이때 그와 함께했던 유일한 동반자가 성경책이었다고 합니다. 그런데 33년을 감옥에서 살다 죽으면서 그는 이런 기록을 남겼습니다.

"시편 118편은 성경의 가장 가운데 위치한 장이다. 에스라 7장 21절에는 모든 알파벳이 들어 있는데 오직 'J'만 없다. 에스더 8장 9절은 성경 전체에서 가장 긴 절이다."

이것이 그가 33년간 성경을 읽으며 발견한 전부입니다. 오랜 세월 성경을 읽었다 해도, 그 안에서 중요한 가르침을 발견하지 못한 것입니다. 왕자의 신분이었기 때문일까요? 저는 왕자도 발견하지 못한 성경의 진리를 여러분과 제가 발견해 가는 것이 참으로 기적이라고 생각합니다. 말씀의 진리를 깨닫지 못하는 사람은 어떠한 고난과 사건이 와도 해석을 못 합니다. 그래서 해결도 못 합니다. 늘 허둥대며 급한 불만 끄다 가는 인생이 되는 것입니다.

우리에게는 항상 더 중요한 것과 덜 중요한 것이 있습니다. 그 차이를 알고 더 중요한 일을 먼저 행하는 것이 삶의 지혜입니다. 덜 중요한 일에 집착하면 시간과 열정만 낭비할 뿐입니다. 마태복음 15장 1~20절에서 주님은 우리에게 더 중요한 것과 덜 중요한 것을 가르치십니다. 이 본문이 전하는 '더 중요한 것'은 과연 무엇일까요?

손을 씻는 것보다
마음을 씻는 것이 더 중요합니다

> 1 그 때에 바리새인과 서기관들이 예루살렘으로부터 예수께 나아와 이르되 2 당신의 제자들이 어찌하여 장로들의 전통을 범하나이까 떡 먹을 때에 손을 씻지 아니하나이다_마 15:1~2

바리새인들은 뭐든지 곱게 보는 법이 없습니다. 안식일에 이삭을 잘라 먹는다고 정죄하고, 배고파서 떡을 먹는데 왜 손을 안 씻느냐고 트집입니다. 식사 전에 손 씻는 것은 당시 장로들의 전통입니다. 중동 지방에는 흙먼지가 많은데다 아무런 도구 없이 손으로 음식을 먹기 때문에 나오게 된 전통입니다.

모세가 시내산에서 성문법인 십계명을 가지고 내려오면서 도덕의 유치원 시대를 살던 이스라엘을 가르쳤습니다. 그런데 그들이 전통을 더 중요히 여기고 지키면서 주객이 전도되었습니다. 바리새인들이 예수님과 제자들의 건강을 걱정해서 이런 지적을 했겠습니까? 그랬다면 아마 이렇게 물었을 것입니다. "뭐가 부족합니까?", "어디가 아프세요?"

그러나 그들은 '왜 먹냐, 왜 고치냐' 하면서 오직 '왜'만 부르짖으며 따집니다. 감옥에 갇혀 있던 한 랍비에게 소량의 물을 주었더니 심한 갈증에도 그 물을 마시지 않고 손을 씻었다고 합니다. 그렇게 전통을 지켰습니다. 그런 걸 훈장으로 여겼습니다.

물론 이때 제자들이 식사 전에 손을 씻는 전통을 지켰더라면 좋았겠지만 그걸 잘 몰라서 손을 안 씻었을 수도 있습니다. 그런데 그것을 트집 잡아 굳이 따져 묻는 것입니다. 예루살렘의 산헤드린 공회, 바리새인과 서기관 중에서도 대표자들이 예수께 나아온 것은 말씀을 듣고자 함이 아닙니다. 목적은 예수님의 사역에 간섭하기 위함입니다. 병자가 낫고 무리가 오병이어로 배불리 먹는 기적을 보여 주셨음에도 그 은혜에 대한 감사는 일절 없습니다. 감사는커녕 비방하려고 총출동한 것입니다. 십자가 지실 날이 가까이 왔는데 '씻냐, 안 씻냐' 타령을 하며 시비를 걸고 예수님을 천대합니다. 이렇게 멀쩡한 사람을 질투하면서 비방하는 마음이야말로 깨끗이 씻어야 할 더러움입니다.

> 대답하여 이르시되 너희는 어찌하여 너희의 전통으로 하나님의 계명을 범하느냐_마 15:3

예수님은 "나는 전통을 범하지 않았다" 대답하지 않으십니다. 도리어 전통을 의도적으로 범했음을 암시하십니다. "나는 전통을 범하지 않았다" 대답하면 전통을 마땅히 지켜야 하는 것으로 인정하는 셈이기 때문입니다. 이렇듯 우리는 예수님의 말씀을 새겨들어야 합니다. 그리고 예수님은 오히려 바리새인들이 그 대단한 전통으로 하나님의 계명을 범하고 있다고 지적하십니다. 또 바리새인이 "어찌하여"라고 따져 물으니 주님도 "어찌하여"로 답하십니다. 누가 더 셀까요? 당연히 예수님이 더 세시지요. 도무지 말도 나누기 싫은 바리새인들이지만 주님은 이렇게 끊임 없이 대답하시며 메시지를 전하십니다.

바리새인과 서기관들이 그렇습니다. 예수님이 아무리 말씀하셔도 그들의 본질은 바뀌지 않습니다. 그저 외적인 것만 중요하게 여깁니다. 그래서 무식한 어부 출신인 제자들이 손 씻지 않고 떡 먹는 것을 그냥 보지 못하는 것입니다. 자동으로 무시합니다.

그런데 우리는 여기에도 돈에 대한 욕심이 자리 잡고 있음을 보아야 합니다. 당시 종교 지도자들이 예수님을 비난한 가장 큰 이유는 돈 때문이었습니다. 사람들이 예루살렘 공회에 가서 제사드리고 헌금해야 하는데 예수님만 쫓아다니니까 큰일 났다 싶었던 것입니다. 이렇듯 모든 문제의 끝에는 돈이 있습니다. 아이들 역시 서로 잘 놀다가도 사탕 하나 때문에 돌변하여 경쟁하고 싸움이 붙습니다.

그런데 이토록 변하지 않고, 심지어 자신을 죽이려 하는 그들에게 예수님이 반복해서 대답해 주시는 것을 보면 누가 훈련되겠습니까? 곁에선 제자들입니다. 그러므로 우리도 이런 제자 훈련을 받아야 합니다. 내 자녀, 내 배우자가 맨날 똑같은 핑계와 변명을 되풀이하며 변하지 않아도 혈기 내지 않고 "어찌하여" 응대해야 합니다.

◆ 변하지 않고 똑같은 말을 하는 배우자, 자녀, 구역 식구에게 나는 어떻게 응대 합니까? 예수님이 반복하여 대답해 주시듯, 같은 마음으로 지치지 않고 혈기 내지 않으며 답하고 있습니까? 내가 정화수를 떠놓고 날마다 목욕재계하면서 씻는 손은 무엇입니까? 나는 전통으로 손을 씻고 있습니까, 아니면 말씀으로 마음을 씻고 있습니까?

장로의 전통보다
하나님의 말씀이 더 중요합니다

장로들이 뭐라고 가르쳤든 간에 최종 권위는 하나님의 말씀에 있습니다. 그리스도인은 이것을 인정해야 합니다. 그런데 어느 시대에나 오직 전통을 따라 생각 없이 행동하는 그리스도인이 많습니다. 그래서 예수님은 '부모 공경'이라는 당시의 전통을 지적하십니다.

> 4 하나님이 이르셨으되 네 부모를 공경하라 하시고 또 아버지나 어머니를 비방하는 자는 반드시 죽임을 당하리라 하셨거늘 5 너희는 이르되 누구든지 아버지에게나 어머니에게 말하기를 내가 드려 유익하게 할 것이 하나님께 드림이 되었다고 하기만 하면 6 그 부모를 공경할 것이 없다 하여 너희의 전통으로 하나님의 말씀을 폐하는도다_마 15:4~6

'부모 공경'에 대해서도 주님의 견해와 바리새인의 견해가 다릅니다. 성경은 하나님 외에 다른 신을 섬기지 말라고 강조합니다. 그럼에도 사람들이 여전히 조상에게 제사를 드리니까 주님은 그러면 안 되는 것을 가르치고자 "부모 공경만이 전부가 아니다"라고 말씀하신 것입니다. 그런데 지도자들은 이 말씀을 악용하여 '악화가 양화를 구축'하고 말았습니다. '고르반', 즉 '하나님께 드림'으로써 부모에게 생활비를 드리지 않아도 된다며 부모 공경을 스스로 면제한 것입니다(막 7:11).
또 유대인들은 하나님이 여자를 보호하기 위해 이혼증서를 써 주고(신 24:1) 생명을 살려 주라고 하신 뜻을 무시하고, 이 법을 악용해서 툭하면 이혼증서를 써서 아내를 버렸습니다. 하나님이 말씀하신 부모 공경이

나 이혼증서는 그런 것이 아니지 않습니까?

하나님은 결코 속지 않으십니다. 부모 공경이라는 이름 아래 하나님 보다 부모를 더 섬기는지, 전통을 핑계로 부모 공경하기를 회피하는지를 아십니다. 이혼증서를 핑계로 아내를 버리는지, 살리는지 다 아십니다.

> 7 외식하는 자들아 이사야가 너희에 관하여 잘 예언하였도다 일렀으되
> 8 이 백성이 입술로는 나를 공경하되 마음은 내게서 멀도다 9 사람의 계명으로 교훈을 삼아 가르치니 나를 헛되이 경배하는도다 하였느니라
> 하시고_마 15:7~9

마음은 하나님으로부터 멀리 떨어진 채 입술로만 존경하는 척하는 것을 아십니다. 부모에게 안부 전화는 곧잘 하면서 대화는 거부하는 것, 의식주는 살피는데 영적 상태에는 관심 없는 것이 입술로만 섬기는 모습입니다. "난 생활비 드렸으니까 할 건 다 했다!" 이러면 안 됩니다. 하나님은 우리가 주님께 올라갈수록 점점 더 많은 것을 요구하십니다.

생활비 다 드리고, 때마다 인사를 가도 그렇습니다. 내가 부모의 구원을 위해 부모의 말을 경청하고 있는지, 같은 이야기를 수없이 반복해도 혈기 부리지 않고 대답을 잘해 드리는지 다 보고 계십니다. "난 교회 봉사하기 바빠서 그런 것까지 일일이 다 챙길 시간이 없어." 이렇게 말하는 것은 교회 일과 주의 일을 분간하지 못하는 모습입니다. 진심으로, 신실하게 공경해야 합니다.

우리가 전통으로 계명을 범하는 것이 무엇입니까? 교회에도 전통이 많아서 어느 교회는 말씀만 강조하고, 어떤 교회는 기도만, 전도만, 성례만 치우쳐서 강조합니다. "방언을 못 하면 안 된다", "말세에 결혼하지 말

라", "없이 살아야지 집 살 때가 아니다", "새벽기도 안 하면 안 된다" 하면서 성경 한 구절에 매여 "그것만 지키면 복받는다" 하고 제시합니다. 그러나 이러다 보면 전통을 지키느라 말씀을 폐하는 우를 범하기 쉽습니다. 하나님을 헛되이 경배하는 것입니다.

계명 중의 최고 계명은 사랑입니다. 우리들교회가 말씀을 강조한다지만 다른 것도 배제하지 않습니다. 마른 뼈처럼 '말씀, 말씀'만 강조하지 않습니다. 한 가지만 강조하다 보면 그것이 교회의 전통이 됩니다.

유럽 어느 지방에서는 정부와 직조 회사가 짜고 장례식 때 플란넬로 된 수의만 입으라고 지방의 법으로 정해 놓았답니다. 하도 오랫동안 그 법을 지키다 보니 그 후 직조 회사가 망해 없어졌는데도 왜 그래야 하는지도 모르고 여태껏 플란넬로 된 수의만 입는다고 합니다.

우리나라에도 전통, 체면 등 허례허식이 많습니다. 제가 손녀딸의 이름을 지을 때 얼마나 많은 이야기를 들었는지 모릅니다. 오행에 의해 이름을 지어야 한다는 말을 가장 많이 들었습니다.

우리들교회 홈페이지의 큐티 나눔란에 글을 올려 주셨던 한의학 박사 김양규 장로님의 책에도 우리나라 전통의 작명법이 나옵니다. 오행이 우주를 흐르는 기운이기 때문에 증조할아버지, 할아버지, 아버지, 아들, 손자 다섯 번을 주기로 목, 화, 토, 금, 수 순으로 가운데나 끝에 돌림자를 쓴다고 합니다. 오행의 전통을 철칙 삼아서 그중에서도 상생하는 이름으로 짓는다는 것인데, 우리는 그런 영문도 모를뿐더러 그 법칙을 벗어나면 큰일 나는 줄 알고 작명을 합니다. 무엇보다 큰 문제는 크리스천 중에도 오행의 법칙에 눌려 살며 벗어나지 못하는 사람이 많다는 겁니다.

다른 사람 이야기할 것 없습니다. 저희 집안도 그랬습니다. 장로이신 시아버지가 결혼 날짜를 택일하고, 아이들 이름도 작명소에서 지어 오셨습니다. 오행에 눌려서 사주 보고, 띠 타령하고, 택일하고……. 지금 여러분도 오행에 눌려 있지는 않습니까?

그런데 김양규 장로님은 자신의 책에서 '오행의 원리는 진화론'이라고 설명했습니다. 진화론은 하등동물이 고등동물이 된다는 것이고, 창조론은 '겉 사람은 낡아지나 속사람은 날로 새롭다'입니다. 오행이 우주를 변화시킨다고 하나, 궁극적으로 '누가' 변화시키는지 그 주체가 없습니다. 우리는 늙을 수밖에 없습니다. 우리 힘으로 머리털 하나 희게도, 검게도 못합니다. 할 수 있다고 착각하는 것이 오행이고 진화론입니다. 그래서 이에 의거하여 이름 짓는 것이 얼마나 헛된 일인지 알아야 합니다.

하나님은 믿는 자에게 새 이름을 주셨습니다. 아브람이 아브라함 되고, 사래가 사라 되고, 사울이 바울 되었습니다. 그리고 그렇게 이름이 불리는 대로 그들의 인생 또한 그리되었습니다. 그래서 이름이 참으로 중요합니다. 그저 부르기 좋고 듣기 좋은 것이 전부가 아닙니다. 신앙고백과 간증, 하나님을 향한 소원을 담아서 이름을 지으면 그렇게 불리는 이름대로 될 줄 믿습니다.

성경대로 지은 이름은 겸손한 이름입니다. 에스겔은 '부시'의 아들입니다. '부시'의 뜻은 '천하다'입니다. 바벨론 포로 시절이니 천한 사람 맞습니다. 그러나 '에스겔'은 '여호와께서 강하게 하신다'라는 의미입니다. 이것이 부시의 신앙고백이었으리라 생각합니다. 이름은 이렇게 짓는 것입니다. '큰 자' 사울이 '작은 자' 바울로 이름이 바뀐 후부터 주님의 종 된 삶을 살았듯이, 예수 믿는 우리도 팔자가 변했습니다. 십자가 지는 부활의 인생이 되었기에 신앙고백의 이름을 지어야 합니다.

제 손녀딸은 6·25전쟁 기념일인 6월 25일에 태어났습니다. 그래서 그 이름을 '상기'로 지었습니다. 서로 '상相'에 기억할 '기記'입니다. 하나님의 은혜를 서로 기억하고, 아이가 육대손의 믿음이니 조상의 믿음을 기억하고, 이웃의 은혜와 부모 자식 간의 은혜를 서로 기억하자는 뜻입니다. 이스라엘 백성이 여리고 전쟁과 아이 성 전투, 요단강 건넌 사건을 기억했듯이, 우리 상기도 할머니의 고난과 사역을 기억했으면 좋겠습니다. 그런데 입 있는 사람마다 "여자애 이름을 왜 그렇게 지었느냐", "나중에 할머니를 원망하면 어쩌느냐"고 합니다. 하지만 이 아이가 사람들에게 자기 이름을 설명하면서 저절로 전도가 되지 않겠습니까?

우리는 주님 앞에서 티끌만도 못한 존재이기에 '구더기' 또는 '벌레'라는 이름을 받아도 할 말 없는 인생입니다(욥 25:6). 그러니 주님 앞에 신앙고백의 이름을 지어 주기 바랍니다. 어떻게 하면 전도할 이름이 될까 생각하기 바랍니다.

◆ 내가 매여 있는 전통은 무엇입니까? 예수를 믿으면서도 결혼과 이사를 위해 따로 날을 잡고, 자녀의 이름을 작명소에서 짓고 있지는 않습니까? 신앙생활을 하면서도 하나님의 말씀보다 직분, 봉사, 은사 등을 따지며 다른 것을 배제하고 있지는 않습니까?

내가 심은 것보다
하나님이 심으신 것이 더 중요합니다

하나님은 우리에게 말씀대로 믿고 살고 누리라시며 말씀을 심어 주셨습니다. 그럼에도 우리는 말씀보다 내 욕심과 욕망대로 살아갑니다. 내 인생에 돈과 명예, 세상 권세와 영광을 심기에 바쁩니다. 성공을 위해서라면 말씀보다 사람의 전통을 따릅니다. 바리새인이 그랬습니다. 말씀, 기도, 봉사, 구제, 선교, 전도, 헌금, 가정, 성품의 변화, 직장 생활이 조화를 이루어야 하는데, 손 깨끗이 씻고, '고르반' 하면서 하나님께 드렸으니 '이걸로 끝!'이라고 합니다. 사람의 전통을 지키느라 하나님의 계명을 버린 것입니다. 그러면서도 그 전통을 내세우며 남을 책망하는 데는 일가견이 있습니다.

> 9 사람의 계명으로 교훈을 삼아 가르치니 나를 헛되이 경배하는도다 하였느니라 하시고 10 무리를 불러 이르시되 듣고 깨달으라 11 입으로 들어가는 것이 사람을 더럽게 하는 것이 아니라 입에서 나오는 그것이 사람을 더럽게 하는 것이니라 12 이에 제자들이 나아와 이르되 바리새인들이 이 말씀을 듣고 걸림이 된 줄 아시나이까_마 15:9~12

예수님이 사람의 전통을 내세우며 주님을 헛되이 경배하는 바리새인들을 나무라시자 제자들의 걱정이 태산 같습니다. "예수님, 저 바리새인들은 산헤드린 공회에서 조사하러 나온 거예요. 걸렸어요. 저 사람들 예수님 말에 상처받았어요!" 이러는 것입니다. 그러자 주님이 뭐라 말씀하십니까?

> 13 예수께서 대답하여 이르시되 심은 것마다 내 하늘 아버지께서 심으시지 않은 것은 뽑힐 것이니 14 그냥 두라 그들은 맹인이 되어 맹인을 인도하는 자로다 만일 맹인이 맹인을 인도하면 둘이 다 구덩이에 빠지리라 하시니_마 15:13~14

예수님은 "그냥 두라"고 하십니다. 뽑지 않고 가만두어도 뽑힐 사람들이라고 말씀하십니다. 세례 요한의 목을 벤 헤롯의 소식을 듣고도 그냥 떠나셨고(마 14:13) 바리새인들도 그냥 두라고 하십니다. 딱 '거기까지'인 것입니다. 억지로 일으켜 세우지 말라고 하십니다. 헤롯이나 바리새인이나 끝까지 내 문제를 보지 못합니다. 깨닫지 못합니다. 그러니 남을 해치고 비방하는 일에만 열심입니다. 제 설교를 듣고, 이렇게 책으로 읽으면서도 그 뜻을 모르고, 내 죄를 깨닫지 못하면 자꾸 비판만 나옵니다. 오픈하는 것도 싫습니다. "아니, 뭘 자꾸 오픈하라고 해요? '죄를 보라, 죄를 보라' 하는데 여기가 무슨 경찰서예요? 감옥이에요?" 할 수 있습니다. 맹인이 따로 없습니다.

예수님이 바리새인들더러 맹인이 맹인을 인도하는 것 같다고 말씀하시자 베드로가 나섭니다.

15 베드로가 대답하여 이르되 이 비유를 우리에게 설명하여 주옵소서
16 예수께서 이르시되 너희도 아직까지 깨달음이 없느냐_마 15:15~16

"그 사람들은 그냥 두셨어도 우리에게는 가르쳐 주셔야죠!" 베드로는 맨날 이럽니다. 바리새인들에게는 안 가르쳐 주시는데 자기는 가르침 받는 게 너무 좋은 겁니다. 예수님도 이런 제자 베드로를 예뻐하셨을 것 같습니다. 하지만 "아직까지 깨달음이 없느냐" 하고 야단을 치십니다. 바리새인 무리를 불러서는 교양 있게 "듣고 깨달으라" 하신 주님이신데(마 15:10) 궁금해서 질문한 베드로한테는 왜 야단을 치셨을까요? 욥기 말씀을 보니, 형통한 악인에게는 면전에서 야단칠 사람이 없다고 했습니다. 돈도 많고 지식도 많고 자기 할 일도 잘하는 사람에게 과연 누가 '왜 예수

믿지 않느냐'고 질책할 수 있겠습니까? 그래서 부자가 천국 가기는 참 어려운 일입니다. 주님은 헤롯을 떠나시고 바리새인을 그냥 두셨지만 제자들에게는 "아직도 모르냐"고 야단을 치십니다. 이것이 사랑입니다. 그만큼 제자들이 편하신 겁니다.

"집사님은 아직도 왜 그렇게 깨닫지 못하세요?" 누군가 이렇게 말한다면 여러분을 그만큼 편하게 여긴다는 것입니다. 사랑한다는 것입니다. 반면에 "어머나! 어쩜 그렇게 모든 걸 잘하세요" 하면서 칭찬만 하고 교양 있게 대한다면 '아, 나는 아직 편한 사람이 아닌 모양이다' 하고 생각하면 됩니다. 칭찬과 야단을 잘 분별해서 들어야 합니다. 칭찬은 고래도 춤추게 한다지만, 칭찬에 취하면 독이 됩니다.

> 17 입으로 들어가는 모든 것은 배로 들어가서 뒤로 내버려지는 줄 알지 못하느냐 18 입에서 나오는 것들은 마음에서 나오나니 이것이야말로 사람을 더럽게 하느니라 19 마음에서 나오는 것은 악한 생각과 살인과 간음과 음란과 도둑질과 거짓 증언과 비방이니 20 이런 것들이 사람을 더럽게 하는 것이요 씻지 않은 손으로 먹는 것은 사람을 더럽게 하지 못하느니라 _마 15:17~20

바리새인들의 입에서 나온 것들이 죄다 '악한 생각, 살인, 간음, 음란, 도둑질, 거짓 증거, 비방'입니다. 십계명을 다 어기는 것들입니다. 아무리 성경을 많이 읽고, 교회를 오래 다녀도 이렇게 악과 음란이 가득할 수 있습니다. 우리가 날마다 말씀을 읽어도 그렇습니다. 내 삶에 적용이 없으면 허사입니다. 나를 부인하고, 나를 내려놓는 십자가 적용이 쌓여야 마음에 선이 나옵니다. 말씀 적용이 없으면 그저 내 의만 드러나고 악만 쌓일 뿐입니다. 그래서 큐티의 꽃이 적용인 것입니다.

특히나 다 가진 사람일수록 마음대로 합니다. 하나님을 찾을 일도 없고, 의지할 일도 없습니다. 반면에 없는 사람은 없어서 원망하고, 비교하고, 판단하고, 미워합니다. "그 형제를 미워하는 자마다 살인하는 자니"라고 했습니다(요일 3:15). 있는 자나 없는 자나 그 삶에 하나님이 없으면 자기 악한 생각대로 가는 것입니다. 이러한 영적 무감각은 결국 성적 부도덕을 가져옵니다.

간음 사건, 친딸, 자녀, 조카, 제자를 성폭행하는 사건이 연이어 언론에 보도된 적이 있습니다. 아버지는 죽고 어머니는 지적장애가 있는지라 삼촌들이 넉넉지 않은 형편에 한 아이를 돌봤답니다. 그런데 그 삼촌들이 돌아가며 그 조카를 몇 년간이나 성폭행한 것입니다. 세상에 어쩌면 그럴 수 있을까 하지만, 그런 환경에 처하면 그럴 사람이 많습니다. 자녀가 서울대학교에 갈 수만 있다면, 그리고 들키지만 않는다면 살인도 서슴지 않을 부모가 많을 것입니다.

도둑질도 그렇습니다. 단순히 물건을 훔치는 것만을 가리키지 않습니다. 하나님의 시간을 내 마음대로 쓰는 것도 도둑질이고, 사지 않아도 될 것을 사는 것 역시 도둑질입니다. 내 주장을 관철하기 위해 거짓 증언을 하고, 인본주의에 빠져 덮어 놓고 복음을 훼방하는 변론도 도둑질입니다.

예수님은 '손을 씻느냐, 씻지 않느냐'밖에 모르는 바리새인들은 그냥 내버려 두셨지만, 제자들에게는 이 복잡한 죄들을 세분해서 가르쳐 주십니다. 이것이 바로 복입니다.

죄가 무엇인지도 모르는 바리새인들은 예수님이 정곡을 찌르는 답변을 해 주셔도 절대 회개하지 않습니다. 예수님은 손을 씻고 안 씻고의 여부로 시비를 거는 바리새인들을 통해 아주 중요한 교훈을 주셨습니다.

사람들은 우리가 대답을 아무리 잘해 줘도 돌이키지 않을 것입니다. 그럼에도 우리 역시 예수님처럼 대답을 잘해 줘야 한다는 것입니다. 그 사람이 지금은 나를 무시해도, 나중에 생각날 때가 있을지도 모르기 때문입니다.

우리들교회 청소년부 주보에 실린 중학교 2학년 학생의 나눔입니다.

엄마는 성적에 대해 늘 심한 추궁을 하십니다. 저 나름대로는 최선을 다해 열심히 공부하는데도, 엄마는 성적에 대해 겉으로 드러난 결과만 보고 판단하십니다. 며칠 전 엄마에게 심하게 맞았을 때, '내가 가출을 하면 엄마가 나의 소중함을 아실까' 생각했습니다. 그런데 지난주 수요예배 때 엄마가 갑자기 울면서 미안하다고 사과하시는 사건이 있었습니다. 괜찮다는 제 말에 엄마는 고맙다고 하셨습니다. 그래서 저는 마음의 응어리가 녹아서 잘 지내고 있습니다. 인간은 신뢰의 대상이 아니라 기도의 대상이라는 것을 알았고, 누구라도 말씀을 놓치면 실수할 수 있다는 것을 알았으니 어떤 환경에서도 말씀을 붙잡도록 노력하겠습니다.

여러분, 지금 누가 이 아이를 더럽다고 비난하고 미워하겠습니까? 아이들의 행실이 '안 씻어서' 더러운 것이 아닙니다. 성적이 안 좋다고 더러운 게 아닙니다. "너는 대체 왜 그 모양이냐?", "왜 성적이 그따위냐?" 이런 부모들의 분노와 욕이 더러운 것입니다.

앉혀 놓고 공부만 시키면 아이들은 평생 더 중요한 것이 있는 줄도 모르고 삽니다. 하나님을 알지 못하고 그저 악하고 음란한 길을 걷습니다. 건강을 해치는 콜라, 피자, 과자만 먹으며 음식을 절제하지 못합니다. 더구나 요즘엔 농약이니 방부제니 인스턴트 식품이니 해서 선뜻 마음 놓고 먹을 만한 것이 없습니다. 그래서 어려서부터 음식을 골고루 먹는 것을 가르쳐야 합니다. 잡곡, 야채, 된장, 김치를 골고루 먹게끔 가르쳐야 하고, 운동도 어려서부터 습관이 되도록 해야 합니다. 그러나 아무리 깨끗한 것을 너도나도 부르짖어도 쿠원에 초점이 맞춰지지 않으면 곤란합니다. 더 중요한 일은 말씀을 잘 섬겨 주는 것입니다. 성경을 읽게 해야 합니다. 이 훈련만 잘되면 일생을 잘 살 수 있습니다.

영으로 드리는 예배가 무엇인지 모르고 쿠원에 초점이 맞춰져 있지 않으면 보이는 이 땅의 것들에 집착하게 됩니다. 여러분은 무엇을 섬기고 있습니까? 입에서 나오는 것 중에 가장 깨끗한 것은 자기의 죄와 부족을 회개하는 것입니다.

• 예수 믿는 사람으로서 참된 사랑을 보여 주기 위해 끊어야 할 중독은 무엇입니까? 참견 중독, 욕설 중독, 술과 사람 중독, 음란물 중독 등 내가 끊어야 할 것을 구체적으로 기록하고, 끊기로 결단하십시오.

말씀으로 기도하기

우리에게는 더 중요한 일이 있고 덜 중요한 일이 있습니다. 인생의 시간과 정력을 덜 중요한 일에 치중한다면 그것은 실패한 인생입니다.

손을 씻는 것보다 마음을 씻는 것이 더 중요합니다(마 15:1~3).
유대인의 전통을 내세우며 예수님을 비방하는 바리새인들에게 예수님은 손을 씻는 것보다 마음을 씻는 것이 중요하다고 말씀하십니다. 오병이어로 열광하는 무리에게서는 떠나신 예수님이, 비방하는 바리새인들에게는 담대하게 가르치십니다. 말이 안 통하는 바리새인들을 끊임없이 가르치시는 예수님처럼, 내 가족과 이웃에게 끊임없이 복음을 전하고 양육하기 원합니다.

장로의 전통보다 하나님의 말씀이 더 중요합니다(마 15:4~9).
바리새인들은 하나님을 섬긴다고 하면서 부모 부양을 외면하고 계명을 악용했습니다. 전통보다 중요한 것이 하나님의 말씀이고, 계명 중의 계명은 사랑입니다. 내가 전통을 악용해서 책임을 미루는 것에 하나님은 속지 않으십니다. 부모를 형식적으로 대하며 영적 상태에 무관심했던 것을 회개합니다.

내가 심은 것보다 하나님이 심은 것이 더 중요합니다(마 15:9~20).

하나님을 믿으면서도 사주, 오행 등에 관심을 두고 인간의 전통에 매여 있습니다. 신앙생활에서도 교회와 개인의 전통을 강조하며 하나님의 말씀을 심지 못하고 내 만족과 과시를 심은 것을 회개합니다. 내가 심은 것보다 천국에서 심은 것이 중요합니다. 날마다 하나님의 말씀으로 마음을 씻으며 사람의 전통을 버리고 하나님의 것을 심도록 기도합니다.

우리들 묵상과 적용

사업 부도 후 아버지는 집에 있는 것이 너무 힘들다며 많은 시간 집을 비우셨습니다. 지방을 돌며 마음을 달래고 정착하려 노력했지만 뜻을 이루지 못하셨습니다. 그렇게 수년을 떠돌아다니며 집을 비웠던 아버지가 집에 돌아왔을 때는 몸이 무척 편찮으신 상태였습니다. 커다란 페트병에 든 소주를 벌컥벌컥 마실 정도로 술을 많이 드셨고 술 없이는 잠을 자지도 못하셨습니다. 저는 아버지 건강을 걱정하기보다는 그런 아버지가 미웠습니다. '아버지면 아버지의 자리를 지켜야 하는 것 아닌가', '술을 저렇게 마시니 몸이 성할 리 없지' 하며 비방만 했습니다.

사실 아버지가 부도나기 전까지만 해도 저는 아버지를 존경하고 사랑했습니다. 아버지는 필요한 모든 것을 채워 주셨고 무엇이든 최고로 해 주셨습니다. 저는 공부를 못했지만 '아버지가 돈을 잘 버시니 유학 가면 된다, 나중엔 아버지 사업을 물려받으면 된다'라고 생각했습니다. 그리고 아버지가 준 돈으로 카메라며 컴퓨터 등을 신형이 나올 때마다 샀습니다. 그것이 언제부턴가 중독이 되었습니다. 그러다 부도가 난 후부터는 더 이상 내가 필요한 것을 마음껏 살 수 없게 되었습니다. 그러자 화가 치밀고 아버지를 정죄하고 원망했습니다. 더 이상 부자가 아닌 아버지에 대한 미움만 가득했습니다. 그동안 제가 아버지를 사랑한 것이 아니라 아버지가 주는 돈을 사랑한 것입니다.

언젠가 남자의 부도는 사형선고와도 같다는 이야기를 신경정신과 선생님에게 들었습니다. 그럼에도 저는 부도를 당하고 죽을 만큼 힘들어하고 고통스러워하는 아버지를 전혀 체휼하지 못했습니다. 그저 정죄만 했습니다. 부모 공경이 아니라 자기 유익을 챙기기 위해 율법을 악용한 바리새인이 바로 저입니다(마 15:5~6). 아버지의 상실감과 고달픔을 헤아리기보다 아버지가 부모 역할을 못 한다는 율법으로 아버지를 정죄하며 비난했습니다. 돈으로 부모를 판단하며 훼방한 저의 죄를 고백합니다. 내 욕심으로 합리화하며 하나님의 말씀을 폐하는 죄를 범하지 않기를 기도드립니다(마 15:6). 내 입에서, 내 마음에서 나오는 것들이 나를 가장 더럽게 하는 것임을 알고 진정 내 죄를 보는 하루하루가 되기를 소망합니다(마 15:11).

영혼의 기도

하나님 아버지, 주님은 열광과 비방에 대처를 잘 하시는데 우리는 그러지 못할 때가 많습니다. 부모를 공경한다면서도 하나님의 일을 빙자해 책임을 회피한 적이 많습니다.

바리새인들의 악한 생각, 살인, 거짓 증거, 도적질, 음란, 간음을 지적하셨는데 이것이 하나도 빠짐없이 저의 죄임을 회개합니다. 아직도 입에서 나오는 더러운 것들을 졸업하지 못했습니다. 하나님 말씀보다 고정관념과 전통에 따라 생각하고 행동하는 것을 불쌍히 여겨 주옵소서.

그래도 저는 천국에서 심으신 인생입니다. '그냥 두어라' 하는 인생이 아님을 믿습니다. 더 중요한 것을 위해 부부 사이, 부모 자식 사이를 돌아보기 원합니다. 그냥 두고 싶지만 사랑하기를 결단하게 하시고, 구원을 위해 술을 끊고 음란을 끊고 중독을 끊기로 결단하는 저희가 되기를, 완전히 회복되어 더 중요한 것을 찾는 우리가 되기를 원합니다. 예수님 이름으로 기도하옵나이다. 아멘.

2

소원을 이루는 믿음

마태복음 15:21~39

하나님 아버지, 소원을 이루는 믿음이
무엇인지 알기 원합니다.
말씀하여 주옵소서. 듣겠습니다.

너무 더워서 가만있기도 어려운 여름날이었습니다. 팔십이 다 된 한 할아
버님이 대전에서부터 서울까지 우리들교회를 찾아오셨습니다. 폐암 말
기의 몸으로, 땀을 뻘뻘 흘리면서 간절한 소원을 이루고자 홀로 상경하신
것입니다. 과연 할아버님의 간절한 소원은 이루어졌을까요?

내 소원이 아니라
하나님의 소원이 되어야 합니다

21 예수께서 거기서 나가사 두로와 시돈 지방으로 들어가시니 22 가나
안 여자 하나가 그 지경에서 나와서 소리 질러 이르되 주 다윗의 자손이
여 나를 불쌍히 여기소서 내 딸이 흉악하게 귀신 들렸나이다 하되

_마 15:21~22

예수께서 "거기서" 나가셨습니다. 바리새인들이 떡을 먹기 전에 손을 씻지 않는 제자들을 더럽다고 비방하자, 이번엔 그들이 가장 더럽게 여기는 두로와 시돈, 이방인의 땅으로 가십니다. 나의 전통과 아집과 교만 때문에 예수님을 떠나게 하고 있지는 않은지 돌아보기 바랍니다. 어떤 대단한 교회와 모임이라도 떠날 수 있는 주님이십니다.

주님이 가신 두로와 시돈은 예전엔 잘살았지만, 교만 때문에 하루아침에 명성을 잃어버린 지역입니다. 아브라함이 갈대아 우르를 떠나 들어간 땅이 가나안인데, 죄악이 너무나 가득해서 하나님께서 그곳의 이방인들을 다 내쫓으셨습니다. 저주의 땅입니다.

하지만 정작 잘난 유대인들은 예수님을 천하게 여기는데, 그곳에서 낮고 천하게 살던 이방인은 예수님을 믿었습니다. 유대인들이 그토록 천하게 여기던 그 지방의 가나안 여인이 어떻게 기도하는지 본문에서 살펴봅시다.

22절에서 가나안 여인은 "소리 질러 이르되 주 다윗의 자손이여"라고 합니다. 그녀의 기도 대상은 정확히 다윗의 자손, 메시아이신 예수님입니다. 성경의 위대한 인물 중 모세도 아니고 여호수아도 아닌 '다윗의 자손'이라고 부르짖습니다. 다윗이 누구입니까? 음란과 간음과 살인죄를 다 저질렀지만, 자신이 모태에서부터 죄악 중에 잉태됐다고 눈물의 회개를 한 사람입니다(시 51장). 하나님은 다윗에게서 메시아 예수님이 오시리라고 예언하셨습니다. 가나안 여인은 배운 게 없어도 알아볼 사람을 알아보았습니다. 그래서 '한 성령'입니다. 아무리 열심히 기도해도 이단과 다른 종교 안에서 대상을 찾는다면 소원을 이룰 수 없습니다. 기도 응답을 받을 수 없습니다. 여러분의 기도 대상은 누구입니까?

기도의 본질은 "나를 불쌍히 여기소서"입니다. 자신이 아무것도 할 수 없음을 고백하는 것입니다. 자기 딸이 흉악하게 귀신 들리고 나니까 그간 이 여인이 믿었던 명예와 풍요의 우상 바알, 학벌의 우상 바알이 무용지물이 됐습니다. 가나안에서 저주의 인생을 살면서 마음이 낮아질 대로 낮아지니 "불쌍히 여기소서"가 저절로 나옵니다. 내가 죄인이라는 인식에서 출발할 때 소원이 이루어집니다.

폴란드가 낳은 위대한 수학자이자 천문학자이며 저술가인 코페르니쿠스는 모두가 인정하던 천동설을 뒤집고 지동설을 발표해 세상을 놀라게 했습니다. 그래서 당시 부패한 천주교의 핍박을 받았습니다. 그러나 그는 믿음의 인물이었습니다. 그가 부탁한 묘비명은 이랬다고 합니다.

"나는 천문학자도 과학자도 아닌 은혜받은 죄인으로 세상을 떠나기 원합니다. 저는 주님이 베드로에게 보여 주신 친절을 구하지 않습니다. 바울에게 주신 은혜도 간구하지 않습니다. 다만 주님과 함께 달렸던 강도에게 베푸신 자비만 구합니다. 진정 그 자비를 구합니다."

그는 죄인의 입장에서 출발했던 사람입니다.

그처럼 가나안 여인의 기도 내용도 "내 딸이 흉악하게 귀신 들렸나이다"였습니다. 딸의 성적, 외모, 학벌을 위해 기도하지 않았습니다.

귀신 들렸다는 게 무엇입니까? 단순히 정신병자만 귀신 들린 게 아닙니다. 뭐든지 예수 없이 잘하는 것은 귀신 들린 겁니다. 피아노 잘 치는 사람더러 "귀신같이 잘 쳐"라고 말하지, "하나님같이 잘 쳐"라고 말하지 않습니다. '수학 귀신', '주식 귀신', '게임 귀신'…… 모두 귀신입니다. 예수 없이 잘할수록 흉악하게 귀신 들린 것임을 압니까? 자기 가치관이 너무나 강해서 귀신 들린 사람이 세상에 한둘이 아닙니다.

우리 청소년들도 문자적으로 정말 귀신이 들렸습니다. 아이돌 가수에 빠져서 콘서트 입장권을 사려고 학업도 뒷전인 아이들이 많답니다. 유명한 가수의 공연 티켓은 몇 분 만에 수십만 장이 매진됩니다. 고액의 웃돈을 주어서라도 입장권 구하기에 열성이랍니다. 그뿐만 아니라 성 중독, 술 중독, 담배 중독, 미디어 중독인 아이들이 많습니다.

그러나 딸이 귀신 들렸음을 객관적으로 볼 수 있는 사람은 돈과 명예, 학벌을 가진 사람이 아니었습니다. 이스라엘이 천히 여기는 이방인 중에서도 여자, 여자 중에서도 귀신 들린 딸을 가진 사람이었습니다. 이렇게까지 낮아진 사람은 아무것도 필요가 없습니다. 오직 영적인 소원, '예수만 믿으면 된다'는 소원을 갖게 됩니다.

이제 그들의 신이 용도 폐기될 수밖에 없는 상황까지 왔습니다. 그럼에도 불구하고 예수님 앞에 나올 때까지 얼마나 방해가 많았겠습니까? 유대인만 이방인을 무시하는 게 아니라 이방인도 유대인을 싫어하고 무시합니다. 그러니 딸이 귀신 들렸어도, 온 집안 식구가 예수님께 나아가는 데 한마음이 안 됩니다. 같이 믿어도 견해가 다 다릅니다.

어떤 아이가 백화점에서 백만 원짜리 수표를 냈답니다. 점원이 놀라서 부모에게 전화를 걸었더니 "아니, 우리 집이 백만 원도 없어 보여요? 왜 아이 기를 죽여요!" 하는 말을 들었답니다. 문제아는 없고 문제 부모만 있습니다. "이거 안 사 주면 집 나갈 거야!" 하고 협박하니까 뭐든 사주고 유학 보내고 하면서 흉악하게 귀신 들린 자녀의 실체를 전혀 알지 못합니다.

가나안 여인도 예수님께 나오기까지 믿지 않는 이방인 남편과 부모가 방해했을 것입니다. 부인이 믿으면 남편이 방해를 하고, 부부가 믿음으로 하나 되면 시부모가 방해하는 경우를 많이 보았습니다. 저도 자녀들 큐티를 시키려 하면 남편이 "공부나 시키지 쓸데없는 일한다" 핀잔했습니다. 성경캠프 보내려면 "그 시간에 영어 공부를 시켜라" 하고 방해했습니다.

자녀가 사 달라는 대로 다 사 주면서 어떻게 교육이 되겠습니까? 예수는 모른 채 세상 성공을 향해 달려가는 것을 두고 보고만 있을 것입니까? 그렇게 성공한 자녀가 과연 효도하겠습니까? 천만의 말씀입니다. 내 자녀가 귀신 들린 걸 알아야 합니다. 영적인 상태를 놓고 기도해야 합니다.

논산에 사는 중학교 2학년 학생이 엄마의 소원을 들어준다며 우리들교회에 등록했습니다. 그리고 3주 후에 그 학생의 엄마에게서 메일이 왔습니다. 교회 등록한 지 3주 됐는데 벌써 수련회도 다녀오고, 큐티를 한답니다. 그간 엄마가 아무리 시켜도 안 하더니 우리들교회 와서 3주 만에 큐티를 한다는 것입니다. 아버지에게 잘하고 동생 챙기고 이제는 이 아들하고 이야기가 통한다고 했습니다. 할렐루야! 평생 교회를 다녀도 말이 안 통하는 사람들이 얼마나 많은데 정말로 수지맞았습니다. 아이 엄마가 말씀을 정말 사모해서 남편이 핍박해도 인내했기 때문에 그 진심이 아이에게 통했다고 생각합니다.

자녀 교육에서 부모의 본이 정말 중요합니다. 예수 없이 똑똑한 엄마가 가족을 질리게 만들고 지식과 교양으로 걸려 넘어지게 합니다. 예수가 없는 부모라면 똑똑한 척하기보다 사랑을 줘야 합니다. 가장 좋은 것은 예수 안에서 영적인 문제를 보는 통찰력이 있는 것입니다. 그리하여 내 소원이 영적인 소원이 되는 것입니다.

❖ 내 기도의 대상은 누구입니까? 나의 낮고 천함을 인정하며 주님께 간구하고 있습니까? 자녀의 영적 문제를 놓고 기도한 가나안 여인처럼 내 자녀의 영적 상태를 객관적으로 보고 있습니까? 큐티도 예배도 멀리하는 자녀인데, 공부 잘하고 내 말을 잘 듣는다고 해서 그대로 놓아둔 채 마음 놓고 있지는 않습니까? 내 가족의 영적 상태를 정확히 분별하고 있습니까?

큰 믿음이 있어야 소원을 이룹니다

28절을 미리 보면 "이에 예수께서 대답하여 이르시되 여자여 네 믿음이 크도다 네 소원대로 되리라 하시니 그 때로부터 그의 딸이 나으니라"고 합니다. 그렇다면 어떤 믿음이 큰 믿음입니까?

> 예수는 한 말씀도 대답하지 아니하시니 제자들이 와서 청하여 말하되 그 여자가 우리 뒤에서 소리를 지르오니 그를 보내소서_마 15:23

가나안 여인이 대상과 본질과 내용을 정확히 알고 기도했는데 예수님이 침묵하셨습니다. 그러나 가나안 여인은 그것을 응답으로 알아차리고도 난리를 치지 않습니다. 침묵을 응답으로 알아들었습니다.

그런데 제자들은 그걸 모릅니다. 예수님이 아무런 답을 안 하시니 여인을 무시합니다. 그래서 "빨리 고쳐서 보내시라"고 합니다. 가족의 병으로 힘들어하는 가정, 가난한 가정을 보면서 우리는 쉽게 "주님이 오죽했으면 안 고쳐 주실까? 정성이 부족해. 기도가 부족해" 하며 무시할 때가 있습니다. 남의 불행을 보고도, 소리 질러 기도하는 간절함을 보고도 무시합니다. 주님은 침묵하시고, 제자들은 무시했습니다.

> 예수께서 대답하여 이르시되 나는 이스라엘 집의 잃어버린 양 외에는 다른 데로 보내심을 받지 아니하였노라 하시니_마 15:24

그런데 예수님은 한술 더 떠 여인을 냉대하십니다. 예수님의 속마음은 무엇일까요? 주님은 이 여인을 통해 믿음의 모범을 보이고 싶으셨습니다. 바리새인들은 예수님을 죽이려 하고, 제자들은 예수님을 보고 유령이라 소리 질렀습니다(마 14:26). "어디 가서 먹을 것을 구하냐"고 딴소리나 했습니다(마 14:15~17). 믿음이 바닥입니다. 그럴 때 믿음의 모델이 필요하셔서 이 가나안 여인을 욥처럼 세우십니다.

"네가 이래도 잘하겠니? 이래도 흔들리지 않고 가겠니?"

수준이 높으면 그만큼 아찔하지만, 그만큼의 간절함을 허락하십니다.

여자가 와서 예수께 절하며 이르되 주여 저를 도우소서_마 15:25

주님은 유창한 기도보다 간절한 기도를 들으십니다. 어떤 사건에서 어떤 말을 들어도 "나를 불쌍히 여기소서, 도우소서" 하는 간절함이 있는가, 하나님을 원망하지 않는가를 보십니다.

대답하여 이르시되 자녀의 떡을 취하여 개들에게 던짐이 마땅하지 아니하니라_마 15:26

우리의 모든 문제는 알량한 자존심에서 비롯됩니다. 돈, 남편, 자식이 아니라 자존심 때문에 걸려 넘어지는 것입니다. 남편이 바람을 피워도 화가 나지 않는 것은 믿음 때문이라기보다 자존심 때문입니다. 화가 너무 나도 자존심 때문이고, 화가 너무 안 나도 믿음이 없으면 다 자존심 때문입니다. 그러나 자존심이 사람 못 구합니다. 오늘 주님이 이 여인을 개처럼 무시하십니다. 침묵과 무시와 냉대, 그리고 짓밟힘 가운데 이 여인은 어떻게 대답합니까?

여자가 이르되 주여 옳소이다마는 개들도 제 주인의 상에서 떨어지는
부스러기를 먹나이다 하니_마 15:27

"주여 옳소이다"라고 대답했습니다. '너는 개'라고 하는데 "주님 맞
습니다. 제가 개입니다" 이렇게 대답한 것입니다. 여러분이라면 어떻게
대답하겠습니까? 여기서 여자가 답한 '개'는 원어로 작은 강아지를 의미
합니다. 마가복음의 같은 본문에서는 어른도 아닌 '아이들이 먹던 부스
러기'라고 표현하고 있습니다(막 7:28). 한 절에 '작다'는 의미를 지닌 말이
세 번이나 나옵니다. 티끌만도 못한 인생이라는 겁니다.

그러나 이 마음이 최고의 자존감입니다. 이런 사람은 어떤 말을 듣
고 어떤 일이 와도 상처받지 않습니다. 주님이 오늘 여러분을 보고 "과
부 주제에", "이혼한 주제에", "바람피운 주제에", "뚱뚱한 주제에", "가난
한 주제에"…… 하시면 뭐라고 답하겠습니까? 저는 과부입니다. 그래서
누가 저를 과부라고 하면 "옳소이다" 합니다. "내가 과부 됐는데 보태 줬
냐?" 하면서 싸우면 안 됩니다. 시인해야 합니다.

"너희 집은 왜 그렇게 콩가루 집안이냐?" 이런 말을 들을 때 이렇게
대답해 주면 안 될까요?

"그래, 네 말대로 우리 집안은 이상해. 하지만 그래서 내가 예수 믿
게 됐으니 정말 감사해!"

"넌 너무 못생겼어!" 그럴 때 이러면 안 되겠습니까?

"그래, 너는 예뻐서 모든 게 다 잘될 거야. 하지만 나는 못생겨서 시
집만 가도 정말 감사해!"

가나안 여인이 자기 죄 때문에 이방인이 됐습니까? 조상이 사기 쳤
으면 그 사기죄를 나도 짊어지고 가야 하는 것처럼, 이 여인이 자기가 멸

시받고 천대받는 이방인임을 잠잠히 인정했습니다. "옳소이다!"에서 더 나아가 "나는 당신이 말씀하시는 것보다 더 죄인입니다"라고 답했습니다. 욥도 자신이 '구더기요 벌레'라고 했습니다. 자기를 낮추는 것이 응답받는 비결입니다.

정확한 기도를 해도 무시와 냉대와 침묵과 더한 무시가 올 수 있습니다. 제자들마저 이 여인을 무시했습니다. 그러나 이것을 통과해야 합니다. 내가 죄인이라고 여기면 어떤 말에도 상처받지 않습니다. 그들이 말하는 것보다 더 더럽고 천한 존재이기 때문입니다.

이에 예수께서 대답하여 이르시되 여자여 네 믿음이 크도다 네 소원대로 되리라 하시니 그 때로부터 그의 딸이 나으니라_마 15:28

할렐루야! 이때에 귀신이 나갈 줄 믿습니다. 예수님의 말씀이 응답이기에 믿고 기다리기만 하면 됩니다. 여인은 그토록 절박한 상황에서 믿음의 모범, 인내의 모범, 겸손의 모범을 보여 주었습니다. 여러분은 어떻습니까? 지금 형편없는 모습을 통해 믿음의 모델이 되기를 바랍니다. 이것이 큰 믿음입니다. 회사에서 집에서 나를 무시하고 냉대하고 침묵합니까? 여러분 자체가 귀신 들렸습니까? 그런데 이것이 예수님이 하시는 일이고 예수님이 오시는 사건이라고 합니다. 이 시험을 통과하는 여러분이 되길 바랍니다.

앞에서 언급한 할아버지의 간증을 함께 나누고자 합니다. 할아버지는 무슨 소원을 가지고 대전에서 홀몸으로 우리들교회까지 오셨을까요?

할아버지의 집안은 가나안 여인처럼 유교적인 전통을 가진, 다른 종교라고는 믿어 본 적이 없는 집안이었습니다. 그런데 일류 대학을 다니던 자신의 귀한 아들이 예수를 믿었습니다. 그 아들이 복음을 전했지만 할아버지는 "네가 믿는 하나님은 너나 잘 믿고, 나는 내버려 둬라" 했습니다. 그러다 육체의 질병이라는 고난을 받고 나서 1982년에 예수님을 영접했습니다. 그런데 이분의 열심이 특심이었습니다. 영성 서적을 몇백 권 읽고 모든 예배와 집회를 다니며 말씀을 들었습니다. 어려운 수술 중에 반신불수가 되고 성대를 건드려서 목소리가 안 나오는 중에도 교회를 열심히 나갔습니다. 그러니 하나님이 몸도 많이 치유해 주고 목소리도 나오게 해 주셨습니다. 그러던 와중에 고혈압과 디스크가 생겼는데, 출석하던 교회에서 성경 필사 운동을 시작했습니다. 아들의 권유로 고혈압과 허리 통증을 무릅쓰고 할아버지는 서예로 신약성경 필사를 시작했습니다.

"내가 이 두루마리의 예언의 말씀을 듣는 모든 사람에게 증언하노니 만일 누구든지 이것들 외에 더하면 하나님이 이 두루마리에 기록된 재앙들을 그에게 더하실 것이요 만일 누구든지 이 두루마리의 예언의 말씀에서 제하여 버리면 하나님이 이 두루마리에 기록된 생명나무와 및 거룩한 성에 참여함을 제하여 버리시리라"(계 22:18~19)는 말씀을 읽고 이를 어기지 않기 위해 혹시 빼거나 더하는 것이 있을까 싶어 주의하며, 손으로 쓰고 입으로 읽으며 한 줄 한 줄 썼습니다. 그러다 보니 결과적으로 성경을 5독, 6독 하게 되었습니다. 건강상 도저히 그렇게 할 수 없는 상황인데도 7개월 만에 신약성경을 다 필사하였습니다.

우리는 펜으로 정서를 하다가도 도중에 지치면 대충 날려서 쓰는 경우가 허다한데, 할아버지는 마태복음부터 요한계시록까지 서예로 정성스레, 마치 활자로 찍은 것처럼 또박또박 썼습니다. 그래서 서울에서 열리는 '신약성경 옮겨 쓰기 경진대회'에서 2등을 하게 되었습니다. 그러는 중에 디스크 통증과 두통이 사라지는 은혜도 경험했답니다. 또 기독교방

송국의 〈새롭게 하소서〉라는 프로그램에도 출연하여 간증을 했습니다. 정말 대단한 분입니다.

이후 구약성경을 쓰던 무렵에는 아내 되는 권사님이 갑상샘암에 걸려 10년 동안 고생을 했습니다. 양쪽 귀밑에서부터 목을 전부 절개하는 바람에 식도로는 겨우겨우 음식물만 넘기고, 기도(氣道)도 제구실을 못해 구멍을 내어서 겨우겨우 숨을 쉬는 엄청난 투병 생활이었습니다. 발음도 잘 안되고, 기도에 뚫어 놓은 구멍에는 물이 들어가든지, 땀이 흘러가든지, 이물질이 들어가기만 하면 너무 고통스러워서 목에 가리개를 차고 살아야 했습니다. 할아버지 역시 꼬박 아내를 간호하며 고생이 많았습니다. 그렇게 10년을 투병하고 아내 권사님이 돌아가시는 날, 믿음으로 천사의 손에 들려 천국에 입성하는 모습을 보는 것 같았답니다. 정말 아름다운 소천을 모두에게 보여 주셨답니다.

할아버지는 아내가 그렇게 소천하기 전까지는 자신이 믿음이 꽤 있다고 여겼다고 했습니다. 전도도 하고 하나님의 뜻에 합당한 삶을 살려 노력했다고 자부했답니다. 그런데 이후 정작 자신이 폐암에 걸리자 할아버지를 가장 괴롭힌 것은 불신이었다고 합니다. 아내가 천사 같은 얼굴로 소천하는 모습을 보면서 '나도 저렇게 하늘나라에 갈 수 있겠다' 싶었는데, 막상 죽을 날이 가까워지자 고통스러운 생각이 목을 죄며 괴롭혔습니다. 진도가 빠른 폐암을 앓으며 하루하루를 넘기는데 도무지 구원의 확신이 없더랍니다. 천국 갈 자신도 없고 두렵기만 하더랍니다.

할아버지는 폐암 선고를 받고 나서 자신의 믿음을 본격적으로 재점검하기 시작했습니다. 돌이켜 보니 그동안 스스로 속고 속이고 있었다는 생각이 들었습니다. '믿음의 확신도 없으면서 전도하고 가르치며 살았구나, 그래서 남 좋은 일만 시켰구나' 싶었습니다. 이생의 삶을 마감할 시점에서 구원의 확신이 없으니 두렵기만 했습니다. 그러던 중 따님이 가져다 준 저의 책을 보게 되었고, 저를 만나면 이 문제가 해결되지 않을까 해서 우리들교회까지 찾아온 것입니다.

할아버지가 오시기 전에 그분의 따님이 먼저 찾아왔습니다. '대전에 한번 내려와 만나 주시면 소원이 없겠다'는 것입니다. 제가 갔을까요? "못 갑니다. 우리들교회 교인도 아닌데 제가 가기는 어렵습니다" 했습니다. 꼭 예수님처럼요. 할아버지는 "바쁜 목사님을 어떻게 오라 할 수가 있느냐"면서 본문의 가나안 여인처럼 직접 서울로 오기로 작정하셨습니다. 침대에서 주방 식탁까지 거동하는 것조차 숨이 차고 괴로운 할아버지는 생애 가장 큰 문제를 해결하기 위해 죽으면 죽으리라는 각오로 오신 것입니다. 자녀들이 걱정할까 봐 알리지도 않고 혼자서 KTX를 타고 우리들교회에 오셨습니다.

이분이 바로 가나안 여인입니다. "우리들교회 교인이 아니니 못 가겠다"는 제 말을 듣고도 마음 상해하지 않고 '한 번만 만나면 믿어지겠다'는 간절한 마음으로 부스러기 은혜를 바라고 오신 것입니다. 여러분은 이 은혜의 자리에서 무엇을 믿지 못합니까? 왜 자신이 귀신 들린 자임을 보지 못합니까?

주일예배를 드린 뒤 마침내 그분을 새가족실에서 만나 뵈었습니다. "여기까지 오신 것 자체가 큰 믿음입니다" 하고 말씀드렸더니 "아직도 구원의 확신이 없는 것 같다"고 하셨습니다. 목양실로 가서 함께 기도하길 청했습니다. 주님을 영접하셨겠지만 다시 한 번 신앙고백으로 영접기도를 하자고 했습니다. 인간의 공로나 지식도 아니고, 건강을 위한 일시적 믿음도 아닌, 나를 위해 죽어 주신 예수님을 믿기만 하면 구원에 이르는 것을 따라 하시라고 했습니다. 저를 따라 믿음으로 영접기도를 하는 그 순간, 성령께서 할아버지 마음에 "사람이 마음으로 믿어 의에 이르고 입으로 시인하여 구원에 이르느니라"는 로마서 10장 10절 말씀으로 강력하게 역사하셨습니다. 이렇게 가까이 있는 것을 미련하게 깨닫지 못했다며 이제 확실히 깨닫게 되었다고 고백하셨습니다.

그리고 기운이 나서 원주 치악산에서 열리는 우리들교회 여름 수련회까지 참가하셨습니다. 젊은 사람도 힘든데 아침부터 저녁까지 말씀을 다 들으셨습니다. 마지막 날 간증하실 분으로 자원하고, 우리에게 가장 크게 은혜를 끼쳐 주셨습니다.

큰 믿음이 바로 이것 아니겠습니까? 더운 여름에 죽으면 죽으리라는 각오로 오셨습니다. 아들이 반대할까 봐 KTX 타고 혼자 오신 것이 믿음의 소원 아닙니까? 성경을 써 봐도 안 믿어져서 대체 길이 어디 있는가 하는 간절함으로 힘든 몸을 이끌고 오셨습니다. 주님께서 이런 분에게 어찌 응답하지 않으실 수 있겠습니까?

◆ 내 사건 속에서 주님이 침묵하신다고 생각됩니까? 자존심을 상하게 하는 말을 들을 때 "옳소이다"라고 답하고 있습니까? 직장 상사에게 험한 말을 들을 때, 자녀가 반항할 때, 배우자가 무시할 때 어떻게 반응합니까? 자존심이 아닌 예수 믿는 자의 자존감으로 나의 낮고 천함을 인정하며 '옳소이다'로 반응합니까?

하나님께 영광이 되는 소원이어야 합니다

누구나 소원이 있지만 그 소원이 이루어짐으로써 다른 사람을 고통스럽게 하는 것이라면 주님은 그 소원을 들어주지 않으십니다.

29 예수께서 거기서 떠나사 갈릴리 호숫가에 이르러 산에 올라가 거기 앉으시니 30 큰 무리가 다리 저는 사람과 장애인과 맹인과 말 못하는 사람과 기타 여럿을 데리고 와서 예수의 발 앞에 앉히매 고쳐 주시니 31 말 못하는 사람이 말하고 장애인이 온전하게 되고 다리 저는 사람이 걸으며 맹인이 보는 것을 무리가 보고 놀랍게 여겨 이스라엘의 하나님께 영광을 돌리니라_마 15:29~31

믿음으로 가나안 여인의 딸이 고침을 받은 후, 그 소식을 듣고 많은 사람이 예수님께로 모입니다. 나의 모든 고난을 약재료로 쓰면 다리 저는 사람이 걷고, 말 못하는 사람이 말하게 됩니다.

수련회 때 할아버지의 간증을 들으신 어떤 권사님이 자신의 시아버지, 친정아버지께도 그 간증을 해 달라고 하셔서 할아버지는 다음 날 갑자기 강사로 강단에 서서 많은 사람을 살리셨습니다. 또 이 간증을 홈페이지 큐티 나눔란에 올려 주셔서 수련회 때뿐 아니라 이렇게 책으로도 나오고, 방송을 통해서도 수많은 사람이 듣게 되었습니다. 여러분, 오래 살아서 영광이 아니고 주님만 믿으면 하루 사이에도, 일주일 사이에도 엄청난 영광을 돌리게 됩니다.

32 예수께서 제자들을 불러 이르시되 내가 무리를 불쌍히 여기노라 그들이 나와 함께 있은 지 이미 사흘이매 먹을 것이 없도다 길에서 기진할까 하여 굶겨 보내지 못하겠노라 33 제자들이 이르되 광야에 있어 우리가 어디서 이런 무리가 배부를 만큼 떡을 얻으리이까 34 예수께서 이르

시되 너희에게 떡이 몇 개나 있느냐 이르되 일곱 개와 작은 생선 두어 마리가 있나이다 하거늘 35 예수께서 무리에게 명하사 땅에 앉게 하시고 36 떡 일곱 개와 그 생선을 가지사 축사하시고 떼어 제자들에게 주시니 제자들이 무리에게 주매 37 다 배불리 먹고 남은 조각을 일곱 광주리에 차게 거두었으며 38 먹은 자는 여자와 어린이 외에 사천 명이었더라 39 예수께서 무리를 흩어 보내시고 배에 오르사 마가단 지경으로 가시니라 _마 15:32~39

유대인들에게 오병이어의 기적을 보이셨다면, 이방인들에게는 칠병이어의 기적을 베푸십니다. 유대인들은 감사하지도 않고 예수님을 내쫓아 죽이려고 했지만, 이방인들은 하나님께 영광을 돌렸습니다. 받을 자격이 없는 이들은 부스러기만 떨어져도 너무나 감사하기 때문입니다.

예배의 밥상, 큐티의 밥상, 풍성한 기도의 밥상이 우리 앞에 차려져 있습니다. 그런데도 내 고집과 전통에 매여 제대로 받아먹지 못하는 사람이 너무나 많습니다. 예배드리고, 큐티하고, 공동체에 참여하는 이 모든 것을 부스러기라고 여기지 마십시오. 나에게 주는 귀한 떡임을 알고 받기 바랍니다.

❖ 내가 요즘 가장 바라는 일은 무엇입니까? 구원에 목적을 둔 소원입니까, 내 욕심을 이루려는 소원입니까? 공예배, 생활예배, 소그룹 예배 등등 이 모든 일을 작은 것으로 여기고 소홀하지는 않습니까?

◆◆◆

가장 좋은 것은 예수 안에서
영적인 문제를 보는 통찰력이 있는 것입니다.
그리하여 내 소원이 영적인 소원이 되는 것입니다.

◆◆◆

말씀으로 기도하기

이스라엘 백성이 천하게 여기는 이방의 가나안 여인은 "다윗의 자손이여!" 하고 예수님을 찾았습니다. 메시아이신 예수님을 정확하게 알고 간구했기에 "네 믿음이 크도다" 하는 칭찬을 받으며 소원을 이루었습니다.

내 소원이 아니라 하나님의 소원이 되어야 합니다(마 15:21~22).
돈, 권력이 아니라 오직 예수 그리스도만이 기도의 대상임을 깨닫기 원합니다. "나를 불쌍히 여기소서" 하는 가나안 여인처럼 내가 아무것도 할 수 없는 죄인임을 인정하고 고백하기 원합니다. 아무것도 필요 없이 오직 예수님 믿기만을 원한다는 영적 소원을 가지고 자녀와 배우자를 위해 기도합니다.

큰 믿음이 있어야 소원을 이룹니다(마 15:23~28).
이스라엘의 잃어버린 양 외에는 보내심을 받지 않았다고 하시는 예수님의 냉대에도 가나안 여인은 부스러기 은혜라도 달라고 간절하게 도우심을 구합니다. 어떤 말을 들어도 "주여 옳소이다" 인정하며 하나님이 주신 자존감으로 내 자존심을 내려놓기 원합니다. 나의 간절함을 보시려고 침묵과 냉대의 훈련을 겪게 하시는 주님의 마음을 알고, 유창한 기도가 아니라 진실한 기도를 드리기 원합니다.

하나님께 영광이 되는 소원이어야 합니다(마 15:29~39).

오병이어 기적을 보고도 유대인들은 손 안 씻는 문제로 예수님을 비난했고, 병 고침을 받은 이방인들은 하나님께 영광을 돌렸습니다. 흉악한 질병과 중독에 사로잡혔던 내 인생에 주님이 찾아오신 것만으로도 기적이고 은혜임을 고백합니다. 내 소원이 아닌 하나님의 소원으로 예배와 큐티와 교제의 은혜를 구하며, 하나님께 영광 돌리는 나와 내 가족이 되도록 기도합니다.

우리들 묵상과 적용

2005년의 일입니다. 해외 근무 중일 무렵 서울 강남 모처에 명품 백화점이 생기는데 이탈리아 회사와 계약을 체결하여 책임 운영하기에 여기에 투자하면 높은 수익을 보장한다는 광고가 매일같이 신문에 실렸습니다. 마침 퇴직금 중간 정산으로 여윳돈이 생긴 저는 마땅한 투자처를 찾던 중 노후를 대비한답시고 그 돈과 저축한 돈, 불입하던 적금을 해약하고 추가로 대출까지 받아 투자 계약을 하고 잔금까지 냈습니다. 그런데 얼마 후 시행 회사 사장이 부도를 내고 해외로 도망갔습니다. 저는 투자한 돈을 날리게 되었을 뿐 아니라 은행 대출금 이자까지 추가로 부담해야 했습니다. 그런데 아내는 "내가 이 일에 앞장섰기에 모든 책임이 나에게 있다, 남편의 세월을 도둑질했다"고 자책했습니다.

저도 그 소식을 듣고 며칠 동안 낙심해서 지내다가 아내가 생각났습니다. '한국에 있는 아내가 누구와 상의도 못 하고 얼마나 고민할까, 내가 알까 봐 얼마나 걱정할까, 혹시 나쁜 마음을 먹으면 어쩌나' 하는 생각에 가슴이 덜컥 내려앉았습니다. 그리고 그때 비로소 퇴직금을 미리 정산해서 받은 후에 십일조를 드리지 않았다는 생각이 갑자기 떠올랐습니다. 그동안 월급에 대해서는 십일조를 다 했으니 퇴직금에 대해서는 안 해도 된다는 아전인수 격 해석으로 십일조를 하지 않았던 것입니다. 까맣게 잊고 지낸 나의 죄를 하나님께서 고난을 통해 깨닫게 하셨다는 생각이 들었습니다. 가지고 있던 떡 조각을 나 혼자 먹겠다고 내어놓지 않은 저를 하나님이 꾸짖으신 것입니다.

이후 귀국해서 아내와 대화를 나누던 중에는 저희 부부가 사기를 당해서 낙담한 것보다는 저는 아내가, 아내는 제가 혹시나 어떻게 될까 봐 서로를 걱정했다는 것을 알게 되었습니다. 하나님께서는 물질 고난을 통해 죄를 깨우쳐 주시고, 저와 아내로 하여금 서로를 향한 사랑을 발견하게 해 주셨습니다.

본문에서 큰 무리가 각종 질병에 사로잡혀 고난당하는 자들을 주님께 데려옵니다(마 15:30). 제가 부재중임에도 아내 혼자 역경을 잘 버틸 수 있었던 것은 힘들 때 끊임없이 예수 앞으로 인도해 준 교회 공동체 덕분입니다. 고통을 해결하는 가장 빠른 길은 나의 고난과 질병을 예수의 발 앞에 두는 것입니다. 저의 절름발이 신앙을 주님 앞에 내어놓으며 영적인 눈이 더 밝아지기 원합니다.

영혼의 기도

아버지 하나님, 흉악한 귀신 들린 자녀와 부모, 형제, 동료 때문에 주님 앞에 나왔습니다. 이 가나안 여인이 다윗의 자손이신 예수님을 불렀습니다. 간음과 음란과 거짓말, 살인을 행하고, 그 자녀들이 근친상간에다 살인하고 아버지를 죽이려고까지 한 험난한 인생을 살던 다윗을 생각합니다. 그러나 자기가 죄 중에 출생했다고 눈물로 침상을 적시던 그 다윗의 자손인 주님을 내 주님으로 부릅니다. 나를 불쌍히 여겨 주옵소서. 우리의 기도 제목이 영적인 기도 제목이 되기를 원합니다. 나의 소원과 하나님의 소원이 일치되기 원합니다.

내가 기도했을 때 예수님은 침묵하시고, 제자들은 무시하고 냉대했습니다. 그럼에도 나를 도와주시옵소서. 냉대와 무시 속에서도 예수님만 보기 원합니다. 끝까지 인내하여 "딸아, 네 믿음이 크다! 네 소원대로 되리라" 하시는 응답을 듣기 원합니다. '개'라고 했을 때 "옳소이다. 나는 개입니다"라고 인정하고 받아들이기 원합니다. 이혼했다, 과부다, 부도났다는 이 모든 말에 "옳습니다"로 받아들이기 원합니다. 부스러기라도 감사함으로 받습니다. 어떤 은혜라도 받을 자격이 없는 내 인생에 찾아오신 주님, 감사합니다.

이제는 하나님께 영광을 돌리며 말 못하는 자, 다리 저는 자를 위해 은혜받은 내가 쓰임받기 원합니다. 귀신이 떠나도록 역사하여 주옵소서. 이미 떠나간 것을 믿습니다. 예수님 이름으로 기도하옵나이다. 아멘.

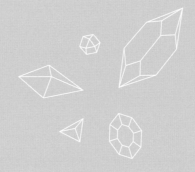

3

우리가 분별해야 하는 것들

마태복음 16:1~12

하나님 아버지,
우리에게 분별할 것이 많습니다.
어떻게 분별할지
말씀하여 주옵소서. 듣겠습니다.

어떤 사모님이 우리들교회 홈페이지에 글을 올려 주셨습니다. 이 사모님은 평소에 "먹고 입는 건 하나님께서 하실 테니 당신은 성경 보고 사역만 하라"고 남편을 독려했답니다. 그러다 로마서 1장 말씀의 복음을 깨닫고 나니 그간 자신에게 복음은 다름 아닌 '남편의 사역'이었음을 깨달았다고 합니다. 인생의 목적이 '남편의 성공적인 사역'이 되어서 그 야망 때문에 남편의 사역을 도왔다고 고백했습니다. 그래서 이제는 목사와 사모보다 남편과 아내의 관계를 먼저 세우고, 지금까지 생계와 무관하게 살아온 남편을 집안의 책임을 다하는 가장으로 세우겠다고 했습니다. 그러기 위해 두 분이 먼저 해야 할 일을 찾아야겠다고 하셨습니다.

가장 거룩한 주의 일을 위해서도 분별이 필요합니다. 주의 일이라고 맹목적인 열심을 내다가 나중에야 자기 속의 야망을 깨닫고 슬퍼하는 분들이 얼마나 많은지 모릅니다. 우리가 죽는 날까지 야망이 없어지진 않겠지만 분별을 잘해야 시간과 감정의 낭비가 없습니다. 그러면 분별하기 위해 어떻게 해야 할지, 본문을 통해 살펴봅시다.

바리새인과 사두개인의 누룩을 주의해야 합니다

1 바리새인과 사두개인들이 와서 예수를 시험하여 하늘로부터 오는 표
적 보이기를 청하니……4 악하고 음란한 세대가 표적을 구하나 요나의
표적 밖에는 보여 줄 표적이 없느니라 하시고 그들을 떠나 가시니라

_마 16:1, 4

예수님은 바리새인과 서기관을 마지막으로 상대하십니다. 이들은
칠병이어와 오병이어의 기적을 보고도 여전히 하늘로부터 오는 표적을
구하고 있습니다. 그러면 여기서 바리새인과 사두개인이 어떤 자들인지
설명할 필요가 있습니다.

바리새인은 '구별되고 분리된 자들'이라는 뜻입니다. 경건한 자들의
무리인 이들은 말씀을 거룩하게 지키고 살겠다면서 구전으로 내려오는
전통도 지키려고 분리되어 나왔습니다. 시작은 좋았습니다. 그런데 구약
의 전통을 지키면서 자기들이 너무나 거룩하다고 생각하게 됐습니다. 천
사, 천국, 부활, 성령을 믿고 하나님이 순전하고 거룩하심을 믿는 자들이
었는데, 자신들이 너무나 특별하다고 생각했습니다. 그러다 보니 백성에
게는 율법의 무거운 짐을 지우고 자기들은 손가락 하나 까딱하지 않았습
니다(마 23:4). 결과적으로 하나님의 칭찬보다는 사람의 칭찬을, 내용보다
는 형식을, 사람보다는 전통을 중요한 것으로 여기는 자들이 되었습니다.

사두개인은 다윗 시대 제사장 사독의 후손으로 다윗에게 충성한 사
람들입니다. 제사장 사독은 정통파 출신으로 부와 지위를 모두 거머쥔 사
람입니다. 그렇게 천 년간 이 땅에서 살다 보니 이 세상이 너무 좋습니다.
그래서 부활을 부인하게 되고, 천국도 없고, 성경을 윤리 규범 정도로만

여기게 됐습니다. 영혼도, 초월적인 하나님도 부인하고 예정론에 반대해 인간의 자유의지를 주장하는 세속주의자이자 합리주의자가 사두개인입니다. 당시 기득권과 지식층은 거의 사두개파였고 사두개파에 속하는 것이 큰 자랑거리였습니다. 말하자면 진리보다는 큰 교회, 큰 집, 좋은 차가 중요하고, 성도보다는 성장이, 가족보다는 돈이 중요한 사람들입니다.

저는 사독의 후손이 사두개인이 되고, 율법을 진실하게 지키려던 바리새인이 변질되는 것을 보며 장담할 인생이 없음을 다시 한 번 묵상합니다. 한국의 대형교회들이 문제가 많다고 지탄받고 있는데, 우리들교회라고 변하지 않으리라고 누가 보장하겠습니까? 그러므로 말씀을 들어야 합니다. 말씀으로 예방주사를 맞아야 합니다. 믿음이 있다 하는 이들이 요구하는 하늘의 표적이 무엇입니까? 사두개인들은 성공한 사람들이고, 바리새인들은 타협하지 않았기 때문에 물질이 없는 사람들입니다. 요새 말로 하면 대형교회는 "은혜가 많아서 대형교회가 되었다" 하고, 소형교회는 "세상과 타협하지 않아서 교회가 크지 않다" 하는 겁니다. 사실 사두개인들은 바리새인들을 광신자라 여겼고, 바리새인들은 사두개인들을 속물이라고 여기며 서로 원수처럼 상종하지 않았습니다.

그런데 이 두 무리가 예수님을 적대하는 데는 한마음이 되었습니다. 개들이 격렬하게 싸우다가 산토끼를 보면 싸움을 멈추고 산토끼 잡는 일에 전념한다고 합니다. 더 큰 이득이 있으면 싸움을 멈춘다는 겁니다. 서로 미워하던 이 두 무리가 예수님을 시험하기 위해 한마음으로 '하늘로부터 오는 표적'을 구합니다. 그렇지만 두 부류의 견해는 서로 다릅니다. 바리새인들은 하늘로부터 오는 표적이 있다고 믿고, 사두개인들은 그것을 믿지 않습니다. 그러나 '예수님이 절대로 그 표적을 보여 줄 수 없다'는 데는 둘이 한마음이 되었습니다.

어제의 적이 오늘의 동지가 되고, 어제의 동지가 오늘의 적이 되는 게 이 세상의 원리입니다. "오늘부터 나는 당신과 영원히 한편이야" 하는 예수 안 믿는 사람의 말은 믿을 게 못 됩니다. 조강지처를 버리고 바람피워도 인간의 사랑은 오래가지 못하기 때문에 자기 육신의 정욕대로 또 상대를 바꾸는 것이 인생입니다. 그러니 내가 원리에 충실해서 자리를 잘 지키고 있으면 배우자가 싫증 내고 돌아오게 되어 있습니다. 그때까지 기다리면 됩니다. 형식보다 원리입니다.

이들은 예수님의 오병이어와 칠병이어 기적이나, 긍휼 사역과 치유 사역 등을 땅에서 일어나는 표적이라고 생각했습니다. 귀신들도 그 정도는 할 수 있다는 것입니다. 이들이 말하는 하늘로부터 온 표적은 말 그대로 하늘에서 내려오는 불 병거나 만나 이런 것을 뜻합니다. '하늘로부터 오는 것'이면 믿겠다는 그들의 신앙이 얼마나 저급합니까?

5 제자들이 건너편으로 갈새 떡 가져가기를 잊었더니 6 예수께서 이르시되 삼가 바리새인과 사두개인들의 누룩을 주의하라 하시니 7 제자들이 서로 논의하여 이르되 우리가 떡을 가져오지 아니하였도다 하거늘 8 예수께서 아시고 이르시되 믿음이 작은 자들아 어찌 떡이 없으므로 서로 논의하느냐_마 16:5~8

바리새인과 사두개인을 야단치시고 제자들에게 오신 주님은 '삼가' 바리새인과 사두개인의 누룩에 유혹받지 않게 주의하라고 하십니다. 삼간다는 것은 분별하고, 꿰뚫고, 정통하라는 것입니다. '주의하라'는 것은 어제도, 오늘도, 내일도 계속해서 주의하라는 것입니다. 그들을 사랑하고 전도하라고 하지 않으시고, 삼가고 주의하라고 몇 번이나 말씀하셨습니다.

철저한 의식주의자였던 바리새인들은 누룩을 아주 조금밖에 안 썼습니다. 그러나 그들의 누룩은 밀가루에 보이지 않게 조금만 섞여 있어도 크게 팽창합니다. 이단도 누룩처럼 오기에 분별이 어렵습니다.

사랑해야 할 사람, 전도할 사람이 있지만 사두개인과 바리새인은 그 대상이 아닙니다. 처음에는 믿음으로 출발했어도 가까이하기엔 먼 당신이 됐습니다. 제자들과 백성들이 가장 분별하고 경계할 것이 바리새인의 전통주의와 사두개인의 합리주의입니다.

그런데도 제자들은 예수님의 말씀을 못 알아듣습니다. 떡 걱정만 합니다. 마가복음 병행 구절을 보면 "제자들이 떡 가져오기를 잊었으매 배에 떡 한 개밖에 그들에게 없더라"고 합니다(막 8:14). 우리는 '떡 한 개쯤이야', '한 번쯤이야' 하면서 물질의 시험에 넘어가기 쉽습니다. 기적 자체를 바라는 바리새인들과 다를 바 없는 마음으로 그들의 누룩에 끌려가기 쉽습니다. 딱 봐도 멋져 보이고, 권세와 물질, 경건이 다 갖춰져 있으니 그 믿음이 너무 옳아 보입니다. 예수를 믿는데 뭐든지 잘되고 집도 크고 차도 좋고 자녀들이 공부도 잘하니 너무 좋아 보입니다. 그래서 삼가고 주의하라는 것입니다. 정신 차리고 꿰뚫어 보라고 하십니다. 칠병이어와 오병이어의 기적을 보고도 하나님께 초점을 두지 못하고 그런 사람들을 부러워하는 것이 누룩입니다. 이 누룩이 조금이라도 들어가면 금세 부패됩니다.

앞서 언급한 사모님의 글입니다. 왜 목사와 결혼하게 되었을까요?

지지리 가난하던 저는 열등감으로 점철된 삶을 살았습니다. 우리 집 6남매 중에서 제가 제일 못생겼습니다. IQ도 낮고요. 엄마는 행상하러 다니셔서 저는 부모님의 관심이나 사랑을 느껴 보지 못하고 자랐습니다. 집이 가난해 초등학교 시절 육성회비를 제때 내본 적이 없었습니다. 3학년 때

선생님은 육성회비를 안 가져온다고 수시로 벌을 세웠습니다. 지금도 눈에 선한 벌은 뒷사람 어깨에 발을 올려놓고 팔로 기어가는 것입니다. 초등학교 3학년 여자아이에게 그 벌은 너무나 수치스러웠습니다. 수업 시간에 육성회비 가져오라고 집으로 쫓아 보낸 적도 있습니다. 잘해 주시던 선생님 이름은 기억이 안 나도 수치에 떨게 한 그 선생님의 이름은 지금도 또렷하게 기억납니다. 큐티를 하면서 내 죄를 보기 전까지 저는 교편을 잡고 계시다는 그 선생님을 도저히 용서할 수 없었습니다.

더구나 저는 치명적으로 땀 냄새가 많이 나서 친구도 제대로 못 사귀고 사춘기 시절을 우울하게 보냈습니다. 중학교 3학년 때는 아버지마저 위암으로 돌아가셨습니다. 그러다가 예수를 믿게 된 엄마의 손에 끌려 고2 때부터 교회에 다니게 되었습니다. 그때부터 저의 열악한 환경 때문에 하나님께 매달리게 되었습니다. 학생부의 주일예배, 토요예배는 기본이고, 철야를 밥 먹듯이 하고 새벽예배까지 드렸습니다. 하굣길에는 꼭 교회에 들러서 기도하고 교회 생활에 열심을 냈습니다. 그러자 주위에서 믿음이 좋다고 칭찬해 주었습니다. 가정, 학교 그 어디서도 인정받지 못하던 제가 교회에서 인정받으면서 야망이 고개를 들기 시작했습니다. '교회에서 최고로 인정받는 목사 사모가 되어야겠구나!' 그래서 제게는 없던 구원의 확신이 있고 영적으로 충만해 보이던 남편과 결혼했습니다.

그런데 그 남편이 직장을 그만두고 신학을 시작한 뒤 목사가 되어서도 말씀은 거들떠보지도 않았습니다. 사역도 안 하고 돈도 안 벌고 365일 집에서 냉장고 검사, 청소 검사, 복장 검사며 제 생각까지 검사하고 '여자가……'를 주제 삼아 끊임없이 저를 정죄하고 비판했습니다.

"여자가 되어서 집 안 꼴이 이게 뭐냐?"

"여자가 청소도 하나 제대로 못 하냐?"

"여자가 집에 일찍 들어와야지 무슨 직장 회식까지 참석하느냐?"

이런 소리를 들어가면서도 저는 겉으로는 남편에게 남자가 아닌 목사가 되기를 강요했습니다. 하지만 속으로는 돈도 안 벌고 사역도 하지 않으면서 잔소리만 해 대는 남편을 무시하고 미워하며 지옥을 살았습니다. 그러던 중에 마태복음 20장 말씀, 세베대의 아들의 어머니가 드리는 기도는 소망이 아니라 야망이라는 목사님의 말씀이 저를 찔렀습니다. 남편을 통해 영광받기 위해 남편이 목회하기를 그렇게 원하던 제가 바로 세베대의 아들의 어머니였습니다. '주의 나라에서'라고 너무나 교묘하게 포장했기에 저 자신도 그것이 야망인 줄 몰랐습니다. 제 기도가 야망의 기도라는 것을 알고도 내려놓기가 너무 힘들었습니다.

그간 저 혼자 가정경제를 책임지며 남편에게는 돈 벌어 오라는 소리를 하지 않았습니다. "당신이 말씀 보고 기도하면 하나님이 분명히 써 주실 것이다. 모세도 40년 동안 훈련받고 쓰임받았는데 당신도 지금은 그런 훈련 기간이다" 하면서 말입니다. 틀린 말은 아니지만 하나님께서 목사와 사모로 창조하신 것이 아니라 남자와 여자로 창조하셨기에 각자의 역할에 충실해야 하는데 제가 하나님이 되어 남편에게 가장, 남편, 아버지로서의 역할에 대한 면죄부를 주었던 것을 뒤늦게 깨달았습니다.

말씀을 통해 저의 야망과 무지를 깨닫고 남편에게 고백했더니 또 다른 폭풍이 왔습니다. 남편의 말에 한마디 덧붙였더니 여러 사람 앞에서 칠 듯이 노려보며 화를 냅니다. 하나님이 남편의 실체를 보게 하셨고 말씀을 조금 깨달았다고 그를 길들이려 했던 저의 교만을 책망하셨습니다. 목사인 남편은, 성경 말씀은 너무 당연한 것 아니냐며 그 말씀을 자기에게 직접 주시는 말씀으로 받는 것이 이해가 안 간다고 합니다. 그러니 아직은 사역할 때가 아닌 겁니다. 예수 그리스도의 종, 둘로스가 되어야만 사도로 부르심을 받는데 부르심이 아닌 자원함으로 스스로 영광을 입으려 한 제 모습을 회개합니다. 남편을 위해 어떻게 기도할지 생각해 봅니다.

모든 고백을 끝맺으며 사모님은 이런 기도문을 남겼습니다.

아버지 하나님! '주의 나라에서, 주를 위하여'라 하며 제 욕심을 채우려 했음을 고백합니다. 야망을 소망이라 착각하며 달려왔던 제 열심을 회개합니다. 십자가 지고 죽는 것은 너무 싫어하면서 부활의 능력과 영광만 바라던 저를 불쌍히 여겨 주옵소서. 남편을 내 힘으로 어떻게 할 수 없음을 인정합니다. 목사가 되지 않아도 좋습니다. 집사면 어떻고 평신도면 어떻습니까? 다만 남편에게 말씀이 뚫고 들어오길 기도합니다. 그래서 100% 죄인임이 깨달아지게 하옵소서.

◆ 나는 인정받고 싶어서, 돈이 좋아서 목회와 사역을 하지는 않습니까? 내가 끌려다니는 바리새인과 사두개인의 누룩은 어떤 것입니까? 영혼 구원을 위해 애통하면 우두머리가 되지 않아도 주님이 길을 열어 주실 것을 믿습니까?

내가 잊은 것을 주의해야 합니다

5 제자들이 건너편으로 갈새 떡 가져가기를 잊었더니 6 예수께서 이르시되 삼가 바리새인과 사두개인들의 누룩을 주의하라 하시니 7 제자들이 서로 논의하여 이르되 우리가 떡을 가져오지 아니하였도다 하거늘
_마 16:5~7

말씀을 깨닫지 못한 제자들은 즉시 자기 수준에서 생각합니다. '내가 뭘 잊어버렸지? 떡을 잊었구나!' 그 많은 남은 떡을 못 가져온 게 마음에 걸렸습니다. 여러분은 무엇을 잊어버렸습니까? 말씀을 깨닫는 데 장애가 되는 게 무엇입니까? 주님이 말씀하실 때 못 깨달으니 내 마음에 있는 걸로 대답합니다. 지금 주님은 떡 이야기가 아니라 영적인 이야기를 하고 계시는데 제자들은 육적으로 대답합니다. 바리새인, 사두개인에게 말씀한 후 떠나셨으면 제자들이 보고 느끼는 게 있어야 하는데, 그들은 그저 떡이 없는 게 걱정입니다. 가난하니 눈만 뜨면 뭘 먹고 사나 금세 걱정이 밀려옵니다. 그래도 8절에 보면 주님이 다 이해하십니다.

그러면 이 말씀을 우리 생활에 어떻게 적용해 볼 수 있을까요?

제가 시집살이를 고되게 하면서도 남편의 구원을 위해 생명을 내놓고 기도해서 남편이 예수 믿고 갔다고 간증합니다. 그러면 제 간증을 듣고 "아, 나는 불신결혼하면 안 되겠구나", "구원을 위해 살아야지" 이런 적용을 해야 하는데, "나는 나중에 시집살이 절대로 안 해야지" 합니다. 관심이 다르니 이해도 다른 것입니다. 그래도 내가 늘 떡 걱정하는 것을 주님이 아시고 찾아오셔서 말씀해 주십니다. 이것이 바로 큐티입니다.

6 예수께서 이르시되 삼가 바리새인과 사두개인들의 누룩을 주의하라 하시니 7 제자들이 서로 논의하여 이르되 우리가 떡을 가져오지 아니하였도다 하거늘 8 예수께서 아시고 이르시되 믿음이 작은 자들아 어찌 떡이 없으므로 서로 논의하느냐 9 너희가 아직도 깨닫지 못하느냐 떡 다섯 개로 오천 명을 먹이고 주운 것이 몇 바구니며 10 떡 일곱 개로 사천 명을 먹이고 주운 것이 몇 광주리였는지를 기억하지 못하느냐 11 어찌 내 말한 것이 떡에 관함이 아닌 줄을 깨닫지 못하느냐 오직 바리새인

주님이 한 절에 한 번씩 추상(秋霜)같은 야단을 치십니다. 제자들이 논의할 것과 주의할 것을 분별하지 못하기 때문입니다. 그들은 육적인 것만 논의하고 영적인 것에는 주의하지 않습니다. 하나님은 욥에게도 37장까지 침묵하며 기다리시다가 38장에서 폭풍같이 나타나 서릿발같이 야단을 치셨습니다. "내가 땅의 기초를 놓을 때 네가 어디 있었느냐? 네가 이러이러한 것을 할 줄 아느냐?" 70가지 질문을 하고 야단을 치셨습니다. 그런데 욥의 친구들에게는 하지 않으시고 욥에게만 그러셨습니다. 고난받는 욥만 야단의 대상이고, 제자들만이 야단의 대상입니다. 바리새인, 사두개인에게는 야단치지 않으십니다. 그들에게서는 떠나셨지만, 제자들에게는 한 절에 한 번씩 야단을 치십니다. 저도 목자 모임에 들어가면 야단을 칩니다. 목원들 살피라고 추상같이 콱콱 야단을 칩니다. 시간이 없으니 처방을 콱콱 내립니다.

첫 손녀를 봤을 때 이 아기가 너무 예쁘고 가녀려서 훅 불면 날아갈 것만 같고 만지면 부서질까 봐 만지지도 못했습니다. 처음엔 울면 너무 놀라서 어디가 아픈가 어디가 불편한가 안절부절못했는데, 생후 2개월이 지나고부터는 아이를 굴리기도 하고 대하는 게 좀 편해졌습니다.

하나님도 초신자의 기도는 빨리 들어주십니다. 막 울면 하나님이 너무 안타까우셔서 쌌나, 아픈가, 배고픈가 들여다보시는 겁니다. 목장에서도 초신자가 들어오면 온 목장 식구들이 다 들고일어나서 감싸고 안아 주고 그러십시오. 그러다가 6개월 정도 지나면 굴려도 됩니다. 예수님 역시 제자들에게 야단을 치셨습니다. "아직도 모르겠니? 짬밥이 몇 년인데!" 우리가 논의할 것과 주의할 것을 분별하지 못하는 이유는 돈과 인정받는 것을 좋아하기 때문입니다. 저의 시집살이 간증을, '시집살이해야 하나 말아야 하나'로 받아들여서는 안 됩니다. 실컷 큐티하고 나면 영적 교훈을 받아야 하는데 아직도 "내가 예단 안 해서 무시당했다", "학벌이 없어서 시집살이를 당했다" 하고 있으면 제자들이랑 똑같습니다. 영적으로 여러분을 예수 믿게 하려고 식구들이 수고하면서 무시해 준 겁니다.

그제야 제자들이 떡의 누룩이 아니요 바리새인과 사두개인들의 교훈을 삼가라고 말씀하신 줄을 깨달으니라_마 16:12

그제야 제자들이 깨닫습니다. 그럼에도 나중에 예수님이 십자가를 지시자 물고기 잡으러 도망간 그들입니다. 그래서 인생이 외로운 것입니다. 날 죽이려는 사람, 말 안 듣는 사람들과 섞여서 사는 것이 인생입니다. 그러므로 아프면 아픈 대로, 부도가 났으면 부도난 대로, 돈이 안 벌리면 안 벌리는 대로 살다가 그것이 전공이 되어서 기쁨을 누리면 됩니다.

『태백산맥』의 작가 조정래 씨는 글 쓰느라 놀아 본 적이 없답니다. 하루도 아까워서 글을 쓰고, 평생에 하나의 은사를 찾아 열심히 썼더니 베스트셀러 작가가 됐습니다. 우리도 내 곁에 힘든 사람 하나 데리고 가는 것이 인생의 사명입니다. 자꾸 환경만 달라지길 바라면 안 됩니다. 그런데 먹을 게 없는 제자들은 앉으나 서나 떡 걱정입니다. 엊그제 오병이어, 칠병이어의 기적을 보았어도 염려가 됩니다. 우리는 육적인 필요를 보며 영적인 기도 제목을 생각해야 합니다. '내가 왜 이렇게 누룩에 끌리지', '내가 유혹을 왜 당하지', '내가 왜 이렇게 비참한 느낌이 들지'를 생각해야 합니다. 내가 하나님의 은혜를 잊은 게 무엇인지 묵상하고 돌아봐야 합니다. 놀러 갈 때 화장품과 옷은 챙기면서 성경은 왜 두고 갑니까? 말씀을 실력으로 삼아 영적인 기도 제목을 채워 가야 합니다.

◆ 내가 떡이 없으므로 논의하고 있는 것은 무엇입니까? 나와 내 가족, 지체의 육적인 필요를 보면서 영적인 기도 제목을 올려 드리고 있습니까? 내가 아직 깨닫지 못하는 것은 무엇입니까? 영적 이야기를 잘 알아듣고 있습니까?

시대의 표적을 분별해야 합니다

2 예수께서 대답하여 이르시되 너희가 저녁에 하늘이 붉으면 날이 좋겠다 하고 3 아침에 하늘이 붉고 흐리면 오늘은 날이 궂겠다 하나니 너희가 날씨는 분별할 줄 알면서 시대의 표적은 분별할 수 없느냐 4 악하고 음란한 세대가 표적을 구하나 요나의 표적 밖에는 보여 줄 표적이 없느니라 하시고 그들을 떠나 가시니라_마 16:2~4

매일 일기예보를 보고, 시간마다 주가 동향을 체크하면서도 시대의 표적은 못 보는 우리입니다. 시대의 표적을 보는 게 쉽다는 말이 아니라 더 중요하다는 뜻입니다. 하루가 중요하다면 십 년 뒤, 백 년 뒤는 얼마나 더 중요하겠습니까? 오늘이 중요한 것은 영원한 내일이 있기 때문입니다. 그러니 자녀가 공부 좀 못한다고 죽네 사네 하지 마십시오. 그 자녀에게 복음이 없으면 장래에 은총이 없고, 확실한 복음이 있으면 지금은 힘들더라도 앞날이 열립니다. 이것이 시대의 표적입니다. 저급한 표적을 구하지 마십시오.

우리는 이생의 자랑과 안목의 정욕, 육신의 정욕을 위해 악하고 음란하게 살고자 표적을 구합니다. 아무리 명문 대학을 나오고 대기업에 들어가도 유흥업소에 가서 아무 가책도 없이 음란을 행하는 이들이 얼마나 많습니까. 그렇게 살려고 표적을 구하니 시대의 표적을 못 보는 것입니다.

"이번 시험을 잘 보면 하나님의 응답이다." 이런 소리도 하지 마십시오. 십 년 뒤, 백 년 뒤를 내다봐야 합니다. 우리 집안에 구속사의 표적이 어떻게 올지를 보십시오. 내가 사건 가운데 힘들어서 예수님께 나아간 것이 표적입니다. 모든 사건이 구원의 역사이고, 그 한가운데 예수 그리스도의 죽음과 부활이 있습니다.

이 세대가 악하고 음란하다고 예수님은 정의하십니다. 하나님을 믿지 않으면 우상숭배이기 때문에 인간관계 역시 음란합니다. 왜 요나의 표적을 말씀하십니까? 요나의 표적은 이스라엘에게 주신 것이 아니라 이스라엘이 그렇게도 무시하는 니느웨 백성에게 주신 것인데, 그들이 다 회개하고 돌아왔습니다. 이방 사람들이 그렇게 돌아왔는데 내가 교만해야겠습니까? 십자가의 표적, 죽는 것 외에는 없다는 것입니다.

한 알의 밀알이 제아무리 치장해도, 죽어져서 맺는 열매와는 비교할수 없습니다. 그런데 우리는 겨자씨보다 호박씨, 호박씨보다 치장한 밀알을 구합니다. 그러나 주님이 죽으신 십자가 표적과는 비교할 수 없습니다. 예수님은 바리새인과 사두개인에게 말씀을 선포하시다가 이제는 죽겠다면서 요나의 표적을 말씀하십니다. "너희가 너무나 못 깨달으니 내가 죽겠다. 내가 죽음으로써 너희의 전통과 합리가 깨어질 것이다. 바리새인 사두개인 너희들을 미워하는 게 아니라 너희를 위해 죽는다!"

우리 집안의 도저히 깨닫지 못하는 바리새인과 사두개인 때문에 내가 죽어야 합니다. 전통과 돈을 부르짖으며 예수를 믿지 않는 사람들 때문에 내가 죽어야 합니다. 그들이 믿든 안 믿든, 깨닫든 못 깨닫든 내가 용서하고 섬기고 가면 내 곁의 자녀들이 보고 양육될 것입니다.

주님은 그토록 수많은 표적을 보여 줘도 깨닫지 못하는 바리새인과 사두개인을 다시는 상대하지 않고 제자들에게만 힘을 쏟으며 십자가를 지러 가십니다. 우리에게도 떠나야 할 바리새인과 사두개인이 있습니다. 그 화려한 동창들에게 아무리 말해도 깨닫지 못한다면 이제 떠나 목장의 힘든 분들, 가난한 분들을 섬기십시오. 이것이 복입니다. 나와 가족의 구원을 위해 그들을 허락하셨음을 믿으십시오. 돈 버는 일로만 바쁘고 내 가족만 섬긴다면, 나도, 내 가족도, 남도 구원이 안 됩니다.

표적을 가지고도 못 믿는 사람은 결코 믿음을 가질 수 없습니다. 믿음만이 표적을 표적으로 보게 합니다. 믿음이 있으면 내가 겪는 모든 사건과 환경에서 표적을 볼 수 있습니다. 그러므로 우리는 날마다 분별해야 합니다. 주님을 위해 표적을 구하는 게 잘못이 아니라 표적을 가지고 예수님을 시험한 것이 문제입니다. 확실한 표적은 구하기도 해야 합니다.

그리고 시대의 표적을 분별해야 합니다. 지금 돈이 없고 아프고 자식이 속을 썩여도 예수님만 믿으면 장래에 은총이 있음을 믿는 것이 시대의 표적입니다. 어떤 환경에서도 내가 썩어지고 죽어지는 밀알이 되는 것이 가장 큰 십자가 표적이고 나와 내 가족을 살리는 기적의 표적입니다.

◆ 십 년, 이십 년, 백 년 뒤에 우리 집안에 나타날 표적을 그려 보고 있습니까? 통장 잔고, 성적표, 주가지수, 부동산 시세를 표적으로 삼아서 울고불고합니까? 오늘 나의 사건에서 믿음의 씨를 분별하며 오직 예수님 때문에 희생하고 섬기는 십자가 표적을 보이고 있습니까?

말씀으로 기도하기

하나님께서 주신 사명이라고 맹목적인 열심을 내지만 나의 야망과 욕심이 앞설 때가 많습니다. 바리새인은 스스로 구별되었다고 생각하면서 하나님보다 율법 자체를 중요하게 여기는 경건주의자였습니다. 사두개인은 지위와 혈통을 내세우며 성공과 출세에 관심이 많은 세속주의자였습니다. 경건과 기복에 치우쳐서 헛된 수고를 하지 않으려면 날마다 하나님의 말씀으로 분별하고 주의해야 합니다.

분별하기 위해 바리새인과 사두개인의 누룩을 주의해야 합니다
(마 16:1, 4~8).

오병이어, 칠병이어 기적을 보고도 바리새인과 사두개인의 누룩을 부러워하는 제자들처럼 지도자의 자리가 부럽고, 좋은 집과 좋은 차가 부러운 것을 고백합니다. 누룩은 적은 양이라도 놀랍게 팽창합니다. 떡 한 개쯤이야 하며 물질과 경건의 유혹에 넘어가지 않도록 깨어 있기를 기도합니다.

내가 잊은 것을 주의해야 합니다(마 16:5~12).

제자들은 영적인 누룩을 제거하라는 예수님의 말씀을 육적으로 알아듣고 떡 잊은 것만 생각합니다. 육적인 필요 때문에 영적인 것을 잊어버리는 내 모습을 회개합니다. 내가 알아듣지 못한 것을 아시고 야단쳐주시는 주님의 사랑에 감사하며, 말씀을 듣고 깨닫고 적용하도록 하나님의 은혜를 구합니다.

시대의 표적을 분별해야 합니다(마 16:2~4).

공부를 못하고 성공을 못해도 내 자녀에게 복음이 있으면 미래가 열린다는 믿음이 시대의 표적인 것을 깨닫게 하옵소서. 날마다 말씀으로 형식과 세속의 누룩을 분별하며, 썩어지고 죽어지는 요나의 표적이 내 삶에 나타나기를 기도합니다.

우리들 묵상과 적용

13년째 남편과 한 교회를 섬기지 못하고 갈라져 있습니다. 며칠 전 불신 결혼에 대한 성경 말씀을 두고 남편과 신랄한 논쟁을 했습니다. 말씀에 대한 논쟁이 붙으니 원수가 따로 없이 혈기가 올라와 서로 쏘아 댔습니다. 3주 동안 시아버님을 간병하고 김장까지 했으니 서로 수고했다 위로하고 평안한 밤을 보내야 할 텐데, 논쟁으로 토라져 등을 돌리고 자면서 이게 뭐 하는 짓인가 싶었습니다. '무엇을 위한 싸움인가? 내가 잘하는 짓인가? 지는 싸움이 이기는 것이라 했는데……' 하면서도 '내 생각이 옳다' 하며 쉽게 사과가 나오질 않았습니다.

결혼 16년 만에 회개하고 예배가 회복되고 술 담배도 끊고 봉사하는 남편을 보면서 하나님 하시는 일에 무척이나 감동했습니다. 그러나 남편은 내게 감동받지 못했다고 합니다. 그래서 나도 남편처럼 방탕하게 살다가 회개했으면 감동받았을까 생각하니 얄미웠습니다. 그리고 상황을 역으로 생각해 보니 변화된 남편과 달리 나는 삶으로 보여 준 것이 없으니 당연히 감동이 없겠다는 생각이 들었습니다. 나의 인간적인 모습이 떡하니 가로막고 있어서 내가 섬기는 교회의 장점이 하나도 보이지 않는 것입니다.

겁이 많고 자신감이 없는 아들의 모습도 저 때문입니다. 실수해도 편을 들어주는 엄마여야 했는데 툭하면 비꼬는 말로 아들을 나무랐습니다. 바리새인들이 두려움 때문에 율법을 만들고 또 만들어 율법에 갇힌 인생을 산 것처럼 나도 끊임없이 남편과 아들을 향한 염려 때문에 지시하고

통제하면서 여유가 없는 삶을 살았습니다. 삶이 변하지 않고 감동이 없는 내가, 가족이 인격적인 하나님을 만나는 데 방해가 되고 있었습니다.

요나의 표적이란 예수님이 십자가 지시고 3일 만에 부활하실 것을 뜻한다고 하셨습니다(마 16:4). 말로 논쟁하고 타박하지 않고 십자가 지는 삶을 남편과 아들에게 보여 주기 원합니다. 회개와 희생의 십자가를 몸소 보여 주며 감동을 주는 삶을 살고 싶습니다. 내 식구들에게 예수님이 뚫고 들어가도록 좀 더 죽어지길 원합니다. 남편과 논쟁을 피하고 먼저 내 잘못을 인정하는 회개의 본을 보이겠습니다. 아들을 향해 비꼬는 말도 삼가겠습니다.

영혼의 기도

하나님 아버지, 예수를 믿으면서도 썩어 없어질 양식이 없어서 두려워하며 바리새인과 사두개인의 누룩을 부러워합니다. 인정받는 자리에 서기 위해 달려왔습니다. 그것이 악한 것임을 깨닫고 회개했는데 이제는 목사가 되어 손녀를 보고 믿음의 6대손이라 혈통을 자랑하는 사두개인이 되었습니다. 환경이 이럴 때 장담할 인생이 어디 있겠습니까. 저를 불쌍히 여겨 주시고 소망을 빙자한 야망이 없도록, 받은 바 은혜를 잊지 않도록 은혜를 내려 주옵소서.

시대의 표적을 보며, '매일'을 중요하게 여기며, 지금의 어려운 일, 남편, 부모, 상사 모든 것이 우리 집안의 구속사를 이루는 것을 알며, 죽어지고 썩어지는 밀알 되게 하옵소서. 별다른 인생이 없습니다. 내가 죽는 것이 천국이고 열매 맺는 것입니다. "요나의 표적밖에는 보여 줄 표적이 없느니라" 하신 말씀을 듣고 세상을 부러워하는 우리의 초점이 천국으로 옮겨지기를 원합니다. 죽어지는 표적을 모든 사람에게 보이는 인생이 되게 도와주시옵소서. 예수님 이름으로 기도하옵나이다. 아멘.

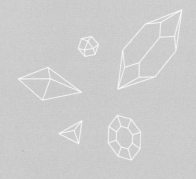

4

복이 있는 교회
마태복음 16:13~20

하나님 아버지, 복이 있는 교회에서
복이 있는 성도의 인생을 살고 싶습니다.
말씀하여 주옵소서. 듣겠습니다.

'병의 의미를 깨달으면 병은 더 이상 병이 아니다'라는 말이 있습니다. 우리들교회에는 7년째 신부전을 앓고 있는 김 집사님이 계십니다. 집사님은 말씀을 들으면서 자기의 죄를 조금씩 보기 시작했습니다. 특별히 여름 수련회 기도 시간에 재물에 대한 깊은 회개의 기도가 나왔습니다. 그때 마음 깊은 곳에서 음성이 들리는 듯했습니다. 다 나았다고, 내가 다 고쳐 주었다고, 하나님께서 고쳐 주셨다는 확신이 들었습니다. 그 후 혈압이며 모든 검사 결과가 정상으로 나타났습니다. 하나님의 놀라운 치유의 기적을 체험하게 되었습니다.

　복이 있는 교회는 바로 이렇게 치유가 일어나는 교회라고 생각합니다. 건강한 교회에서 한 걸음 더 나아가 복을 받고 그 복을 나눠 주는 교회가 되어야 하는데, 과연 복이 있는 교회는 어떤 교회일까요? 마태가 우리에게 들려주는 본문을 통해 보기 원합니다.

복이 있는 교회는 신앙고백이 확실한 교회입니다

> 예수께서 빌립보 가이사랴 지방에 이르러 제자들에게 물어 이르시되
> 사람들이 인자를 누구라 하느냐_마 16:13

예수님이 귀신을 내쫓고, 광풍을 잠잠하게 하고, 오병이어와 칠병이어의 온갖 기적을 베푸시고 나서 제자들에게 신앙고백을 요구하시는 장소가 '빌립보 가이사랴'입니다. 여기에는 큰 의미가 있습니다.

이곳은 헤롯이 자신의 네 아들 중 빌립에게 나누어 준 지방입니다. 가이사 아구스도, 즉 로마 황제에게 흰 대리석 신전을 지어 바친 곳이자 우상이 들끓는 장소입니다. 유다 북쪽의 경계 지역으로 예루살렘에서도 한참 떨어져 있습니다. 이런 곳에서 제자들에게 신앙고백을 요구하신 것입니다. 로마 황제에게 바친 세계 최고의 명품이 즐비해서 사람들의 부러움을 사는 곳에서 "그간 내가 기적을 베풀었는데 내 사역의 결과를 무엇이라 생각하느냐"고 물으신 것입니다.

예수님이 기적을 베푸셨어도 사두개인과 바리새인은 여전히 못 믿어서 하늘로부터 오는 표적을 구했습니다. 그러나 예수님은 요나의 표적 밖에는 보일 표적이 없다고 하시며 "너희가 안 믿으니까 내가 십자가 지고 죽으러 간다"고 하셨습니다. 그리고 이제 예수님은 제자들이 자신을 어떻게 평가하는지 궁금하셨습니다. 여러분이라면 어떻게 대답하겠습니까?

> 이르되 더러는 세례 요한, 더러는 엘리야, 어떤 이는 예레미야나 선지자 중의 하나라 하나이다_마 16:14

당시 예수님이 미쳤다고, 귀신 들렸다고 말하는 사람도 있었는데 제자들은 그런 말은 전하지 않고 역사상 위대한 사람들과 예수님을 견줍니다. 너무 좋은 사람들 같아 보입니다.

하지만 성경을 읽다 보면 무조건 칭찬한다고 좋은 게 아님을 알 수 있습니다. 예를 들어, 누군가 저에 대해 평가하면서 "착하고 교회도 잘 다니고 다 좋은데, 큐티만 안 하면 딱 좋겠어!" 한다면 아무리 많은 칭찬을 들어도 전혀 기쁠 수 없습니다. "내가 존경하는 아무개 목사님이랑 너무 닮았어. 그런데 그분은 큐티하라고 하지 않는데 김 목사는 왜 자꾸 큐티하라는 거야?" 한다면 이전의 멋진 칭찬은 아무 소용이 없습니다. 나의 본질을 외면했기 때문입니다. 제자들도 예수님을 역사적인 인물들과 비교했지만 이것만으로 예수님이 좋아하실 순 없습니다.

이르시되 너희는 나를 누구라 하느냐_마 16:15

이번에는 범위를 좁혀서 예수님과 가깝게 지낸, 제자 훈련을 받은 제자들에게 직접적이고도 개인적으로 물어보십니다. 예수님도 물으시면서 '애들도 대답 못 하면 어쩌나!' 가슴이 떨렸을 것 같습니다.

시몬 베드로가 대답하여 이르되 주는 그리스도시요 살아 계신 하나님의 아들이시니이다_마 16:16

다니엘 7장에 나오는 그리스도 주 메시아를 의미하는 '인자'라는 표현을 쓰신 예수님의 물음에 "주는 그리스도시요 살아 계신 하나님의 아들이시니이다"라고 베드로가 정확하게 답했습니다. 약소민족 히브리인들의 빛이며, 이 민족을 구원하실 분이 주님밖에 없다고 답한 것입니다.

물론 이때 베드로는 그것이 무슨 의미인지 정확하게 이해하지 못한 채 말했을지도 모릅니다. 왜냐하면 베드로는 예수님이 십자가에서 돌아가신 후 다시 물고기 잡으러 갔기 때문입니다.

그래도 하나님이 이 고백을 받으셨습니다. 입으로 시인해서 구원에 이르는 것이 중요합니다. 이 고백을 베드로밖에는 안 했습니다. 고난의 메시아를 모르고 고백했어도, '내가 주님을 사랑한다'는 고백을 받으십니다. 부부간에도 자식에게도 사랑한다는 말을 하는 게 중요합니다. 그렇게 고백해 놓고는 자기가 더 놀라서 막 묵상합니다. 입으로 한 그 고백 때문에 더 사랑하게 됩니다. 이 고백 때문에 우리의 생을 당근과 채찍으로 인도해 가십니다.

◦ 빌립보 가이사랴에서 주님이 여러분에게 "내가 누구냐"고 물으신다면 뭐라고 대답하겠습니까? 모든 환경이 갖춰진 불신결혼을 하려 할 때, 또 엄청난 이익을 가져다줄 불법을 제의받았을 때 주님이 이렇게 물으시면 무엇이라 답하겠습니까?

복이 있는 교회는 아버지께서 세우신 교회입니다

예수께서 대답하여 이르시되 바요나 시몬아 네가 복이 있도다 이를 네게 알게 한 이는 혈육이 아니요 하늘에 계신 내 아버지시니라_마 16:17

베드로의 고백에 "바요나 시몬아" 하면서 그의 혈통을 이야기하십니다. 그리고 "네가 고백한 것은 너의 아버지, 족보와 혈통 때문이 아니라 하늘에 계신 아버지 때문"이라고 이야기해 주십니다. 예수님이 이 고백을 받고자 이 땅에 오셔서 숱한 기적을 베푸시고 수많은 지식 있는 자들에게 말씀하셨습니다. 그러나 아무도 이 고백을 하지 못했습니다. 이 고백을 하기가 얼마나 힘든지 모릅니다. 열두 제자 중에서도 베드로만 했기에 그가 수제자가 됐습니다.

간증도 먼저 하는 분이 선구자입니다. 앞 장에서 보았듯이 남편 목사님의 이야기를 사모님이 간증하니 다른 사모님들 또한 저에게 메일을 보내 많이 오픈해 주셨습니다. 힘들어도 베드로가 첫 번째 고백을 했습니다. 왜 이 고백이 어려울까요? 하나님이 계시하지 않으시면 예수님은 그저 사생아에 목수의 아들일 뿐입니다. 외적으로는 그렇게 형편없는 사람에게 "당신이 하나님입니다"라고 말하기가 쉽겠습니까? 하나님이 계시하지 않으시면 할 수 없는 고백입니다.

제가 처음 큐티했을 때 날마다 은혜를 받고 너무 기뻐서 구역에서 나누고자 하면 아무도 제 말을 들어 주지 않았습니다. '왜 교회에서 시키지도 않는 걸 하고 그러냐'는 분위기였습니다. 그런데 그때 초등학교 학력이 전부인 어느 분이 제 말에 은혜를 받고 눈에 띄게 변화해서 얼마나 격려가 되었는지 모릅니다. 이렇듯 알아주는 한 사람이 얼마나 중요한지 모릅니다. 무시받는 어부 베드로가 이 고백을 했다는 것이 주님에게 얼마나 큰 의미였는지 모릅니다.

'남편이 그리스도요, 돈이 그리스도'가 아니라 '주님이 그리스도시요 살아 계신 하나님의 아들이라' 고백하는 것이 복 있는 인생이고 이런 사람들이 모인 교회가 복 있는 교회입니다. 그래서 하나님이 약속을 주십니다.

또 내가 네게 이르노니 너는 베드로라 내가 이 반석 위에 내 교회를 세우리니 음부의 권세가 이기지 못하리라_마 16:18

교회에 관한 유명한 말씀입니다. 이 말씀으로 천주교는 베드로를 초대 교황으로 삼고 우상처럼 여깁니다. 그러나 이 '반석'은 사람에게 쓰인 일이 없고 하나님께만 쓰였기 때문에 '반석 위'란 베드로 위가 아니라 하나님 위라는 뜻입니다. 산 돌이신 예수님이 모퉁잇돌이 되어, 버려진 돌인 우리 한 사람 한 사람을 산 돌로 만드셔서 당신의 교회를 친히 만들고 이끌어 가시는 것입니다.

그리고 그곳에는 신성의 모든 충만이 육체로 거합니다(골 2:9). 베드로의 고백과 같은 신앙고백이 모여 있으면 육신의 삶으로, 적용으로 충만하게 나오는 것입니다.

저는 날마다 신기하고 감사합니다. 형편없는 내가 어떻게 믿음의 대상이신 예수님을 알고, 어떻게 이런 신앙고백을 할 수 있는지 놀랍기만 합니다. 여러분도 그 확실한 믿음의 대상을 알고 확실한 예수 그리스도를 믿으시기 바랍니다.

그런 다음 "음부의 권세가 이기지 못하리라"고 약속해 주셨습니다. '음부'란 '스올, 지옥, 죽음'이라는 뜻입니다. 이 땅에서 가장 마지막으로 멸망받을 원수는 사망입니다. 욕심이 잉태한즉 죄를 낳고 죄가 장성한즉 사망을 낳습니다(약 1:15). 죄로 표현되는 상처와 슬픔을 거쳐 결국 죽음으로 가는 것입니다. 이 땅의 모든 음부의 권세 중 가장 강력한 것이 사망인데, 그렇다면 교회만 다니면 음부의 권세가 이기지 못할까요? 교회만 오면 슬픔이 물러갈까요? 그것보다 더 넘어서는 해석을 해야 합니다.

음부의 '권세'는 직역하면 음부의 '문'입니다. 음부와 그리스도가 싸우시는데, 싸울 때 자기 집 문짝 뜯어서 싸우는 사람이 있습니까? 없습니다. 음부는 꼼짝 안 하고 그 자리에서 우리에게 싸움을 겁니다. 이것을 어떻게 해석할까요?

이 땅은 모두 음부의 세계입니다. 공동묘지처럼 입을 쫙 벌리고 있습니다. 내 속에도 음부의 권세가 있고, 집에도 있고 집을 나서도 죽음의 권세가 둘러싸고 있습니다. 예수 안 믿으면 지옥에 가니까 안 믿는 부모와 친구들이 죽음의 권세를 가지고 나를 기다립니다. 온통 죽음의 세상에 둘러싸여 있습니다. 그러나 신앙고백이 확실한 사람은 그 권세를 뚫고 나갑니다. 엄마의 배 속에 있다가 좁은 산도를 거쳐서 이 기가 막힌 커다란 세상에 나왔는데 천국은 더 대단합니다. 내가 걸어가면 "교회가 온다"는 소리를 들어야 합니다. 어떤 상황에서도 음부의 문을 뚫고 나가는 교회가 복 있는 교회입니다.

이스라엘이 바벨론에 포로로 잡혀가기 전, 하나님께서 선지자들을 통해 "제발 잡혀가라, 순종해라" 했지만, 시드기야 왕은 그 말씀을 듣지 않고 성벽에 구멍을 뚫고 도망갈 생각만 했습니다. 결국 시드기야는 갈대아 군사들에게 잡혀 눈이 뽑히고 쇠사슬에 매여 바벨론으로 끌려갔습니다. 이 본문을 큐티한 어느 집사님의 나눔을 소개합니다.

> "내가 나와 나의 종 다윗을 위하여 이 성을 보호하여 구원하리라"고 하십니다(왕하 19:34). 하나님께서는 시드기야 왕보다 저를 더 사랑하셔서 저에겐 절대 뚫리지 않는 철 성벽을 지어 주셨습니다. 하지만 올해로 결혼 17년째인 저는 하나님을 모르던 11년간 성벽에 도망갈 세상 구멍을 여기저기 얼마나 많이 뚫었는지 모릅니다.
>
> 외국 유수 대학의 MBA 출신의 남편이 증권회사에 취직하고, 첫아이를

낳은 뒤 몇 달 후부터 싸움이 시작되었습니다. 남편은 일주일이면 두세 차례 술을 마시고 새벽 서너 시에 들어왔습니다. 그럴 때마다 남편의 셔츠에는 립스틱, 파운데이션이 묻어 있었고 저는 남편이 잠들 때까지 기다렸다가 셔츠 검사하는 게 일이었습니다. 한번은 정도가 너무 심해서 차에 가 보았더니 차 안에는 립스틱 묻은 담배꽁초가 가득하고 여자 화장품이 여기저기 흩어져 있었습니다.

제가 고등학생 때쯤 우연히 엄마가 아버지의 외도에 대해 친구분과 전화 통화하시는 것을 들은 적이 있습니다. 엄마 아니면 죽는다고 아우성치고, 며칠씩 굶어 가며 난리 피워서 결혼하셨다던 아빠가 어떻게 그럴 수 있나 싶었습니다. 엄마는 자식들이 바르게 자랐다고 하시지만, 저는 아빠가 미웠습니다. 그런데 이제는 남편이 그 상처를 헤집고 있는 겁니다.

'하루에도 몇 번씩 사랑한다고 해서 결혼했는데…… 그래! 부모도 못 믿는데 남편을 어떻게 믿어. 한 살이라도 어릴 때 이혼하자'가 저의 주제가가 되었습니다. 그때부터 '이혼'의 구멍을 뚫기 시작했습니다. 남편이 술 마시고 셔츠에 화장품을 묻혀 올 때마다 이혼하자고 부르짖다가 끝내는 제가 집을 나갔습니다. 그러다 며칠 바람 쐬고 기분이 괜찮아져서 와 보면 남편은 그릇을 하나도 남김없이 부수고는 저보다 더 늦게 들어왔습니다. 한번은 나갔다가 3일 만에 들어오니 모든 옷과 명품 가방을 가위로 잘라서 방 안 가득 어질러 놓았습니다. 그래 놓고 자기는 가위질을 얼마나 열심히 했는지 손가락에 물집이 생겨서 밴드를 붙이고 있는 겁니다.

그런 남편에게 질려서 이후 저는 "위자료로 2억만 주면 이혼한다" 하고 노래했습니다. 그러자 남편이 "2억 줄 테니 이혼하자" 해서 법정에서 합의 판결까지 받았습니다. 그런데 다음 날 3천만 원밖에 못 주겠다는 겁니다. 너무 기가 막혀서 여기저기 법무사 사무실에 알아보니, 남편 재산이 상속받은 것이라 제가 받을 수 있는 최대 액수가 3천만 원이라는 겁니다. 그러면서 한 가지 방법을 알려 주었습니다. '살살 약을 올려 남편이 때리게 해서 진단서를 받으면 최대 5천만 원까지 받을 수 있다'는 겁니다. 비참했습니다. 하지만 돈 벌 재주도 없으니 '이혼해서 돈 없이 비참하게 사느니 그냥 살자'고 마음을 바꿨습니다. 뚫고 뚫었던 이혼의 성벽마저 철성벽이었습니다.

이후 남편은 더 당당해진 반면, 저는 귀신 하나가 나갔다가 일곱 귀신을 데리고 온 상황이 되었습니다. 당시에 성당을 다녔는데 '눈에 보이는 잘못은 남편이 하는데 내가 왜 십자가를 져야 하나' 싶어 억울했고, 이혼의 구멍이 아닌 다른 구멍을 뚫기 시작했습니다. 바로 '죽음'이었습니다. 이 꼴 저 꼴 안 보고 죽으면 그만이라 싶었던 겁니다. 이후 저는 아파트에서 뛰어내리려고도 해 보고, 술 먹고 운전하다 차 사고로 죽으려고도 해 보고, 호텔 방에서 약도 먹어 보았습니다. 하지만 몇 번 시도 끝에 내린 결론은 죽는 것도 힘들지만 내가 진심으로 죽기를 원하지 않는다는 사실입니다.

하지만 이대로 살 수는 없어서 다른 방법을 궁리하다가 남편만 죽으면 지금 있는 돈으로 애들 데리고 편안히 살 수 있겠다는 무서운 생각이 들었습니다. 그날부터 '남편 죽이기'의 구멍을 열심히 뚫었습니다. 그때는 남편이 음주운전을 할 때라 술 마시고 새벽까지 안 오면 '차 사고 났나?' 기대했고, 실제로 사고가 났어도 남편은 멀쩡하고 차만 죽어서 돌아왔습니다. 성수대교가 무너진 날엔 남편이 그 자리에 없었던 것을 안타까워했습니다. 그렇게 남편의 죽음을 1년이 넘게 기다리면서 저는 지쳐 갔습니다. 여기저기 뚫어 봐도 전부 뚫리지 않는 철 성벽이었습니다.

저는 결국 '이젠 더 이상 성벽을 뚫는 데 힘쓰지 말자. 남편도 내 남자가 아니라고 생각하자' 하고 마음먹었습니다. 하지만 거기엔 사랑도 없었고, 싸움도 없었습니다. 이야말로 시드기야가 뚫은 구멍이었습니다.

일류 남편과 일류 부인이 만나서 갖은 호강 다 하고 살아도 그렇습니다. 이 가정에는 만족함이 없으니 죽음까지 가는 온갖 음부의 세력이 다 들어 있습니다. 음부의 권세에 둘러싸인 것입니다.

＊ 내 속에 있거나 나를 둘러싸고 있는 음부의 권세는 무엇입니까? 하나님이 구원의 성벽을 쌓아 주셔도 날마다 그 성을 나가려고 뚫고 있는 구멍은 무엇입니까?

복이 있는 교회는 천국의 열쇠를 가진 교회입니다

내가 천국 열쇠를 네게 주리니 네가 땅에서 무엇이든지 매면 하늘에서도 매일 것이요 네가 땅에서 무엇이든지 풀면 하늘에서도 풀리리라 하시고_마 16:19

하나님이 천국의 열쇠를 주십니다. 음부의 권세가 강하지만, 예수 믿고 공동체의 복을 누리며 격려하고 기도하고 인내할 동지를 주시면 음부의 권세도 이기지 못합니다. 공동체 안의 신앙고백이 확실하지 않고 내속에 죄가 있으면 음부의 권세를 이길 수 없습니다.

고백이 확실하면 열쇠를 주신다고 했습니다. '열쇠'는 당시 지도자인 서기관과 바리새인이 쓰던 말인데, 여기서 말씀하시는 천국의 열쇠는 풀 권세와 맬 권세를 말합니다. 하나님의 교회가 매면 매이고, 풀면 풀립니다. 예수 잘 믿는 그 한 사람이 "그렇다" 하면 그렇고, "아니다" 하면 아닙니다. 집안에서 그 한 사람이 모든 윤리와 모범입니다. 그 사람만 따라가면 됩니다. 그만큼 신앙고백이 있는 한 사람이 중요합니다.

성도의 권세는 참으로 큽니다. 내가 복 있는 인생이다 선포하고 믿음으로 기도해 주면 병이 나을 수도, 들 수도 있습니다. 그 능력으로 맬 권세와 풀 권세를 주셨는데 이왕이면 풀 권세로 음부의 권세를 이긴 약재료를 가지고 사람들에게 복음을 가르치고 천국으로 인도하기 바랍니다.

교회에 권세를 주셨는데 우리가 잘못 사용하고 또 사용하지 않으면 천국 문을 닫는 것입니다. 아무리 주어도 받아들이지 않으면 자기 죄로 죽지만, 우리가 복음을 전하지 않으면 핏값을 물으신다고 했습니다. 신앙고백이 확실한 사람이 풀 권세로 사람들을 인도할 사명을 받은 것입니다. 천국 권세로 이 땅에서 용서하고, 사랑하고, 풀고 가야 합니다. 복음으로 내 사건을 풀고 해결을 받아야 하나님 나라가 임합니다.

그렇게 난리를 치던 이 집사님도 그랬습니다. '이제는 내 남편 아니다' 하며 남편을 내려놓았더니 하나님께서는 또 다른 철벽을 쳐 주셨습니다. 부자에 엘리트인 남편이 증권 투자를 잘못해서 3일 만에 수십억을 잃고 망한 것입니다. 그리고 이 집사님은 큐티 모임으로 인도받았습니다. 제대로 구멍을 파기 시작한 것입니다. 그랬더니 여태껏 자신이 얼마나 무모한 죄인이었는지도 깨닫게 되었습니다. 시드기야 왕처럼 눈앞에서 자식이 죽임을 당하고, 두 눈이 뽑히지 않게 해 주신 것만 해도 감사가 되었습니다. 남편이 망했는데 그것이 하나님의 큰 은혜라고 고백하는 것이 바로 음부의 권세를 뚫고 이긴 것입니다. 망한 사건으로 부부의 사랑도 회복됐습니다. 하나님이 그리하셨습니다.

이후 이 집사님은 갑자기 월세 집으로 옮기고, 우유 배달 일을 하게 됐습니다. 신문 배달도 하고 떡볶이 가게 직원이 되려고 면접까지 봤습니다. 지금은 어떠냐고요?

큐티를 하며 항복했더니 하나님이 남편을 구원해 주셨습니다.

"옥에서 내놓아 그 머리를 들게 하고…… 그 죄수의 의복을 벗게 하고……" 열왕기하 25장 27, 29절 말씀대로 이루셨습니다. 우리들교회에서 가족 찬양까지 하고, 집사님도 남편도 목자가 되어 교회의 일꾼으로 섬기게 됐습니다.

한 사람이 순종하면 모두를 주님께로 이끕니다. 집사님은 마지막으로 이렇게 고백하셨습니다.

"성벽 구멍 그만 뚫고 우리 모두 큐티합시다!"

여러분도 이렇게 음부의 권세를 이기게 될 줄 믿습니다.

◆ 음부의 권세를 이기기 위해 공동체의 신앙고백이 확실해야 합니다. 나의 적용의 여정을 격려해 주고 말씀으로 조언해 줄 공동체가 있습니까? 인터넷으로 드리는 예배, 나눔 없이 몸만 오가는 예배로는 음부의 권세를 이길 수 없습니다. 목장(구역)에 속하기로 결단하기를 바랍니다. 신앙고백이 있는 한 사람이 선도자입니다. 말씀이 있는 내가 권세자인 것을 알고 내 약재료로 다른 이들에게 복음을 담대히 전하고 있습니까? 하나님께서 맡겨 주신 매는 권세와 푸는 권세를 누구에게, 어떻게 사용하겠습니까?

복이 있는 교회는 경계를 잘해야 합니다

이에 제자들에게 경고하사 자기가 그리스도인 것을 아무에게도 이르지

말라 하시니라_마 16:20

제자들이 이렇게 신앙고백을 확실하고 정확하게 했는데 주님은 왜 아무에게도 이르지 말라고 하셨을까요? 제가 평신도 신분으로 큐티 사역을 할 때 '집사가 말씀을 잘 본다'고, '전도도 많이 한다'고 곳곳에서 칭찬을 받았습니다. 사람들이 저한테 은혜를 받았다고 하면, 저는 오히려 무서운 마음이 들었습니다. 그래서 "나는 집사고 여자인데 그런 말씀 말라"고 했습니다. 그런데 또 한편으로는 은혜받았다는 말을 전혀 못 들어도 기분이 별로였습니다. 두 마음이었지요.

사람들도 그랬습니다. 가만히 있는 게 저에게 도움 될 사람은 사방으로 다니며 큐티하라고 권면하고 다녔습니다. 반면에 사람들에게 '큐티하라'고 열심히 권면하고 다녔으면 좋겠는 사람은 오히려 가만있어서 저는 두려웠습니다. 처음부터 교회를 세우겠다는 생각으로 사역한 게 아니었기에 사람들이 잘못 전하면 어찌하나 두려웠고, 부족한 내가 행여 잘못 전하는 것은 아닐까 염려되기도 했기 때문입니다. 그래서 베드로의 신앙고백이 정확했어도 말하지 말라고 하신 게 이해가 됩니다.

주님은 죽으실 때가 가까워 오자 자기가 누구냐고 물으셨습니다. 저도 죽어야 거기에서 자유로울 것 같습니다. 그래도 누가 인정하든 그렇지 않든, 소용돌이 속에서 여기까지 왔습니다. 모든 사건과 고난이 축복이 되어 말씀이 더 잘 깨달아졌습니다. 시집살이에, 남편 고난에, 자녀 입시에, 사역에 늘 힘들었고, 그 덕에 깊이 묵상할 환경을 누렸습니다.

그러므로 모든 힘든 환경에 감사해야 합니다. 편안하면 허벅지를 꼬집어 뜯어도 묵상할 게 없습니다. 앞에 집사님은 망한 가운데서도 감사했습니다. 편안할 때 음부의 세력을 뚫고 나가는 것이 아니라, 신앙고백이 확실할 때 모든 음부의 세력을 뚫고 나갑니다. 그것이 복이 있는 인생이고 복이 있는 교회입니다.

아무에게도 이르지 말라고 경고하신 또 다른 이유는, 아무리 신앙고백이 확실해도 교회를 이끄는 분은 하나님이심을 드러내기 위해서입니다. 교회 자체가 그 사람에게 계시하는 것이 아닙니다. 교회 자체가 신앙고백을 받아 내는 것이 아닙니다.

교회는 지체가 서로 사랑하고 하나님을 만나도록 도와주는 통로입니다. 그래서 아무리 반석 위에 교회를 세웠다고 해도 교회가 하나님을 계시하는 것이 아닙니다. 그것은 교회의 능력 밖입니다. 교회지상주의가 아닙니다. 항상 두렵고 떨림으로 반석 위에 세워 주신 공동체의 교제 가운데 하나님만이 왕 노릇 하셔야 함을 의미하는 것입니다. 내가 드러나지 않고 하나님만 드러나는 교회가 복이 있는 교회입니다.

음부의 권세를 뚫는 일은 우리의 사소한 일상에서부터 시작되어야 합니다. 직업이 교사인 한 여집사님의 나눔을 소개합니다.

같은 학교에 자존심도 강하고 똑똑한 남자 선생님이 한 분 계시는데 이분이 여러 사람과 부딪쳤습니다. 학교 상담실에서 부장직을 맡고 있던 저는 우리들교회에서 큐티하며 생활 속에서 적용하고자 몸부림치다 보니 아버지 하나님의 은혜로 그 선생님을 불쌍히 여기게 되었습니다. 일이 있을 때마다 내 죄를 보고 "그래, 미안해. 내 잘못이야. 부장이 일을 잘 알고 있어야 하는데 김 선생 말이 맞아…… 그러니까 내가 어떻게 도우면 되겠어요?" 하며 때로는 사랑한다고 어깨를 감싸 안았습니다. 그렇게 아버지 하나님께 그 선생님을 올려 드리며 기도하고 기도했습니다.

그런데 어느 날 퇴근 직전, 교장 선생님이 부장들에게 밥을 산다고 하자 그 선생님이 불쑥 이렇게 내뱉습니다.

"맨날 모른다고만 하는 것들이 돼지같이 처먹겠구먼."

순간 저는 울컥했습니다. 하지만 평소 말씀으로 예방주사를 많이 맞은 저는 영적인 싸움임을 알고 속으로 기도했습니다.

'아버지, 제가 화가 나려고 해요. 맨날 잘 무시받게 해 달라고 기도했더니 아버지께서 사건을 주셨군요. 응답해 주셨군요. 근데 금방 감사가 안 나오네요……. 아버지, 이런 저를 불쌍히 여겨 주세요.'

그런 한편으로는 이런 생각도 들었습니다.

'내가 사는 길은 내 죄를 보는 것밖에 없는데…… 그래, 맞아. 내가 부장으로서 일을 완전히 파악 못 한 것은 분명히 내 잘못이야. 그리고 말꼬리 붙들고 늘어지는 그 선생님에게 휘말려 들지 않으려고 웬만하면 다 모른다고 해 버린 것도 잘못이야. 관심을 가지고 머릿속에서 일이 다 그려지도록 면밀히 살펴봐야겠구나. 또 그 선생님이 돼지라고 말한 것은 그래도 나아. 목사님이 우리는 하나님 앞에서 구더기만도, 벌레만도 못하다고 하셨는데 100% 죄인인 나를 그래도 돼지라고 말해 준 게 어디야? 돼지는 사람들에게 고기도 제공하는 쓸모 있는 동물이잖아. 구더기에 비하면 얼마나 황송한 말이야! 날 훈련시키고자 하나님이 꼭 맞게 세팅해 놓으신 거야. 그런데 어쩌지? 저 선생님이 날 훈련시키는 도구로만 끝나면 안 되는데……. 아버지, 저 선생님을 불쌍히 여겨 주세요.'

그랬더니 다음 날 아침, 그 선생님을 봐도 감정의 찌꺼기가 없으니 밝게 웃으며 인사할 수 있었습니다. 평소에 인사도 잘 안 받던 그분도 자기가 한 말이 있으니 계면쩍게 웃었습니다.

오늘 아침에는 큰아들 담임선생님이 전화를 걸어왔습니다. 두 번째 전화입니다. 머리가 긴 아이가 단속에 안 걸리려고 4일째 늦게 온다는 겁니다.

하나님을 모른 채 외모가 우상이고 특히 머리 길이가 목숨인 아이에게 제가 할 수 있는 게 무엇일까요? 그저 잘못 키운 악을 회개하며 하나님께 부르짖습니다.

'아버지 하나님, 용서하소서. 제가 아들을 잘못 키웠나이다.'

지극히 육적인 그 아이를 보면서 "네 악이 크지 아니하냐 네 죄악이 심히 크니라"고 말씀하신 아버지, 옳소이다! 맞습니다!

이것이 음부의 문에서 뚫고 나가는 비결입니다. 신앙고백이 확실하면 요나의 표적밖에 보일 표적이 없다고 하셨는데, 어떤 분이 개척교회에 헌금을 하셨답니다. 너무 헌금하는 사람이 없어서 집을 담보로 대출받아 헌금하면서도 '이 교회가 과연 지어질까, 집만 날릴 수도 있겠구나' 했는데, 교회가 세워졌을 뿐 아니라 20년 동안 하나님이 물질로 몇십 배 축복해 주셨습니다. 그런데 이분이 물질의 축복을 받은 뒤 신앙의 본이 되지 못했습니다. 많은 형제 중에 유일하게 큐티를 하지 않으며, 고난이 축복이라는 말을 그렇게 듣기 싫어한다는 것입니다.

예수님은 우리의 빌립보 가이사랴, 곧 뭔가 잘된 곳에서 신앙고백을 요구하십니다. 물질의 복을 받았으면 그것이 영적으로도 이어져 나눠 줄 것이 있는 인생이 되어야 하는데, 신앙고백이 확실하지 않기에 세상의 기복 종교와 다를 바 없는 신앙생활을 하는 것입니다. 물질의 축복도 좋지만, 그것을 넘어서서 어떤 환경에서도 예수님을 전하고 또한 풀 권세로 해결해 주는 복이 있는 인생이 되어야 합니다.

구제도 좋고 지역 봉사도 좋지만, 그것은 교회가 아니더라도 다른 기관이 할 수 있습니다. 그러므로 교회는 무엇보다 말씀으로 신앙고백을 확실히 하게끔 도와주고, 천국 열쇠로 모든 매인 것들을 풀 수 있어야 합니다. 고침을 받고 자기 죄를 보게 도와주어야 합니다. 교회가 그 일을 못하면 가정이 죽습니다. 아무리 몸을 불살라 구제해도 가정이 죽으면 허사입니다. 복 있는 교회는 음부의 문을 이길 것이기 때문에 욕심과 죄와 상처, 슬픔과 죽음으로 둘러싸인 세상에서 뚫고 나갈 수 있도록 도와야 합니다.

로마서 1장을 보면, 21가지 죄 목록 중 성범죄와 동성애 문제가 가장 먼저 나옵니다. 돈이 있으면 음란으로 가고, 지식이 충천할수록 자극적인 것을 찾습니다. 그런 문제를 가진 사람이 우리 중에 없겠습니까?

저에게 오는 수많은 메일을 볼 때 죄와 상처로 얼룩진 우리의 인생이 슬프다는 생각이 듭니다. 잘난 내 남편과 아내, 내 자녀가 치유할 수 없는 죄 가운데서 죄의식도 없이, 고칠 생각도 없이 살고 있습니다. 이 일을 교회에서 다루지 않으면 안 됩니다. 저는 이 땅을 떠나는 날까지 제 죄를 직시하면서 이런 이야기를 하며 가정을 살릴 것입니다. 다른 사람 살리기 위해 오픈하며 약재료를 나누는 복이 있는 교회가 되어야 할 것입니다.

◆ 날마다 내 믿음을 흔들고 있는 음부의 권세는 무엇입니까? 그 권세를 이기기 위하여 오늘 내가 적용해야 할 것은 무엇입니까? 다른 사람 살리기 위해 오픈하며 나누어야 할 약재료가 있습니까? 그것은 무엇입니까?

신앙고백이 확실한 사람이 풀 권세로
사람들을 인도할 사명을 받은 것입니다.
천국 권세로 이 땅에서 용서하고, 사랑하고, 풀고 가야 합니다.
복음으로 내 사건을 풀고 해결을 받아야 하나님 나라가 임합니다.

말씀으로 기도하기

예수님은 로마 황제 가이사를 기리는 도시 '빌립보 가이사랴'에서 제자들에게 '나를 누구라 하느냐'고 물으십니다(마 16:13). 황제와 우상, 명품과 성공의 장소에서 신앙고백을 요구하십니다. 세상이 주님을 누구라 하는지, 제자들이 주님을 누구라 하는지, 그리고 베드로 개인은 누구라고 하는지 단계적으로 물으십니다. "주는 그리스도시요 살아 계신 하나님의 아들"이라고 한 베드로의 고백을 받으시고 예수님은 교회의 약속을 주셨습니다(마 16:16~18).

복이 있는 교회는 신앙고백이 확실한 교회입니다(마 16:13~16).
하나님은 확실한 신앙고백 위에 복이 있는 교회를 세워 주십니다. 예수님을 사랑하며 예수님이 나의 구주가 되시고 세상을 구원하실 구세주이심을 날마다 고백하기 원합니다.

복이 있는 교회는 아버지께서 세우신 교회입니다(마 16:17~18).
베드로가 알아서 고백한 것이 아니라 하나님께서 알게 하셨습니다. 베드로가 아무리 대단한 고백을 했어도 교회를 베드로 위가 아니라 하나님 위에 세우십니다. 산 돌이신 예수님이 모퉁잇돌 되심으로 죽은 돌인 나를 산 돌로 만드시는 은혜를 찬양합니다. 하나님의 교회를 하나님이 이끌어 가시고 음부의 권세가 이기지 못한다고 약속해 주시니 감사합니다.

복이 있는 교회는 천국의 열쇠를 가진 교회입니다(마 16:19).

신앙고백이 확실한 개인과 공동체에 풀고 매는 천국의 열쇠를 주십니다. 해결할 길이 없는 고통과 상처의 문제를 용서와 화해로 풀고, 복음으로 매는 성도와 교회가 되기를 간구합니다(마 16:19).

복이 있는 교회는 경계를 잘해야 합니다(마 16:20).

베드로가 확실한 신앙고백을 했어도 아무에게도 이르지 말라고 하십니다. 개인과 교회는 믿음의 대상이 아니라 하나님을 믿도록 도와주는 역할인 것을 알고 경계하기 원합니다. 사람이나 교회의 이름이 아니라 오직 하나님만이 드러나시는 복 있는 성도, 복 있는 교회가 되기를 기도합니다.

우리들 묵상과 적용

얼마 전 동사무소의 사회복지 담당자로부터 전화를 받았습니다. 날짜와 시간을 알려 주며 동사무소로 오라는 내용이었습니다. 무슨 일인지 물으니 웃으며 "좋은 일이에요" 하고는 끊어 버렸습니다. 사실 저는 몇 년 전에 발달3급(자폐)인 아들로 인해 처음 사회복지과를 찾게 되었습니다. 장애인 등록과 여러 절차를 상담하러 갔을 때는 나의 상황을 인정하고 싶지 않아서 담당 직원과 솔직한 대화를 하는 것이 무척 힘들었습니다. 하지만 상담 후에 주님의 인도하심으로 독거노인들의 도시락을 배달하는 공공근로를 추천받아 하게 되었고, 힘들 때마다 많은 도움과 정보를 받았습니다. 이후 힘든 지체를 주님께 인도하고 함께 교회에서 말씀을 들을 수 있는 은혜도 허락해 주셨습니다.

약속한 날 동사무소 직원과 함께 차를 타고 도착한 곳은 관할구청 행사장이었습니다. 들어가 보니 장애인 가정과 독거노인을 위한 성금 전달 행사였습니다. 성금을 받는 수혜자와 후원자가 마주 보고 앉아서 2시간이 넘게 공연을 보며 각계 인사의 말씀을 듣는 자리였습니다. 처음에는 생각지도 못한 큰 액수의 성금을 주신 주님께 감사드리며 박수를 치며 즐거웠지만, 시간이 길어지면서 앞에 앉은 후원자들의 모습과 나의 모습이 자꾸 비교가 되어 주눅이 들고 나 자신이 한없이 초라하게 느껴졌습니다. 점점 감사가 사라지고 불평이 나왔고 '그냥 통장으로 넣어 주면 더 좋았을 텐데' 하면서 빨리 행사가 끝나기만을 기다렸습니다.

그때 수혜자 중에 한 분의 감사 편지가 낭독되었습니다. 탈북자라고 자신을 소개한 그분은 하나님을 믿어 핍박받았지만 하나님의 은혜로 이곳에 정착할 수 있었고 성금을 주신 하나님께 감사드린다고 눈물을 흘리며 신앙고백을 했습니다. 그러자 사람들이 의아해하며 감사해야 할 대상이 잘못된 것 아니냐며 수군거렸습니다. 당황한 진행자가 황급히 다음 순서를 소개했습니다. 하지만 저는 그분의 편지를 들으며 나의 믿음 없음이 주님 앞에 부끄러워 울컥 눈물이 나왔습니다. 주님은 늘 제 곁에서 수많은 은혜와 말씀을 주시는데, 오늘 나는 주님을 알지 못하는 사람들과 다를 바 없는 악한 모습이었음을 깨달았습니다.

　　말씀을 묵상하며 "너는 나를 누구라고 생각하느냐"(마 16:15) 하고 주님이 나에게 다시 물으시는 것 같아 부끄러워 고개를 들 수가 없습니다. 나의 상황에 따라 신앙고백이 바뀌는 치졸한 믿음을 가진 연약한 죄인임을 고백하며 회개합니다. 언제든 세상으로 흘러갈 수 있는 부족한 저에게 공동체를 허락해 주시고 붙어 갈 수 있는 은혜를 주셔서 오늘도 악한 나의 죄를 보게 하신 하나님께 감사를 드립니다. 부끄러운 저의 신앙고백을 불쌍히 여겨 주시고, 저의 눈을 열어 하나님 한 분만 바라보는 복을 누릴 수 있기를 소망합니다.

영혼의 기도

하나님 아버지, 복 있는 인생은 "주는 그리스도시요 살아 계신 하나님의 아들이시니이다"라는 신앙고백이 확실한 인생이라고 하셨습니다. 복 있는 성도가 모인 복 있는 교회가 되기 원합니다.

우리들교회를 하나님께서 세워 주셨는데 내가 한 것 같아서 염려가 되고 슬프고 교만할 때가 있습니다. 내가 하는 게 아니라 하나님께서 하나님의 교회를 세우실 때 음부의 권세를 이기시는 걸 잊어버리고 염려하는 저의 교만을 용서하옵소서. 음부의 문이 이기지 못하리라 하셨으니 우리 가운데 욕심과 죄와 슬픔과 상처와 죽음에 이르는 모든 음부를 지체의 힘, 교회의 힘으로 뚫고 나가게 하옵소서.

지혜를 주옵소서. 때를 따라 경계하고 분별하게 하옵소서. 내 죄, 내 식구들의 죄를 치유하여 주시고 가정을 회복시켜 주옵소서. 내 식구를 만나 주옵소서. 음부의 권세와 죽음의 권세가 떠나게 하옵소서. 하나님만이 하실 수 있는 것을 믿습니다. 이 사명으로 나를 살리고 가정을 살리고 이웃을 살리고 세계를 살리는, 나눠 줄 것만 있는 교회가 되도록 복 주옵소서. 예수님 이름으로 기도하옵나이다. 아멘.

5

자기 십자가를 지고 나를 따르라

마태복음 16:21~28

하나님 아버지, 자기 십자가를 지고
주님을 따르기 원합니다.
말씀하여 주옵소서. 듣겠습니다.

어느 집사님 댁에서 일어난 일입니다. 아들이 하도 속을 썩이고 공부를 안 해서 아버지가 때렸습니다. 그랬더니 아이가 이불 속으로 들어가서는 뭐라 뭐라 흥얼거리더랍니다. 가만히 들어 보니까 "환난과 핍박 중에도 성도는 믿음 지켰네!" 하며 찬송을 하더라는 겁니다.

자신이 잘못해서 겪는 일도 넓은 범주에서는 십자가라고 할 수 있습니다. 그러나 예수님께서 "자기 십자가를 지고 나를 따르라"고 하신 것은 그것과 다릅니다. 자기 십자가를 지고 주님을 따르는 삶은 어떤 삶인지 보겠습니다.

고난과 죽임과 부활이 있습니다

이 때로부터 예수 그리스도께서 자기가 예루살렘에 올라가 장로들과 대제사장들과 서기관들에게 많은 고난을 받고 죽임을 당하고 제삼일에

'이때로부터'가 어느 때입니까? 주님이 빌립보 가이사랴에서 베드로로로부터 "주는 그리스도시요 살아 계신 하나님의 아들이시니이다" 하고 확실한 신앙고백을 들으신 때입니다. 그래서 "바요나 시몬아 네가 복이 있도다 이것을 알게 하는 이는 하늘에 계신 내 아버지이시니이다" 하며 칭찬을 아끼지 않으셨습니다. 그렇게 신앙고백이 확실하니까 이제는 제자들에게 엄청난 고난의 말씀을 주십니다. 많은 고난을 받고 십자가에서 죽임을 당해야 한다고 하십니다. 신앙고백이 확실하지 않으면 주님의 가르침을 받을 수 없습니다. 따를 수도 없습니다.

이때로부터 예수님은 더 이상 기적을 베풀지 않으십니다. 그동안 기적을 베푸시며 가난한 자, 애통한 자, 핍박받는 자가 복이 있다는 메시지를 전하셨는데, 이제는 대중 사역을 멈추고 제자 훈련에 집중하십니다. 그리고 요나의 표적밖에 보일 것이 없다고 하시며 십자가 지고 죽으러 가십니다. 지금까지 계속 이야기해 오신 것을 이제는 실천에 옮기십니다.

어떻게 실천에 옮기십니까? 유대인의 최고 입법·사법·의결 기구이자 대제사장과 장로, 서기관으로 구성된 산헤드린 공회가 있는 예루살렘으로 스스로 올라가십니다. 스스로 죽임을 당하러 가십니다. 대제사장과 장로, 서기관들은 항상 최선을 다했다고 하는 자들입니다. 자칭 죄라곤 없는 사람들이요, 최고의 공부를 했다고 자부하는 사람들입니다. 이러한 자들의 손에 죽임을 당하실 예수님이십니다.

이 세상에서 가장 무서운 사람은 최선을 다했다는 사람입니다. 이런 사람들은 도무지 자기 죄를 모릅니다. 그리스도인은 이런 사람들에게 고난을 받습니다. 이런 사람들이 그리스도인을 핍박합니다. 그래서 스스로 의롭다고 하며 자기 죄를 모르는 배우자보다는 비록 죄 많고 지질하여도 자신의 부족함을 고백할 줄 아는 배우자가 더 나은 것입니다.

고난 중의 고난은 육적 고난, 정신적 고난이 아닙니다. 믿음으로 말미암아 받는 영적 고난이 최고의 고난입니다. 예수님이 기적을 베푸셨어도 그들은 예수님을 죽이기로 결정한 뜻을 돌이키지 않습니다. 예수님도 그들이 변하지 않으리라는 것을 아셨습니다. 우리도 그렇습니다. 나를 핍박하는 사람의 배경과 이유를 알게 되면, 그들이 그럴 수밖에 없음을 인정하게 됩니다. 이것이 구속사로 내 삶을 해석하는 것입니다.

지금 예수님이 당하시는 고난은 그냥 고난이 아닙니다. 많은 고난을 받고 죽임을 당합니다. 그런데 이것은 당해도 되고 안 당해도 되는 고난이 아닙니다. 반드시 거쳐야만 하고, 반드시 죽임을 당해야만 하고, 다시 살아나야만 하는 고난입니다. 'Must' 고난입니다.

그리고 예수님은 제삼 일에 살아나야 할 것도 비로소 제자들에게 밝히십니다. 비로소 가르치신 것이 십자가 고난과 부활입니다. 이후로는 밤낮 이 이야기만 하십니다. 제자 사역이 본격화되고 완전히 새로운 국면으로 접어듭니다.

우리들교회는 이혼을 막는 것이 교시(敎是)나 다름없습니다. 제가 20여 년간 사역을 하면서 이혼해도 된다고 말해 준 사람이 거의 없습니다. 저도 그렇고 모든 교인이 이혼하려는 사람들에게 "우리들교회에 한 달만 와서 말씀 들어 봐라. 그러고도 이혼하고 싶으면 하라"고 말합니다. 그리고 성령님이 은혜를 베푸셔서 실제로 말씀을 듣고 이혼을 철회하는 분이 많았습니다. 어떤 분은 법정까지 다녀오고도 철회하셨습니다.

어떤 분의 남편이 아침저녁으로 이혼을 요구했습니다. 그래서 이분이 "석 달만 우리들교회에 와서 예배드리고 말씀을 들어 봐라. 그러고도 이혼하겠다면 그때 해 주마" 해서 남편이 우리들교회에 출석하게 되었습니다. 하지만 석 달이 가까워도 남편은 이혼하겠다는 생각을 버리지 않았습니다. 그렇다면 이분은 약속을 지키기 위해 이혼해야 할까요, 안 해야 할까요?

산헤드린 공회가 예수님을 죽이기로 결정한 뜻을 바꾸지 않듯이, 우리들교회에 온다고 다 바뀌지는 않습니다. 만세 전부터 하나님이 예정하셨는데, 하나님 이름을 걸고 약속했다면 부인 집사님이 구원 때문에 이혼해 주는 것은 어떨까 싶습니다. 이혼하고 안 하고보다 더 중요한 것이 영혼 구원이기 때문입니다.

그렇게 오라고 해서 그 남편이 석 달 가까이 교회에 와준 것도 감사한 일입니다. 그러니 약속한 건 지키라고 말하고 싶습니다. 석 달 동안 들은 복음이 어디로 가겠습니까? 그걸 놓고 기도할 때 성령이 역사하실 것입니다. 이혼 안 하는 것 자체가 우상이 아닙니다. 구원 때문에 이혼할 수도 있고 안 할 수도 있습니다. 하지만 저는 석 달 가까이 우리들교회에서 예배드린 그 남편이 혹여 훗날에라도 마음을 돌이키기를, 하나님이 역사해 주시기를 기도합니다. 부인 집사님도 마음을 비우고 영혼 구원을 위해 일보 후퇴할 수 있다고 생각하십시오. 하나님의 이름을 걸고 약속했다면 하나님이 지키실 것을 믿으시기 바랍니다. 상대방이 나를 죽이기로 결정했다면 내가 당해야 하지 않겠습니까?

그런데 이 남편이 죽자 살자 이혼하자는 이유도 생각해 볼 문제입니다. 하나님이 아시고 자기 자신이 알 것입니다. 저는 누가 이혼했다고 해서 미워하지 않습니다. 얼마 전에도 이혼 경험이 있는 신랑 신부의 재혼 주례를 섰습니다. 우리들교회에만 오면 이혼이 무조건 철회되는 것도 아닙니다. 무엇보다 배우자의 구원 때문에 애통해야 하고 그러기 위해서는 먼저 나부터 변해야만 합니다.

◆ 나에게 고난을 주기로, 나를 죽이기로 하는 자들이 있다면, 내가 스스로 가야
할 예루살렘은 어디일까요? 구원 때문에 내 생각과 의지를 내려놓고 순종해
야 할 사건은 무엇입니까?

사람의 일이 아닌 하나님의 일을 생각해야 합니다

베드로가 예수를 붙들고 항변하여 이르되 주여 그리 마옵소서 이 일이
결코 주께 미치지 아니하리이다_마 16:22

여기서 베드로가 '항변한다'는 것은 꾸짖음을 뜻합니다. "그리 마옵
소서, 그 일은 하나님이 금하신 일이에요!" 하며 꾸짖었다는 것입니다. 베
드로가 빌립보 가이사랴 지역에서 신앙고백을 하여 예수님께 한껏 칭찬
을 받았습니다. 그러더니 인간적인 열심과 충성이 하늘을 찌릅니다. 이제
는 주를 위해 뭐든 할 것 같습니다. 앞뒤 분별 못 하고 쓴소리도 마다하지
않습니다.

제가 "구원을 위해서라면 이혼할 수도 있다" 하면 "어떻게 교회에서
이혼하라고 할 수가 있어요? 그건 하나님이 금지하신 일이에요!" 하며
저를 꾸짖을 분도 있을지 모르겠습니다. 앞뒤 문맥을 보지 않으면 '어머
나, 교회에서 이혼하라고 하네'라고 생각할 수 있습니다. 그러나 저는 흑
백론으로 이혼하라 마라 하는 것이 아닙니다. 먼저 남편과 아내가 영적으
로 하나가 되라는 말입니다. 구원이 목적입니다.

예수께서 돌이키시며 베드로에게 이르시되 사탄아 내 뒤로 물러 가라 너는 나를 넘어지게 하는 자로다 네가 하나님의 일을 생각하지 아니하고 도리어 사람의 일을 생각하는도다 하시고_마 16:23

이런 베드로에게 예수님은 '사탄'이라고 꾸짖으십니다. "예수님 그러시는 게 아니에요!"라고 주님을 꾸짖으며 강력하게 반발한 베드로도 확신에 차 있고, 그런 베드로를 향해 "사탄아" 하고 꾸짖을 만큼 예수님도 확신에 차 있습니다. 우리는 누구를 따라야겠습니까? 어느 편이 멋있어 보입니까?

인류의 구원을 위해 예수님이 "암에 걸려도 살아날 거다", "떨어져도 살아날 거다"라고 말씀하시는데, 베드로는 "절대 그런 일은 없어요", "내 사전에 낙방은 없어요", "예수 믿는 나에게 부도란 없어요"라고 강력하게 반발하는 것입니다. 예수님은 부활을 말씀하시는데, 베드로는 "하나님이 당신을 긍휼히 여겨서 다 잘될 거야", "네가 떨어지면 누가 그 대학에 붙냐", "네가 안 되면 누가 되겠어"라고 말하는 것입니다.

아무리 사랑한다고 해도 이것은 구속사를 방해하는 모습입니다. 아파서, 망해서, 이혼을 통해서 구원이 임한다면 이보다 더 큰 복이 없습니다. 이것이 시대의 표적을 보는 것입니다. 그러므로 예수 믿는 사람 역시 이혼할 수도, 망할 수도, 암에 걸릴 수도 있음을 인정해야 합니다. 하지만 이제는 그런 환경에서 '제삼 일'에 살아나는 것을 보여 줘야 합니다. 그런데 우리는 눈앞에서 잘되는 것 이상을 못 넘어서서 벌벌 떱니다. 예수님은 인류를 구원하기 위해 죽어야 한다고 하시는데, 베드로는 "믿는 자에게는 능히 하지 못할 일이 없다"고, "하나님이 사랑하시는 자에게는 절대 고난을 주지 않으신다"고, "예수 믿는 자는 절대 가난하게 살지 않는다.

믿습니까"라고 말합니다. 누가 더 멋있는 목사님으로 보입니까?

하지만 베드로는 자신의 확신을 지키지 못했습니다. 예수님이 십자가에 달리실 때 도망갔습니다. 그러니 '확신' 너무 좋아하지 마십시오. 대학에 붙게 해 준다는 말에 돈 싸 들고 가서 아이를 맡기고 기도받고 그러지 마십시오.

일류 대학 장학생인 딸이 우리들교회에 다니는 것을 그렇게 반대하시던 한 아버지가 그 딸이 가출하자 저를 찾아오셨습니다. 그러다 이후에 딸이 집으로 돌아오자 다시 교회로 오던 발길을 끊으셨습니다. 그런데 이번에는 그 딸이 더 멀리 가출해 버리자 그제야 교회에 오셔서 세례를 받았습니다. 지금은 목자로서 교회를 섬기고 있습니다. 하나님은 이분을 정말 사랑하신다고 생각합니다.

베드로가 주님의 길을 막아선 것은 '자기의 일'만 생각했기 때문입니다. 예수님의 기적만 보고 고난을 보지 못했기에, '예수님이 왕 되시면 나도 이렇게 되리라' 하던 자기 계획이 물거품이 될까 봐 그 길을 막는 것입니다. 인간이 100% 죄인이라 다 자기 생각으로 쓸데없이 장담합니다. 그래서 주님이 정확하게 '사탄'이라고 하십니다. 유혹해서 넘어뜨리고 죄짓게 하는 자라고 하셨습니다. 목장에서도 처방을 잘못 내리면 걸려 넘어져서 망하게 할 수 있습니다. 예수님은 '사람의 일'을 생각하게 하는 사탄에게 "내 뒤로 물러가라" 하셨습니다.

◆ 베드로처럼 결코 고난이 미치지 않을 거라면서, 나 자신에게 그리고 다른 사람에게 사탄의 역할을 하고 있지는 않습니까? "그리하지 마소서" 하면서 적용해야 할 때를 방해하지는 않습니까? 상담을 하고 영적 조언을 해줄 때 분별력을 주셔서 할 말과 하지 말아야 할 말을 분별하게 해 달라고 기도합시다.

예수님의 제자가 되려면 명령을 들어야 합니다

> 이에 예수께서 제자들에게 이르시되 누구든지 나를 따라오려거든 자기
> 를 부인하고 자기 십자가를 지고 나를 따를 것이니라 _마 16:24

제자도의 세 가지는 자기를 부인하고, 자기 십자가를 지고, 주를 따르는 것입니다.

'자기 부인'은 사람들 앞에서 주님을 시인하는 것입니다. 다른 곳이 아니라 자기 십자가 앞에서, 즉 가출하고 바람피우고 손찌검 일삼는 배우자 앞에서, 말 안 듣고 병든 자녀 앞에서 나의 죄 됨과 누추함을 말하는 것이 바로 자기 부인입니다.

왜 죄인 됨을 이야기해야 합니까? 하나님은 강한 자가 아닌 연약한 자를 쓰십니다. 죄 없다 하는 자를 쓰지 않으십니다. 여자인 저도 쓰시고 장애인도 쓰시는 것은 오직 하나님만 영광받으시기 위해서입니다. 자기를 마음으로만 부인할 뿐 아니라 사람들 앞에서 나의 죄를 시인해야 합니다. "예수 믿으세요"라고 말하기 전에 죄를 고백해야 합니다. 로마서를 보면 1장부터 3장까지 죄 이야기가 나오고 그다음에야 전도 이야기가 나옵니다. 내 죄를 내놓지 않고 어떻게 전도하겠습니까? 시아버지, 시어머니에게 나의 누추함을 내어놓지 않고는 전도할 수 없습니다.

그런데 우리는 부끄러운 학벌조차 말을 못 합니다. 망한 사건도 부끄러워합니다. 자기를 부인하고 자기 십자가를 지라고 하셨지 배우자, 자식을 부인하고 남의 십자가를 지라고 하지 않으셨습니다. 간증해도 시댁 이야기하기는 쉽고, 친정 이야기하기는 그보다 조금 더 어렵고, 아들딸 이야기하기는 더 어려우며, 자기 이야기를 하기는 가장 어렵습니다.

저도 하기 싫은 이야기가 있습니다. 제가 나온 서울예술고등학교가 지금은 일류 예술학교가 되었지만 당시에는 제가 이화여고 입학시험에 떨어져서 간 곳입니다. 남들은 소신 지원을 해서 간 줄 아는데 그게 아닙니다. 그런데 별것 아닌 이 이야기가 그렇게 말하기 어려웠습니다. 모교에서 피아노 강사를 하게 되었고 사역까지 하게 되어 제게는 은인 같은 곳임에도 드러내 놓고 말하기 싫어했습니다.

그런데 자기 부인이 없으면 감사도 없습니다. 제가 예고 출신인 것이 부끄러워 말하지 않았음을 고백합니다. 제가 이런 말을 하면 "저런 것도 자기 부인이냐? 학벌 자랑이네……" 하며 같잖게 여기는 분들도 있겠지만 그래도 이게 저의 적용입니다.

어떤 집사님 남편이 의류회사 전무로 있다가 퇴직을 당했습니다. 1년 동안 취직이 안 돼 제발 어디라도 나가면 좋겠다고 했는데, 어느 중소 의류회사에 취직이 되어 캄보디아로 나가게 되었습니다. 캄보디아에 간 남편의 첫 월급은 198만 8천 원. 아내 집사님은 이 월급을 받아 들고 마음이 너무 곤고했다고 큐티 나눔에 올리셨습니다.

물론 한 달에 몇십만 원 가지고 사는 사람은 "그 정도 받으면 됐지, 별게 다 곤고하네" 하겠지만, 그렇게 말하는 것이 본문의 베드로와 같은 것입니다. 월급이 자존심이고 서열인 직장인으로서 이런 월급 이야기를 오픈하기가 참 쉽지 않습니다. 그렇기에 이 집사님의 나눔이 자기 부인인 것입니다. 이렇듯 매일 실제 삶에서 자기 부인을 해야 합니다. 그래서 자기 부인은 목숨을 거는 것입니다. 그냥은 안 됩니다. 강력한 헌신이 필요합니다.

25 누구든지 제 목숨을 구원하고자 하면 잃을 것이요 누구든지 나를 위

하여 제 목숨을 잃으면 찾으리라 26 사람이 만일 온 천하를 얻고도 제 목숨을 잃으면 무엇이 유익하리요 사람이 무엇을 주고 제 목숨과 바꾸겠느냐_마 16:25~26

빌립보 가이사랴에서 신앙고백을 했던 베드로지만 주를 따르려면 자기를 부인하고 십자가를 지라고 하시니 생명을 내놓는 일보다 힘이 듭니다. 하지만 주님 때문에 목숨을 잃고자 하면 영원히 살고 종말에 육체까지 부활하지만, 내 목숨만 살고자 하면 영육 간에 모두 목숨을 잃는다고 합니다. 가장 중요한 목숨을 얻는 길은 자기 십자가를 지고 구원을 위해 사는 제자도의 길을 가는 것입니다.

제가 남편의 구원을 위해 생명을 내놓고 기도했더니 저도 살고 남편도 살았습니다. 내 육신이 죽고 남편이 구원되는 게 무슨 유익인가 싶겠지만 온 천하보다 영혼 구원이 귀함을 알았기에 제가 죽기로 결단할 수 있었습니다. 그러자 제 욕심으로부터 자유로워질 수 있었고 말씀이 깨달아지고 성령 충만이 임했습니다. 하나님의 방법이 인간의 방법과 다름을 알았습니다.

출신 학교 하나 제대로 오픈하지 못하는 제가 무슨 주의 일을 하겠습니까? 이것이 사소한 것 같아도 제게는 큰일이었습니다. 그래서 출신 학교를 밝히지 않는 분들의 마음을 잘 압니다. "어떻게 믿는 사람이 그것도 말 못 하냐?" 해서는 안 됩니다. 우리 각자에게는 정말 말하기 싫은 게 있습니다. 그럼에도 우리들교회의 한 권사님은 자신이 야간고등학교를 나온 사실을 항상 오픈하면서 이것을 학벌 없는 사람을 위해 사용하겠다고 하십니다. 이 적용이 곧 구원을 위한 자기 부인입니다. 자기 십자가를 지고, 주를 따르는 것입니다. 생명을 살리는 적용입니다.

자기 부인은 생명을 내어 주는 것만큼 중요합니다. 온 천하보다 귀한 것이 구원받은 생명이라고 하셨는데 저도 제 생명을 내놓으니 다른 사람의 영생을 위해 기도하는 인생이 되었습니다. 우리들교회에는 온 천하보다 귀한 생명 1, 2, 3, 4에서부터 온 천하보다 귀한 생명 1천, 1만, 2만이 매주 모입니다. 그래서 재력가도 권력가도 부럽지 않습니다.

그렇다면 어떻게 나보다 더 문제 많은 사람에게 내 죄를 고백하고 자기 부인을 하겠습니까?

인자가 아버지의 영광으로 그 천사들과 함께 오리니 그 때에 각 사람이 행한 대로 갚으리라_마 16:27

내가 자기를 부인하고 십자가를 지면 하나님께서 갚아 주십니다. 그러므로 사람에게 보상받으려 하지 마십시오.

진실로 너희에게 이르노니 여기 서 있는 사람 중에 죽기 전에 인자가 그 왕권을 가지고 오는 것을 볼 자들도 있느니라_마 16:28

인자가 오실 때, 내가 무엇을 중히 여기고 살았는지 갚아 주실 것입니다. 자기를 부인하고 십자가를 잘 지는 사람은 이 땅에서도 예수님의 왕권을 보며 천국을 누리는 삶을 삽니다. 우리의 삶을 보장해 주는 최선의 방책은 다름 아닌 십자가를 잘 지는 것입니다.

빌립보 가이사랴에서 예루살렘으로 가라고 하면 두 부류로 답이 나뉠 것입니다. "가요!" "못 가요!" 예수님은 간다고 하고, 베드로는 못 간다고 합니다.

자기 십자가를 지고 예수님을 따르는 일은 많은 고난을 받고 죽임을 당하는 가운데서 살아나는 것입니다. 그러기 위해서는 하나님의 일을 생각하고 사람의 일을 생각하지 말아야 합니다. 베드로의 확신과 주님의 확신을 분별하고, 자기 십자가를 지고 따를 수 있도록 목숨을 내놓아야 합니다.

우리는 자기 십자가가 너무 싫고 두렵습니다. 말하기도 싫고, 할 수만 있다면 무덤까지 가져가고 싶은 죄와 두려운 일들이 우리에게 있습니다. 그러나 말하기도 싫고, 무덤까지 가져가고 싶은 그것 때문에 예수님께 헌신하고 내 십자가를 질 수 있습니다. 나의 누추함과 죄인 됨을 보고 엎드릴 때 구원을 위해 목숨을 내놓는 자기 부인과 헌신이 가능합니다.

• 문제 많은 배우자, 자녀의 구원을 위해 그들 앞에서 나를 부인하며 고백해야 할 나의 죄 됨은 무엇이고, 여전히 밝히기 싫은 나의 누추함은 무엇입니까?

말씀으로 기도하기

요나의 표적밖에는 보일 표적이 없다고 말씀하신 예수님께서 기적이 아닌 십자가와 부활을 가르치십니다. 예루살렘, 십자가를 지고 죽으셔야 할 그곳으로 스스로 올라가시며 그동안 가르친 것을 삶으로 실천하십니다. 십자가와 부활을 가르치시며 본격적인 주님의 제자 사역이 시작되었습니다. 예수님의 제자는 자기를 부인하고, 자기 십자가를 지고, 주님을 따르는 자입니다.

고난과 죽임과 부활이 있습니다(마 16:21).
대제사장과 서기관들은 예수님이 아무리 기적을 베풀고 가르치셔도 깨닫지 못하고 예수님을 죽이기로 결심합니다. 변하지 않는 나 때문에 십자가를 지셔야 하는 예수님의 안타까움을 깨닫기 원합니다. 변하지 않는 내 가족의 구원을 위해 내가 죽어야 할 예루살렘이 어디인지 깨닫고 그곳으로 올라가는 믿음의 실천을 하기 바랍니다.

사람의 일이 아닌 하나님의 일을 생각해야 합니다(마 16:22~23).
결코 죽지 않으리라, 고난이 없으리라 하는 베드로의 확신을 버리고 고난과 죽음과 부활의 확신, 예수님의 확신을 갖기 원합니다.

예수님의 제자가 되려면 명령을 들어야 합니다(마 16:24~28).

자기 부인은 사람 앞에서 예수님을 시인하는 것이고, 예수님을 시인하는 것은 내가 죄인이라고 고백하는 것입니다. 주님은 목숨을 잃고자 하면 영원히 살고, 살고자 하면 목숨을 잃는다고 하십니다. 나를 부인하고 내 죄를 인정하는 것이 죽을 만큼 힘들어도 나를 버림으로써 영생을 얻으며 천국을 누리도록 기도합니다.

우리들 묵상과 적용

저는 악기를 개인 지도하는 선생입니다. 직장 생활의 어려움에 대해 나눌 때마다 도달하는 결론은 질서에 순종하자, 쫓겨나기까지 순종하자는 것입니다. 그런데 제 경우는 조직이 갖추어진 직장이 아니라서 아무리 힘든 학생도 먼저 가르치기를 그만두지 않는 것이 저의 적용이었습니다.

이런 결심에 응전하듯 좋게 표현하자면 개성 넘치는 남학생 두 명의 수업을 시작하게 되었습니다. 한 학생은 학교 선생님에게 깊은 상처가 있어서 모든 선생님에게 적대감이 있고, 한 학생은 친구를 사귀지 못하고 공동체 생활에 적응하지 못하는 아이였습니다. 둘 다 만만치 않은 상대라 그 아이들 수업이 있는 날은 잠에서 깨자마자 복통이 느껴질 정도로 스트레스가 심했습니다.

그래도 목자 체면에 목장 가서 그 학생들 가르치기를 먼저 그만두었다는 말은 할 수가 없어서 울며 겨자 먹기로 수업을 계속했습니다. 아이들이 수업 시간에 바닥에 누워 버리거나, 지시에 전혀 따르지 않고 엉뚱한 행동을 하고, 말꼬리를 붙잡고 늘어질 때면 화가 나서 미칠 지경이었지만 혈기를 내 봤자 긍정적인 효과를 얻을 수 없기에 힘들게 참았습니다. 그러다 어느 날은 10년 가까운 레슨 경력에 처음으로 수업 도중에 그냥 나와 버리기도 했습니다.

패배감과 절망에 휩싸여 주님 앞에 엎드렸을 때, 주님은 제 성냄의 근원이 무엇인지를 물으시고 보게 하셨습니다. 겉으로는 친절하게 대하면서도 제 깊은 마음속에선 그 제자들을 다른 똑똑한 제자들과 끊임없이 비교하고 있는 것을 보여 주셨습니다. 그러면서 '적어도 이 정도는 돼야지' 하며 드러나는 교육 효과가 없는 것에 안달하고 있는 제 모습을 깨달았습니다. 조급함으로 나타나는 저의 교만에 주님도 아이들도 속지 않았습니다. 제가 먼저 온전한 이해와 사랑으로 기다려 줄 마음이 없었기에 아이들은 진심 어린 이해와 사랑을 달라고 온몸으로 말하고 있었던 겁니다.

본문 말씀에 목숨을 잃는 것이 대단한 순교가 아니라, 주님이 허락하신 제 삶 가운데서 소소해 보이는 죽음부터 잘 죽으라 하십니다(마 16:24~25). 고통과 기도 제목으로 다가오는 이 두 제자를 피해 달아나지 말고 그들을 꽉 껴안으라고 하십니다.

만약 주님께서 제가 학생들에게 요구하듯 어떤 고상한 기준을 세워 놓고 저에게 거기까지 올라와야 구원해 주겠다고 하셨다면 어떻게 되었을까요? 저를 구원하시기 위해 기꺼이 낮고 낮은 죄인의 수준까지 직접 내려와 주신 주님. 자기를 희생하는 것이야말로 참된 자아를 찾는 길이며, 그 길이 바로 주님이 가시는 길이라고 말씀하셨을 뿐만 아니라 그대로 살아 내셨던 예수님을 닮길 소망합니다.

영혼의 기도

하나님 아버지, 많은 고난을 받고 죽을 것이 결정되었다 해도 남은 인생 잘 살다 떠날 수 있도록 은혜를 내려 주옵소서. 주님의 확신보다 베드로의 확신으로 가득 차서 '그리하지 마옵소서. 이 일이 결코 미치지 않으리이다' 하는 것을 불쌍히 여겨 주옵소서.

하나님의 일보다 사람의 일을 생각하느라, 고난 없는 영광을 묵상하느라 바쁜 인생입니다. 자기 부인이 진실하지 못할 때도 있고 남에게 보이기 위한 부인을 할 때도 있고 자기 십자가가 아닌 남의 십자가가 되어 내 식구가 아픈데도 쳐다보기만 할 때도 있습니다. 자기 십자가 지고 자기를 부인해서 구원으로 이끌기 위해 목숨을 내놓는 것이 무엇인지 알기 원합니다. 제가 생명을 내놓고 구원을 위해 기도한 것이 과거가 되지 않고 현재형이 되도록 도와주옵소서.

많은 고난과 죽임당하는 사건 가운데서 살아나는 모습을 보이기 원합니다. 망하고 가출하고 모함당하는 가운데, 자녀와 남편과 아내의 십자가 앞에서 내가 얼마나 죄인이고 누추하고 더러운지 자기를 부인하고 주님만 시인하도록, 그래서 이 땅에서 천국을 누리는 우리가 되도록 은혜를 내려 주옵소서. 내가 할 수 없는 것을 주께서 아십니다. 신앙고백 후에 주님을 만류한 베드로가 바로 저입니다. 긍휼히 여겨 주옵소서. 예수님 이름으로 기도하옵나이다. 아멘.

Part 2

너희는 그의 말을
들으라

6

오직 예수님만 바라보라

마태복음 17:1~13

하나님 아버지, 바라보고 싶은 것이 많은 우리에게
오직 예수님만 바라보라 하십니다.
그 주님이 어떤 분인지
말씀하여 주옵소서. 듣겠습니다.

어느 농부가 아들에게 쟁기질을 시켰더니 온통 비뚤비뚤하게 땅을 갈아 놓았습니다. 그래서 "무엇을 보고 따라갔느냐?" 하고 물었더니 "소의 뒷 모습을 보고 따라갔다"라고 하더랍니다. 그 대답을 듣고 농부는 아들에게 충고했습니다. "이번에는 먼 데를 목표로 보고 따라가라." 그러나 아들의 쟁기질은 여전히 비뚤비뚤했습니다. "건너편 산에서 풀을 뜯어 먹고 있는 소를 바라보고 쟁기를 갈라"고 해도 여전했습니다. 그래서 이번에는 "먼 데를 보되 움직이지 않는 것을 보고 따라가라"고 했더니, 산의 바위를 보고 쟁기질을 해서 밭이 곧게 갈아졌다고 합니다.

우리가 가진 목표는 참 다양합니다. 어떤 사람은 돈, 어떤 사람은 건강, 학벌, 사랑 등을 추구하며 살지만, 이 모든 것은 흔들리는 목표입니다. 오직 변하지 않는 목표는 예수 그리스도밖에 없습니다. 변화산의 영광을 본 제자들은 '오직 예수 외에는 보이지 않더라'의 인생이 되었습니다. 우리가 바라보아야 할 예수 그리스도는 어떤 분입니까?

높은 산으로 올라가시는 예수님을 바라봐야 합니다

엿새 후에 예수께서 베드로와 야고보와 그 형제 요한을 데리시고 따로
높은 산에 올라가셨더니_마 17:1

'엿새 후'라고 했습니다. 베드로가 "주는 그리스도시요 살아 계신 하
나님의 아들이십니다"라고 고백하자, 예수님은 그 고백을 들으시고 인자
가 당할 고난과 죽임과 부활을 이야기해 주셨습니다. 베드로가 "그 일이
결코 주님께 미치지 아니하리라"고 항변하자 자기를 부인하고 자기 십자
가를 지고 따르라고 하신 지 엿새 후입니다. 그 말씀을 하시고도, 제자들
이 그 이야기를 감당할 만할 때까지 주님의 시간인 '엿새 후', 즉 일주일을
기다리셨습니다. 우리 주님은 항상 기다리십니다. 신앙고백을 했어도 기
다리고 또 기다리고, 죽을 때까지 기다리면서 데리고 가시는 것이 바로
제자 훈련입니다.

열두 제자 중 베드로를 골라내시고, 야고보와 요한을 따로 데리고
더 훈련을 시키기 위해 높은 산에 올라가십니다. 우리의 훈련은 끝이 없
습니다. 아무리 딴소리를 해도 제자들에게 끊임없이 반복해서 말씀해 주
고 훈련을 시키십니다. 이들은 큰 고난이 없어도 예수님 따라다니는 게
고난인 사람들입니다. 나병환자, 중풍병자, 열병에 들린 자, 창녀 등 극심
한 고난 가운데서 엄청난 신앙고백을 한 사람들도 제자가 되지는 못했습
니다. 그러나 고난이 없어도 그저 예수님 옆에 붙어 있는 사람들을 제자
로 만드십니다.

눈에 띄는 외모와 직업, 온유해 보이면서도 야망이 있는, 게다가 잘

믿는 집안의 남편과 결혼한 한 집사님이 교회 홈페이지 '큐티 나눔'에 이런 글을 올렸습니다. 남편 집사나 부인 집사나 모든 걸 갖춘 선남선녀입니다.

> 고난 많은 우리들교회에 있으니 고난입니다. 그래도 훈련을 받고 목자와 부목자가 되었습니다. 그 모습을 보며 '말씀이 위대하구나, 계속 말씀 들으며 따라오니까 고난의 경중에 상관없이 하나님이 택하시면 달라지는구나' 하고 느꼈습니다. 힘든 지체를 만나 그들의 고난을 들으면 그것이 고난이 되어서 말씀이 들립니다. 인생의 목적이 영혼 구원과 제자 훈련이기 때문에 그것이 최고의 훈련이라고 생각합니다.

우리들교회에는 고난이 많아서 온 사람도 있지만, 이 부부처럼 우리들교회 온 것 자체가 고난인 사람도 있습니다. 그런 사람들은 양육훈련을 받고 목장 모임 가는 게 고난의 길을 가는 것입니다. 하지만 이것이 곧 최고의 제자 훈련입니다.

> 그들 앞에서 변형되사 그 얼굴이 해 같이 빛나며 옷이 빛과 같이 희어졌더라_마 17:2

예수님은 특별히 베드로, 야고보, 요한 세 명을 골라서 더 센 훈련을 시키려고 높은 산에 데려가셨습니다. 인생의 목적이 거룩인데, 이 세 제자 앞에서 거룩을 보여 주셨습니다. 무흠하고 순결하신 예수님은 티끌과 같은 모습으로 낮아져서 이 땅에 오셨습니다. 그런데 순결과 거룩은 다릅니다. 거룩은 순결보다 엄청나게 높은 레벨에 있습니다.

죄가 없는 사람이 거룩한 게 아니라, 죄에 직면했을 때 죄를 거부하는 사람이 거룩한 사람입니다. 그런데 인생이 100% 죄인이라서 예수님도 날마다 죄에 직면하는 시험을 받으셨습니다. "모든 일에 우리와 똑같이 시험을 받으신 이로되 죄는 없으시니라"(히 4:15).

죄 없이 순결하심에도 죄를 짓지 않는 시험을 통과하시고 이제 완전한 거룩의 모습으로 변화되셨습니다. 사람으로서는 이룰 수 없는 최고의 거룩을 보여 주신 것입니다. 신성과 인성이 합쳐진 완전한 신앙 인격을 이루셨습니다. 이렇게 빛나는 주님의 변형은 신앙고백 없이는 볼 수도, 알 수도 없습니다.

> 그 때에 모세와 엘리야가 예수와 더불어 말하는 것이 그들에게 보이거늘_마 17:3

율법의 대표 모세와 선지자의 대표 엘리야, 이스라엘 사람들이 최고로 여기는 두 사람이 예수님을 증거합니다. 그런데 누가복음 9장 31, 32절에서는 모세와 엘리야, 예수님이 장차 예루살렘에서 주님이 별세하실 것을 이야기하는데 그때 제자들이 졸았다고 했습니다. 나중에 깨어서 변형된 영광의 모습은 봤다고 합니다. 제자들이 높은 산에 올라가느라 많이 피곤했겠지요? 하지만 그렇게 조느라 정작 들어야 할 고난의 말씀을 못들은 것입니다. 베드로는 이때만 존 게 아니라 겟세마네에서도 졸았습니다(마 26:36~46). 이렇게 졸기만 했으니 예수님이 고난을 말씀하실 때마다 하나도 못 알아듣습니다. 예배 시간에 조는 사람이 꼭 있습니다. 그래서 이렇게 성경을 한 절 한 절 읽어 내려가는데도 말씀이 어렵다고 합니다. 영광만 바라보고 고난의 말씀에 귀 기울이지 않았기 때문입니다. 성령이 임하지 않으면 그 말씀을 이해할 수 없습니다.

　제자들도 조느라 예수님이 돌아가신다는 이야기는 못 들었지만, 모세와 엘리야가 목수이신 예수님을 증거해 주니까 그제야 예수님이 대단한 분이신 줄 압니다. 제자들이 모세와 엘리야를 대단한 사람으로 여기는 것도 신앙고백이 있기 때문입니다. 거룩한 인격을 신앙고백 없이 어떻게 알아보겠습니까?

　제 남편은 장로 아들이지만 신앙고백이 없었습니다. 너무나 존경하는 목사님을 모시고 예배를 드려도 자기 신앙고백이 없으니 그분이 대단한 분인 줄도 모르고 전혀 존경하지 않았습니다. 그 성실한 남편의 구원을 위해 제가 그렇게 애를 썼는데 말입니다. 아들도 학창 시절에 그랬습니다. 제가 코스타 강사로 가서 유명한 목사님들에게 "제 아들 좀 만나 주셨으면 좋겠다" 하며 어렵게 부탁했는데 이 아들은 그분들이 대단한 줄도 모르고 "나하고 무슨 상관이야" 했습니다. 그래서 모세와 엘리야가 대단한 줄 아는 것만도 신앙고백이 있어야 가능합니다.

> 베드로가 예수께 여쭈어 이르되 주여 우리가 여기 있는 것이 좋사오니 만일 주께서 원하시면 내가 여기서 초막 셋을 짓되 하나는 주님을 위하여, 하나는 모세를 위하여, 하나는 엘리야를 위하여 하리이다_마 17:4

　영광을 보이고 죽겠다고 하시는 예수님 앞에 다시 베드로가 나섭니다. 16장에서도 예수님의 고난이 절대 미치지 않으리라고 해서 '사탄'이란 소리를 들은 베드로입니다. 그렇게 야단을 맞은 지 겨우 일주일 지났건만, 이번엔 또 썩어질 초막을 짓겠다고 나섭니다. 예수님은 "죽겠다! 죽겠다!" 하시는데, 베드로는 초막 짓고 "살아요! 살아요!" 하는 겁니다. 어지간히 말을 못 알아듣는 베드로 때문에 예수님이 속깨나 썩으셨을 듯합니다.

모세와 엘리야는 이미 천국에 있습니다. 초막에 살 사람들이 아닙니다. 더구나 주님은 '죽어지고 썩어지라' 하는데 베드로는 천지를 분간하지 못하고 '주님, 돌아가시지 마세요. 우리 잘 먹고 잘살아요' 한 것입니다. 바람난 남편이지만 말씀 때문에 헤어지지 않고 기다리겠다고 하는데, "바람피운 남편과 왜 살아? 내가 집 지어 줄 테니까 당장 그 집에서 나와!" 하는 겁니다.

이렇게도 적용할 수 있습니다. 우리들교회에 와서 목장에 편성됐는데 그 목장에 제가 목자고, 전도사 두 명이 부목자고, 자기랑 함께 제자 훈련받은 친한 목원이 셋이나 됩니다. 이런 목장에서 예배를 드리면 얼마나 좋겠습니까? 지금 베드로가 딱 그렇습니다. 하지만 친하고 좋은 사람만 있는 목장에 안주해서는 안 됩니다. "목사님은 더 힘든 사람에게 가시라" 하고 나는 다른 사람 챙겨야 하지 않겠습니까?

또한 예수님은 완전한 인격에 도달해서 온 인류를 위해 십자가를 지고 죽겠다고 하십니다. 부모가 학벌과 지위, 인격의 본이 되어 살다가 자녀를 위해 모든 걸 포기하고 죽으면 자녀들이 얼마나 감격하여 눈물을 흘리겠습니까? 그런데 날마다 폭력과 술에 절어 살다가 죽으면 자녀들이 그 부모의 죽음으로 인해 감동하겠습니까? 그래서 우리는 잘 죽기 위해 잘 살아야 합니다. 나의 죽음이 나의 결론이 될 것입니다.

앞서 언급했던 해같이 빛나는 선남선녀 부부의 부인 집사님의 큐티 나눔을 계속해서 소개해 드립니다.

저에게는 B.C.와 A.D.의 확실한 구분이 있습니다. 주님을 구주로 영접하고 난 후 변화된 삶을 구분하는 B.C.와 A.D.가 아닌, 남편을 만나 결혼하고 나서 구분되는 결혼 전과 결혼 후의 B.C.와 A.D.입니다. 많은 사람에게 부러움의 대상이 되었고 많은 혜택을 누리며 살았습니다. 그래서 저는 예수님을 만난 후의 A.D.가 아닌, 남편을 만난 후의 A.D.를 하나님의 은혜로 여기며 '여기가 좋사오니' 하며 살았습니다.

그런데 지난 말씀에서 '자기 부인'이라는 말씀을 듣고 크게 찔림을 받았습니다. 요즘 남동생과 올케의 관계가 힘들다는 것을 알면서도 연락하기를 계속 미루고 있었는데, '내가 A.D. 속에 취해 사느라 결혼 전 B.C.의 시간들을 다 잊고 싶어 하는구나'를 깨달은 것입니다. 너무 회개가 되었습니다. 이 좋은 환경과 남편, 아이들을 하나님의 은혜로 빙자해 취해 있었더니, 주님은 저에게 들어야 할 메시지를 주신 것입니다.

❖ 대단한 고난이 없어도 말씀을 듣기 위해 예수님 곁에 붙어 있는 이들을 제자 삼아 주십니다. 어리석게 딴소리하다가도 몰라서 물어보고, 깨닫지 못해서 풀어 달라고 주님께 간청하는 제자의 마음이 나에게 있습니까?

우리가 들어야 할 메시지를 가지신 예수님을 바라봐야 합니다

말할 때에 홀연히 빛난 구름이 그들을 덮으며 구름 속에서 소리가 나서 이르시되 이는 내 사랑하는 아들이요 내 기뻐하는 자니 너희는 그의 말을 들으라 하시는지라_마 17:5

초막 짓고 살자고 하니까 제자들에게 구름이 덮이는 사건이 왔습니다. 그러나 그동안 줄곧 말씀을 들었기 때문에 금세 하나님의 음성이 들립니다. 이처럼 구름 같은 사건 가운데 하나님의 말씀이 들리는 것이 축복입니다. 더구나 '빛난 구름'이 덮였다고 합니다. 제자의 인생에 아무리 어두운 사건이 와도 그것은 이미 남을 비추는 빛난 구름이라는 것입니다.

또한 하나님께서 예수님을 '내 사랑하는 아들이요 기뻐하는 자'라고 말씀해 주십니다. 내가 누구를 사랑하고 기뻐해야 하는지 그 대상을 가르쳐 주시는 것입니다. 남편과 세상 환경이 아니라, 오직 주님만이 사랑하고 기뻐할 대상입니다. 여러분이 구름과 같은 고난의 사건 가운데서 이 말씀을 들을 때, 그 고난이 빛난 구름으로 바뀔 것을 믿습니다.

앞서 소개한 집사님도 그랬습니다. 우리들교회에 와서 양육을 받았어도 분별을 잘 못 하니, 이제 분별하게 하기 위한 사건으로 구름이 잠깐 덮였습니다. 그랬더니 그 구름 속에서 음성이 들린 것입니다. 그렇다면 이 집사님에게는 어떤 구름이 와서 덮였을까요?

지난 주일 목자 모임을 마치고 돌아온 남편은 저에게 오픈할 것이 있다고 했습니다. '자기 부인'과 관련한 나눔에서 오픈한 내용을 저에게도 하겠다는 것입니다. 남편 표정이 심상치 않아서 가슴이 막 요동쳤습니다. 지난 결혼생활 동안 술집과 안마 시술소에서 여자들과 여러 번 관계를 가졌다는 것입니다. 그때는 그것이 죄라고 생각하지 않았는데 우리들교회에 오고 나서 너무도 찔려서 고민하다가 '자기 부인' 말씀을 듣고 이제 오픈을 한다고 했습니다. 머리가 띵했습니다. 내 남편이 그럴 리가 없는데……. 전에 남편이 술 마시고 늦게 올 때면 제가 의심의 눈초리로 보곤 했는데 "날 왜 이렇게 못 믿냐"며 오히려 큰소리를 치던 남편이었습니다.

너무도 반듯한 남편이, 매주 예배를 빠지지 않는 남편이……. 저는 믿기지 않았습니다. 하지만 그동안 우리들교회에서 양육 받았던 것을 떠올리며 '이 사건이 왜 나에게 온 것일까? 여기서 나의 어떤 죄를 봐야 할까' 계속 생각했습니다. 기가 막히고 분한 감정을 뚫고 하나님보다 남편을 더 믿고 의지했다는 게 깨달아졌습니다.

우리들교회에서 '사람은 믿음의 대상이 아니다'란 말을 듣고 내가 남편을 하나님 자리에 놓고 있다는 것을 알면서도 '한 성령으로 말이 통하는 거지' 하며 넘어갔던 것이 생각났습니다. 그래서 주신 사건이구나, 깨달았지만 그래도 남편이 용서되지는 않았습니다.

그때 큐티 본문이던 로마서 말씀으로 나의 죄를 보게 되었습니다. 사건이 해석되었습니다. 문득 남편과 결혼 전에 관계를 가졌던 것이 생각났습니다. 곧 결혼할 사람이니 혼전 성관계를 갖는 것을 죄라 생각지 않던 나. 그런 나와 같은 생각이던 남편이라면 결혼 후에도 사회가 눈감아 주는 분위기에서 그런 일을 죄라고 생각하지 않았겠구나, 하는 생각이 들었고, 이것이 내 삶의 결론이란 생각을 했습니다.

그러면서 "믿음을 의지하지 않고 (남편의 성실하게 보이는) 행위를 의지했기에 부딪칠 돌에 부딪친 것"임을 알았습니다(롬 9:32). 내가 "하나님께 열심이 있으나 올바른 지식을 따른 것이 아니라 하나님의 의를 모르고 자기 의를 세우려고 힘써 하나님의 의에 복종하지 아니하였음"을 알게 되었습니다(롬 10:2~3).

그러고 나니 "만일 하나님이 그의 진노를 보이시고 그의 능력을 알게 하고자 하사 멸하기로 준비된 진노의 그릇을 오래 참으심으로 관용하시고"(롬 9:22), "만일 만군의 주께서 우리에게 씨를 남겨 두지 아니하셨더라면 우리가 소돔과 같이 되고 고모라와 같았으리로다 함과 같으니라"(롬

9:29)는 말씀 속에서 저를 기다려 주시고 가족의 구원을 위해 이런 환경을 세팅하신 하나님의 사랑을 느끼게 되었습니다. 또한 "그리스도는 모든 믿는 자에게 의를 이루기 위하여 율법의 마침이 되시니라"는 말씀이 믿어졌습니다(롬 10:4).

하지만 이 집사님의 나눔은 이것으로 끝이 아닙니다.

제자들이 듣고 엎드려 심히 두려워하니_마 17:6

죄인인 인간은 하나님의 영광 앞에 두려워하게 되어 있습니다. 그래서 하나님의 뜻대로 사는 사람들 옆에 가까이 가기 싫어합니다. 간증하는 사람들이 '고난이 축복이다', '고난 가운데 하나님을 만났다'고 하여도 고난이 싫습니다. 악하고 음란하게 대충 타협하며 살고 싶은데 거룩한 사람을 따라가려니까 싫은 겁니다.

이 집사님도 그랬습니다. 적용은 했지만, 두려움이 찾아왔습니다. 자기 죄를 보고 남편에 대한 마음이 정리되고 나니 그다음 걱정이 일어난 것입니다.

'가만, 남편이 목자 모임에서 자기 죄를 오픈했다는데 그럼 누가 이걸 알고 있지?'
남편의 오픈으로 저의 얘기가 사람들 입에 회자될 것이 두려웠습니다. 당장 부부목장에 가서 남편이 이 주제로 오픈할 것이 걱정되었고, 수요예배에 가서 사람들 얼굴 보는 것이 두려웠습니다.

그렇게 많은 간증을 듣고 깨달아도, 나만은 교양 있게 살고 싶은 게 있습니다. 남들의 간증이 막상 내 일이 되니까 두려운 것입니다. 제자들이 하나님 말씀을 들었는데도 두려운 것처럼 말입니다.

이 또한 저의 큰 죄였습니다. 그동안 쌓아 온 나의 이미지가 남편으로 인해 무너지는 것이 싫었던 것입니다. 망가지는 것이 두려웠습니다. 남편을 기준으로 한 B.C.와 A.D.가 얼마나 허망한 것인지, 내가 그동안 하나님을 믿으며 낮아졌다고 하면서도 얼마나 오만했는지를 알게 되니 힘이 쭉 빠졌습니다. 결국 저의 음란죄와 남편을 하나님 자리에 올려놓은 죄, 다른 사람 앞에서 나의 실체를 보이기 싫어하며 인정받으려고만 한 죄, 이것들을 깨닫게 하시려고 주신 사건이었습니다. 그래서 남편이 수고한 사건이었습니다. 이렇게 깨달았으면서도 수요예배 끝나고 집에 와서는 남편이 벗어 놓은 신발을 제 구두 굽으로 꾹 눌렀습니다. 아직도 업 다운이 있는 저입니다.

거룩하게 사는 것은 구별되게 사는 것입니다. 이 사건은 이 집사님이 제자 훈련을 받았기 때문에 빛난 구름이 됐습니다. 말씀으로 해석하고 오픈을 했기 때문입니다. 이런 걸 두려워하는 우리에게 주님이 말씀하십니다.

예수께서 나아와 그들에게 손을 대시며 이르시되 일어나라 두려워하지 말라 하시니_마 17:7

예수님은 내가 두려워하는 것을 정죄하지 않으시고 손을 대시며 두려워 말라고 하십니다. "나는 고난받고 깨달았는데 너는 왜 이러냐" 하지 않으십니다. "그래도 너는 제자 아니냐. 일어나야 해!" 하십니다. 부인 집사님이 이미 많은 훈련을 통해 들을 준비가 되어 있었기에 이 사실을 목자에게 오픈했습니다. 그랬더니 목자는 얼른 "큐티 나눔에 이 글을 오픈함으로 일어나라"고 처방했습니다. 부인 집사님은 남편 집사님과 함께 논의해서 간증을 올렸습니다. 서로가 말씀을 들을 준비가 되었기 때문입니다.

목자님은 큐티 나눔에 올려서 저의 죄를 오픈하라고 권면하셨습니다. 저는 여러 가지 핑계를 댔습니다. 그러나 어제 큐티를 하는데 "무엇을 말하느냐 말씀이 네게 가까워 네 입에 있으며 네 마음에 있다 하였으니 곧 우리가 전파하는 믿음의 말씀이라"(롬 10:8)는 말씀과, "입으로 시인하라"(롬 10:10)는 말씀이 여러 번 나왔습니다. 또한 "하나님께 구하는 바는 이스라엘을 위함이니 곧 그들로 구원을 받게 함이라"(롬 10:1)란 말씀과, 입으로 시인하여 구원을 얻는다는 말씀으로, 오픈하는 것이 저의 죄를 끊고 새롭게 되는 방법임을 일러 주셨습니다. 게다가 "그를 믿는 자는 부끄러움을 당하지 아니하리라"(롬 10:11)는 말씀으로 위로까지 해 주셨습니다.

맞습니다. 믿음은 부끄러움이 없는 것입니다. 오픈을 해서 부끄러움을 당하는 게 아닙니다. 오히려 그동안 고난의 약재료가 없었는데 이제 약재료를 얻었으니 기뻐해야 합니다.

제자들이 눈을 들고 보매 오직 예수 외에는 아무도 보이지 아니하더라
_마 17:8

율법과 선지자는 구속사에서 율법의 마침이 되는 예수님께 자리를 양보해야 합니다. 이제는 구속사에 초점을 두는 인생이 돼야 합니다. 예수님만 보여야 하고 예수님만 보아야 합니다. 학벌, 주위 환경, 자존심, 돈 다 내려놓고 예수님만 보아야 합니다. 높음이나 낮음이나 간 곳 없이 예수님과 자신뿐입니다. 창조주 예수님이 모든 것을 내려놓고 십자가 지셨으면 이제는 제자 된 우리도 좋은 것 다 내려놓고 십자가를 져야 합니다. 그동안 이 집사님 가정에 좋은 것으로 많이 베풀어 주셨기에 이제 십자가를 질 사건을 주셨다고 생각합니다. 이제는 예수님만 보여야 합니다.

✦ 내 삶에 덮인 구름과 같은 사건이 무엇입니까? 내가 사랑하는 것, 기뻐하는 사람은 주님입니까, 가족과 일과 돈과 학벌입니까? 이제 그것들을 바라보는 게 아니라 예수님만 바라보라고 사건을 주신 것이 믿어집니까? 나의 사건을 성경으로 해석하고 오픈하며 '두려워 말라'고 말씀하시는 주님의 음성을 듣고 있습니까?

산 아래로 내려오시는 예수님을 보아야 합니다

그들이 산에서 내려올 때에 예수께서 명하여 이르시되 인자가 죽은 자 가운데서 살아나기 전에는 본 것을 아무에게도 이르지 말라 하시니
_마 17:9

예수님께 초점이 맞추어졌다면 그 영광이 크기에 이제는 고난도 크

게 옵니다. 베드로는 산 위에서 살고 싶어 했지만, 예수님은 산 아래, 통곡과 외로움과 질병이 있는 사명의 땅으로 내려오십니다. 이 땅에서 잘 먹고 잘살라고 아편처럼 믿음을 주신 것이 아닙니다. 믿음을 가지고 사명의 땅인 내 집안, 부모, 형제에게 가야 합니다.

그런데 예수님은 "너희는 영광을 봤어도 세상 사람은 신앙고백이 없으니까 내가 살아나기 전에는 이야기하지 말라"고 경계하십니다. 신앙고백이 확실하지 않다면, 부활과 십자가가 공감되기까지 경계해야 할 것이 있습니다. 인간의 영광과 환상과 은사 중 그 어떤 것도 자랑거리가 아닙니다. 때가 될 때까지 절제가 필요합니다.

사람에게 인정받으려고 하는 것이 가장 약점 많은 사람이 되는 지름길입니다. 지금 받는 평가가 아니라, 내가 죽은 뒤에 받는 평가가 가장 확실한 평가입니다. 그래서 주님은 "내가 부활한 후에 이야기하라, 나는 십자가 지는 삶으로만 증거하겠다"고 하시며 할 말과 안 할 말을 경계시키십니다. 그럼에도 제자들은 궁금한 것이 여전히 많습니다.

10 제자들이 물어 이르되 그러면 어찌하여 서기관들이 엘리야가 먼저 와야 하리라 하나이까 11 예수께서 대답하여 이르시되 엘리야가 과연 먼저 와서 모든 일을 회복하리라 12 내가 너희에게 말하노니 엘리야가 이미 왔으되 사람들이 알지 못하고 임의로 대우하였도다 인자도 이와 같이 그들에게 고난을 받으리라 하시니_마 17:10~12

구약성경의 마지막 책 말라기 4장 5절은 메시아 예수님이 오시기 전에 엘리야가 올 것을 예언합니다. 그런데 제자들은 예수님을 따라다니면서도 엘리야가 이미 온 것을 모릅니다. 죄와 회개와 심판을 외친 엘리야, 즉 세례 요한을 목 베어 죽였듯이 예수님도 빌라도의 손에 의해 십자가에 못 박히실 것을 모릅니다. 내 곁에 회복자 엘리야가 왔는데, 너무나 초라하고 비천한 모습으로 죄를 찌르니 받아들이질 못하고 죽였습니다.

> 그제야 제자들이 예수께서 말씀하신 것이 세례 요한인 줄을 깨달으니라_마 17:13

그제야 제자들이 예수님이 메시아이심을 확실히 알았습니다. 그래도 제자들은 말씀해 주시면 '그제라도' 깨닫습니다. 사두개인, 바리새인은 아예 깨닫지도 못하는데 말입니다. 제자들은 몰라도 마냥 붙어 있습니다. 자다가도 "아, 큐티해야 하는데", "양육훈련 숙제해야 히는데" 하는 사람들입니다. 숙제는 못 하더라도, 걱정하는 사람은 소망이 있습니다. 붙어만 있으면 그제야 깨닫고 십자가 지는 사람들이 바로 제자들입니다. 그래서 제자 훈련이 중요하고 말씀 옆에 있는 것이 중요합니다.

이런 하나님의 사랑 속에서 우리들교회 목사님, 목자님이 말씀해 주시는 '원리'를 조금이나마 알게 되었습니다. 그리고 공동체의 힘을 알게 되었습니다. '자기 부인'은 사람들 앞에서 예수님을 시인하는 것입니다. 저의 죄 됨과 누추함을 이야기하는 것이고, 이것을 마음으로뿐만 아니라 사람 앞에서 시인해야 한다고 목사님께서 말씀하셨습니다. 두렵고 떨리는 마음으로 저의 죄를 오픈합니다. 이것이 저의 '자기 부인'입니다.

이 집사님이 정말 힘든 자기 부인을 했습니다. 가진 것이 많은 만큼, 이제는 슬픔과 통곡의 땅으로 내려가 사명을 감당하길 바랍니다.

자기 부인과 관련하여 또 다른 집사님의 나눔도 읽었습니다.

아버지가 두 집 살림을 하면서 이 집, 저 집 자식을 많이 낳고 일평생 속을 썩였다고 합니다. 그런데 아버지는 그런 자기가 죄인인 것을 깨닫고 돌아가시기 전에 주님을 영접하셨답니다. 그런데 평생 그 아버지의 그늘에서 피해자로 산 어머니는 끝내 복음을 거부하고 돌아가셨답니다. 이처럼 자기가 죄인인 줄 모르는 사람은 아무것도 할 수가 없습니다. 미움이 살인죄라고 하셨는데도, 그저 나는 피해자라고만 생각하면 결코 주님 앞에 돌아오지 못합니다. 알코올중독자, 마약중독자는 주님 앞에 돌아올 수 있는데, 자기 죄를 못 보는 사람은 그 누구에게도 안식을 얻지 못하고 상담해 줄 수도 없습니다. 주님만 보는 사람은 반드시 자기 죄를 보게 됩니다. 주님만 보는 사람이 성공한 사람입니다.

◆ 주님의 영광을 보았으면 내려가야 할 산이 있습니다. 내가 내려가야 할 대상은 누구입니까? 때가 될 때까지 절제가 필요합니다. 말이 앞서기 전에 행동으로, 삶으로 보여 주어야 할 가족이 있습니다. 믿지 않는 식구들에게 손과 발이 가는 섬김으로 십자가 지신 예수님의 모습을 보이고 있습니까?

◆◆◆

죄가 없는 사람이 거룩한 게 아니라,
죄에 직면했을 때 죄를 거부하는 사람이 거룩한 사람입니다.

◆◆◆

말씀으로 기도하기

우리는 학벌과 돈, 건강, 결혼 등 각자 인생의 목적을 두고 걸어갑니다. 그러나 흔들리는 인생의 목표를 따라가면 비뚤비뚤 잘못된 길을 갈 수밖에 없습니다. 흔들리지 않는 목표, 변하지 않는 목표는 예수 그리스도뿐입니다.

높은 산으로 올라가시는 예수님을 바라봐야 합니다(마 17:1~4).

높은 산에 오르시며 인생의 목적이 거룩이라고 가르치시는 예수님을 따르기 원합니다. 죄가 없어서 거룩한 것이 아니라 죄에 직면했을 때 그것을 거부하는 것이 거룩입니다. 모든 시험을 이기고 완전한 거룩을 보여 주신 예수님을 따르며 내 인생에 거룩을 이루도록 기도합니다.

우리가 들어야 할 메시지를 가지신 예수님을 바라봐야 합니다 (마 17:5~8).

율법의 대표 모세, 선지자의 대표 엘리야가 예수님을 증거합니다. 그 영광이 좋아서 '여기가 좋사오니' 하며 초막을 짓고 싶습니다. 십자가는 싫고 영광만 누리려고 했기에 내 인생에 캄캄한 구름의 사건이 온 것을 인정합니다. 구름 속에서 내가 들어야 할 메시지를 가지신 예수님을 보게 하옵소서. 내가 사랑하고 기뻐할 대상이 초막도 아니고 배우자와 자녀도 아니고 오직 예수님뿐인 것을 깨닫기 원합니다.

산 아래로 내려오시는 예수님을 보아야 합니다(마 17:9~13).

오직 예수 외에는 보이지 않는 인생을 살아갈 때 영광이 크기에 고난도 크게 옵니다. 산 위의 영광을 뒤로하고 십자가 지기 위해 산 아래로 내려오시는 예수님을 따르게 하옵소서. 어리석고 연약해도 말씀을 듣고 묵상함으로 '그제야' 깨닫는 제자가 되기 원합니다. 환경에 안주하지 않고 구원을 위해 힘든 사명의 땅으로 내려가기를 기도합니다.

역기능 가정에서 자란 저는 결혼의 조건은 사랑뿐이라고 굳게 믿으며, 하나님의 뜻과 상관없이 가난한 운동권 남편과 불신결혼을 했습니다. 결혼 후 무리하게 시작한 남편의 사업으로 물질 고난이 극심해졌고 믿지 않는 형제들에게 감당할 수 없는 많은 빚을 졌습니다. 그것이 자존심 상해 밤낮없이 빚을 갚기 위해 일했습니다. 그러나 일중독인 남편을 따라가지 못하고 체력적 한계를 드러내며 무릎 수술을 시작으로 갖은 육체의 고난을 맞이하게 되었습니다. 거기다 회복할 시간도 없이 또 교통사고를 당했습니다. 원하던 육체의 회복은 되지 않고 오히려 교통사고 후유증에 시달리면서 나의 우울은 깊어만 갔습니다. 그런 상황에서도 계속 일을 하게 하는 남편을 원망했고 피해의식에 사로잡혀 매일 밤 웅크리고 울었습니다. 하나님은 100% 옳으신데, 나는 내 의를 내세우며 "하나님이 저한테 이러시면 안 돼요!" 하며 우울하고 두려운 신앙생활을 했습니다.

그리고 몇 달 전, 전신에 극심한 통증이 생겨 집안일도, 직장 생활도 할 수 없게 되자 대학병원에서 검사를 받았습니다. 이것이 나를 덮은 빛난 구름의 사건이 되었습니다(마 17:5). 저의 건강이 악화되자 남편은 두려움으로 그동안 감추고 있던 음란죄를 목장예배 중에 오픈했습니다. 남편으로부터 사전에 한마디 말도 들은 것이 없었기에 큰 충격을 받아 두려움과 배신감에 떨었습니다. 그러나 목자인 남편에게 말씀이 뚫고 들어가니 숨겨진 죄가 튕겨 나왔다는 것을 깨달았습니다. 하나님이 남편의 고백을 선하다고 하시니 배우자라는 이유로 내가 악하다고 고집을 피울 수는 없었습니다. 목사님의 가르침과 공동체의 격려로 빛난 구름 속에서 들리는 하나님의 음성으로 이 사건을 해석하게 되었습니다(마 17:5).

남편의 오픈을 통해 인간의 사랑이 얼마나 한시적이고 계산적이며 나약한지도 알게 되었습니다. 그리고 하나님의 자리에 남편을 두고 살았던 나의 우상숭배의 죄와 불신결혼과 음란을 회개했습니다. 남편과 혼전 성관계를 가진 것과 체면 때문에 낙태를 하며 살인을 저지른 것, 그리고 학생운동을 한다고 흡연했던 것과 지나치게 커피를 많이 마셔서 육의 성전인 내 몸을 함부로 대한 것을 눈물로 회개했습니다. 물질적 · 육체적 고난의 훈련이 남편에게서 비롯된 것이 아니라 내 죄로 인해 하나님으로부터 말미암았다고 깨달아지자 오랜 시간 나를 끌고 다니던 피해의식에서 벗어날 수 있었습니다.

썩어 없어질 남편 초막과 자식 초막과 돈 초막을 짓고 살고 싶었던 어리석은 나에게 십자가와 부활을 말씀하여 주셔서 깨닫게 해 주신 하나님을 찬양합니다(마 17:4). 이제는 "하나님이 나한테는 이러실 만해요" 하며 병에 저항하지 않고 나의 병을 인정하며, 아픈 중에도 오직 주님만을 바라보고 주님만을 기뻐하며 감사하며 살겠습니다.

영혼의 기도

하나님 아버지, 우리를 제자 삼으시려고 높은 산에 데리고 가 주셔서 감사합니다. 그러나 여전히 영광은 좋고 고난에는 졸고 있습니다. "여기 있는 것이 좋사오니"가 너무 많은 인생입니다. 돈, 명예, 쾌락, 사랑이 좋고 이것만 있으면 잘 믿을 것만 같습니다.

그렇게 분별을 못 하니까 구름의 사건이 왔습니다. 그 구름 속에서 내가 사랑하고 기뻐해야 할 대상이 주님뿐임을 알기 원합니다. 주님만 보게 하옵소서.

나의 사건이 빛난 구름이 되고 약재료가 되기 원합니다. 그것을 가지고 산 아래 사명의 땅으로 가서 외로움과 슬픔, 혼돈과 괴로움의 땅에서 내가 죽어지기 원합니다. 잘 죽게 하여 주옵소서. 배우자의 땅, 자녀의 땅, 부모의 땅……, 그리고 내가 갈 수 없는 사명의 땅으로 갈 수 있도록 힘을 주옵소서. 저를 날마다 붙잡아 주옵소서. 오직 주만 바라봅니다. 예수님 이름으로 기도하옵나이다. 아멘.

7

산을 옮기는 믿음

마태복음 17:14~27

하나님 아버지, 우리에게 산을 옮기는
믿음이 필요합니다.
어떻게 그런 믿음을 얻을 수 있겠습니까.
말씀하여 주옵소서. 듣겠습니다.

미국 캘리포니아주에는 콘도르라는 독수리과의 큰 새와 벌새라는 작은 새가 산다고 합니다. 두 새는 같은 하늘을 날아다니지만 먹이가 다릅니다. 콘도르는 썩은 시체만 보면 쏜살같이 내려가 뜯어먹다가 그 시체의 살점들을 더덕더덕 온몸에 붙인 채 날아다닙니다. 먹이가 항상 썩은 시체입니다. 그런데 벌새는 아름다운 꽃만 보면 정신을 못 차리고 날아가 꿀을 따 먹습니다. 그러니 그 몸에는 온통 꽃가루가 묻어 있습니다. 또 그 몸으로 그렇게 날아다니다가 사막에 홀로 핀 꽃에게 그 꽃가루를 묻혀 줍니다. 그래서 그 꽃이 시들어도 또 다른 꽃을 피우게 합니다. 황량한 사막에 아름다움과 생명을 주고, 지나가는 사람을 기쁘게 하는 겁니다.

　이렇듯 콘도르와 벌새는 같은 조류로서 같은 생존의 전쟁터에 있지만, 하나는 사망의 일을 하고, 하나는 생명의 일을 합니다. 우리도 치열한 전투 속에 있습니다. 이왕이면 생명의 일을 해야 하지 않겠습니까? 그러기 위해서는 우리에게 산을 옮기는 믿음이 필요합니다.

산을 옮기는 믿음을 가지려면
날마다 영적 전쟁을 잘 치러야 합니다

예수 믿는 우리가 타고 가는 인생의 배는 유람선이 아니라 전투함입니다. 이 세상은 죄와 슬픔과 죽음이 난무하는 영적 전쟁터이기 때문입니다. 그러니 우리가 이 땅에서 편안하게 살 수 없는 것입니다. 죄와 슬픔과 죽음, 이 음부의 권세 속에서 어떻게 마냥 웃고 즐거울 수 있겠습니까? 심각하기도 해야 합니다. 그렇다면 우리는 어떻게 영적 전쟁을 치러야 할까요?

> 14 그들이 무리에게 이르매 한 사람이 예수께 와서 꿇어 엎드려 이르되
> 15 주여 내 아들을 불쌍히 여기소서 그가 간질로 심히 고생하여 자주 불에도 넘어지며 물에도 넘어지는지라_마 17:14~15

'그들'이 누구입니까? 변화산에 올라갔던 예수님과 세 제자입니다. 최고의 신앙 인격을 가지고 내려왔더니, 무리 가운데 꿇어 엎드려서 나를 도와달라고 하는 사람이 기다리고 있습니다. 교양 있게 살고 싶지만 이런 사람 도와주라고, 사명 잘 감당하라고 제자 삼으시고, 거룩한 신앙 인격을 주시는 것입니다. 그렇다면 주님이 고쳐 주시는 사람은 누구일까요? 다 고쳐 주시는 게 아닙니다. 꿇어 엎드리는 한 사람을 고쳐 주십니다.

> 주여 내 아들을 불쌍히 여기소서 그가 간질로 심히 고생하여 자주 불에도 넘어지며 물에도 넘어지는지라_마 17:15

같은 내용을 다룬 누가복음을 보면 이 아들이 외아들이라고 했습니다. '간질'을 원어로 보면 '미쳤다'는 의미입니다. 이렇게 자식에 대해 객관적으로 주님께 아뢰었습니다. 형편 그대로 오픈한 것입니다. 그런데 내 아들, 내 자녀만 물불에 넘어지는 게 아닙니다. 어른도 예외가 아닙니다. 잘못은 자기가 해 놓고 밤낮 부부 싸움하며 하는 말이 "불 질러 버린다"입니다. 말끝마다 "집 나간다" 하며 협박을 일삼습니다. 물건을 집어 던지고 "너 죽고 나 죽자" 합니다. 이게 다 미친 짓입니다.

그러나 이 '한 사람'은 간질이 심한 자기 아들을 보면서 땅끝까지 내려가는 경험을 했기에 예수님을 찾아왔습니다. 혼자서 괴로움을 참고 견디다가 왔습니다. 아들이 죽게 됐는데 뭐가 부끄럽겠습니까? 그 입에서는 그저 불쌍히 여겨 달라는 기도밖에는 나오지 않습니다.

하지만 보통 사람들은 내 자녀를 객관적으로 보지 못합니다. 10년, 20년을 속 썩여도 "대학에 붙기만 하면 다 없었던 일이 될 거야", "이번 한 번만 넘기면 괜찮아질 거야" 합니다. 심각하게 보기가 싫어 "괜찮다, 괜찮다" 하면서 주님 앞에 꿇어 엎드릴 생각을 안 합니다. 그저 '언젠가는 고쳐지겠지, 나아지겠지' 하다가 결국 사망의 길로 갑니다. 자식에게 속고, 자신에게 속아 넘어갑니다.

그러니 여기 본문에 나온 아버지, 이 한 사람이 얼마나 대단한지 모릅니다. 모두가 체면 때문에, 자존심 때문에 못 하고, "차라리 나가 죽어라" 하며 악을 쓰는데 오직 이 한 사람만 예수님 앞에 꿇어 엎드렸습니다.

내가 주의 제자들에게 데리고 왔으나 능히 고치지 못하더이다_마 17:16

이렇게 힘든 오픈을 했지만, 아들을 데리고 간 곳이 '고치지 못할' 제자들 앞입니다. 오픈도 바리새인, 사두개인 같은 무리 앞에서 하면 하느니만 못합니다. 또 오픈해도 고쳐 줄 제자가 있고 못 고칠 제자가 있습니다. 지금 이 제자들에겐 도울 힘이 없습니다. 왜 그럴까요? 그 일을 자기의 일처럼 여기지 않기 때문입니다. 예수님과 같이 있을 때는 그렇지 않았는데, 예수님이 변화산에 가시고 곁에 안 계시니까 긴장의 끈도 탁 풀어놓았을 것입니다. 그러니 사람에게 무슨 관심이 있었겠습니까. 제자들은 그저 예수님 따라다니는 사역에만 관심이 있었던 것입니다.

> 예수께서 대답하여 이르시되 믿음이 없고 패역한 세대여 내가 얼마나 너희와 함께 있으며 얼마나 너희에게 참으리요 그를 이리로 데려오라 하시니라_마 17:17

제자들이나 무리나 피차 믿음이 없고 패역하기에 고치지 못했습니다. 원어로 보면 그들이 계속 불신앙의 영향을 받고 있다는 뜻입니다. 주일에 말씀을 들었어도 일주일 내내 큐티하고 목장에서 나누고 영적 전투를 같이하지 않으면 신앙을 유지하기 힘듭니다. 제아무리 제자라도, 신앙고백까지 했다 하더라도 '거기까지'입니다. 우리도 예외가 아닙니다. 바리새인, 사두개인 무리 같은 가족이 "오픈은 무슨 오픈이야. 집안 망신시킬 일 있냐?" 하면 불신앙의 영향을 계속 받을 수밖에 없습니다.

"내가 얼마나 너희와 함께 있으며 얼마나 너희에게 참으리요"라고 하십니다. 지금은 주님이 함께 계시지만 앞으로 얼마나 더 함께 계시겠습니까? 육이든 영이든 때가 되면 자립해야 하는데 신앙생활에서 성인 아이(adult child)가 많습니다. 제자들이 이랬습니다. 더구나 패역한 무리는 어떻게 해서든 트집을 잡아 예수님을 음해하려 합니다. 그러니 예수님도 더 이상 참기가 힘드십니다. 우리는 주로 내 자존심 때문에, 내 말을 듣지 않는 자녀, 배우자 때문에 참을 수가 없는데, 예수님은 제자들의 믿음이 자라지 않아서, 패역한 무리가 돌이키지 않아서 참을 수가 없습니다. 분노가 아니라 하나님의 애통이자 탄식입니다.

죄와 슬픔에 탄식하면 스트레스가 많을 수밖에 없습니다. 배우자와 자녀가 예수도 안 믿고, 세상에 빠져 집을 나갔는데 어떻게 행복하게 웃을 수 있겠습니까? 주님처럼 탄식해야 합니다. 그리고 "그를 이리로 데려오라" 하시는 예수님 앞으로 문제 많은 내 자녀, 내 배우자를 데려가야 합니다.

이에 예수께서 꾸짖으시니 귀신이 나가고 아이가 그 때부터 나으니라
_마 17:18

귀신은 무서움의 대상이 아니라 꾸짖음의 대상입니다. 무서워하지 말고 꾸짖어야 합니다.

제 남편은 사랑이라는 이름으로 의처증 기질이 다분했습니다. 일주일 동안 한 시간도 바깥출입을 못 하게 하고 종일 전화로 제가 집에 있는지 확인했습니다. 그런데 제가 말씀으로 양육이 안 되어 있을 때는 그런 남편이 너무 무서웠습니다. 상대를 불쌍히 여기면서 그 영혼을 꾸짖어야 하는데, 무서워하기만 했습니다.

하지만 귀신은 예수님을 보면 나가게 되어 있습니다. 예수님 보는 것은 자기 부인이고, 자기 부인은 예수님을 시인하는 것이라고 했습니다. 그러니 내 배우자가 의처증, 의부증 걸려도 그렇습니다. 달라져야 할 사람은 그런 배우자가 아니라 나 자신입니다. 내가 달라져야 합니다. 나를

144

부인해야 합니다. 그래야 가정이 살아납니다.

이 아버지도 자기 아들이 미쳐서 심히 고생하고 있다고, 하기 힘든 이야기를 오픈했습니다. 이것이 자기 부인이고 주님을 시인한 것입니다. 예수님께 오픈하면 그 속의 귀신이 예수님을 보고 거꾸러집니다. 어떤 의처증, 의부증도 내 믿음이 확실하면 거꾸러집니다.

개도 자기를 무서워하는 사람을 보면 더 짖어 대고 달려듭니다. 눈을 똑바로 노려봐야 개가 도망갑니다. 그러니 우리도 죽으면 죽으리라 하고 귀신을 꾸짖어야 합니다. 예수님의 이름으로 꾸짖어야 합니다.

자녀 문제도 그렇습니다. 귀신은 언제나 내가 귀하디귀하게 여기는 외아들, 외딸에게 들어갑니다. '바라보는 것도 아까운 내 딸, 내 아들' 하며 애지중지하니까 내 자녀가 귀신에 사로잡히는 것입니다. 그러니 마냥 애지중지할 게 아닙니다. 꾸짖어야 할 때는 꾸짖어야 합니다. 사랑으로, 긍휼히 여김으로 꾸짖어야 합니다. 주님이 꾸짖어 주시기를 기도해야 합니다.

> 이 때에 제자들이 조용히 예수께 나아와 이르되 우리는 어찌하여 쫓아내지 못하였나이까_마 17:19

바리새인, 사두개인은 예수님께 물어보지도 않습니다. 그에 비하면 제자들은 늘 예수님께 물어봅니다. 이 점만큼은 제자들을 높이 살 만합니다. 예수님을 팔아넘긴 유다는 "너희 중의 한 사람이 팔리라" 하니까 예수님께 입 맞추고 나가 버렸지만, 나머지 제자들은 겁을 집어먹고 "나는 아니지요"라고 서로 물어봤습니다(마 26:21~22). 우리가 설교를 듣고 날마다 큐티를 해도 그렇습니다. 어떤 말씀을 주시든 '아, 내게 주시는 말씀인

가요?' 해야 합니다. 그런 사람에게 소망이 있습니다.

◆ 믿지 않는 내 부모, 가족, 친구들을 보며 구원을 향한 애통함이 있습니까? 그
  저 만나면 좋다고 하면서 불신앙의 영향을 지속적으로 받고 있습니까? 가족
  을 전도하는 것이 영적 전투임을 인식하고 말씀과 기도로 매일 무장하고 있
  습니까?

산을 옮기는 믿음을 가지려면
한 알의 겨자씨처럼 썩어지고 죽어져야 합니다

앞서 19절에서 제자들은 예수님께 자기들은 왜 귀신을 못 쫓아냈느
냐고 묻습니다. 되었다 함이 없는 자기들의 문제를 스스로 알지 못합니
다. 세 제자만 변화산에 데려가니 남아 있던 제자들에게는 심지어 시기와
질투의 마음도 없지 않습니다.

우리도 마찬가지입니다. '왜 내 남편, 내 자녀는 안 되는가', '왜 나는
용서가 안 되고 사랑이 안 되는가!' 합니다. "그러니 주님, 우리도 힘듭니
다" 하는 것입니다. 그런 제자들에게 주님이 이렇게 답하십니다.

이르시되 너희 믿음이 작은 까닭이니라 진실로 너희에게 이르노니 만
일 너희에게 믿음이 겨자씨 한 알 만큼만 있어도 이 산을 명하여 여기서
저기로 옮겨지라 하면 옮겨질 것이요 또 너희가 못할 것이 없으리라
_마 17:20

그래도 믿음이 없다고는 하지 않으셨습니다. 작다고 하십니다. 그렇다면 산을 옮기는 믿음이란 어떤 믿음입니까? 본문에 보니 '겨자씨 한 알만큼'의 믿음이라고 합니다. 99%가 성품이고 믿음은 고작 1%라는 것입니다.

겨자씨와 산은 그 크기만 가지고는 어차피 비교의 대상이 아닙니다. 겨자씨는 너무나 작습니다. 하지만 그 작은 겨자씨가 땅에 떨어져 죽어짐으로 생명이 피어납니다. 겨자씨만 한 믿음이라는 것은 곧 생명력을 말합니다. 살아 있는 믿음입니다. 그런데 제자들에게는 그런 겨자씨만큼의 믿음이 없으니 생명을 살리지 못합니다. 아이도 못 고치고, 귀신도 못 쫓는 것입니다.

우리도 예외가 아닙니다. 내 남편, 내 자녀 때문에 속상했던 감정의 1%만 가지고 다른 영혼의 구원을 위해 기도해도 놀라운 역사가 일어나는데 우리는 그 1%를 남을 위해 못 씁니다. 내 남편과 내 자식을 생각할 때 마음 아팠던 그 긍휼의 마음을 1%도 베풀지 못해서 나도 힘들고 남도 힘들게 합니다.

겨자씨만 한 믿음은 결코 내 힘으로 가질 수 없습니다. 억만금을 준다 해도 얻지 못합니다. 먼저 자기 부인이 되어야 합니다. 내가 달라져야 합니다. "아버지가 교회 다니더니 달라졌네", "어머니도 약간 달라졌어." 자녀들로부터, 이웃으로부터 이런 얘기를 들어야 합니다.

(없음)_마 17:21

KJV(King James Version) 성경에는 이 절에 "이런 류는 기도와 금식 외에는 나가지 않는다"라고 기록되어 있습니다. 마가복음 9장 29절에도

"이르시되 기도 외에 다른 것으로는 이런 종류가 나갈 수 없느니라 하시니라" 하고 기록되어 있습니다.

마가복음은 이방인을 대상으로 썼기에 기도를 언급했고, 마태복음은 유대인을 대상으로 썼기에 뺐다고 생각됩니다. 제자들이 겨자씨처럼 죽어질 생각은 하지 않고 기도의 본질을 놓친 채 고쳐 달라고 기도하고 금식하면서 산으로 들로 갈까 봐 그랬을 것 같습니다. 예수님 죽인 유대인들, 바리새인들이 툭하면 기도하고 금식하니까 마태가 이 구절을 빼지 않았을까요?

우리의 기도도 그렇습니다. 내가 겨자씨 되게 해 달라고, 죽어지게 해 달라고 기도해야 합니다. 무조건 내 아이를 고쳐 달라면서 이곳저곳 다니며 기도하고 금식한다고 고침을 받는 것이 아닙니다. 겨자씨의 믿음은 내가 십자가 지고, 죽어지는 것입니다. 그래야 고침을 받습니다. 생명이 살아납니다. 부활하는 것입니다.

> 22 갈릴리에 모일 때에 예수께서 제자들에게 이르시되 인자가 장차 사람들의 손에 넘겨져 23 죽임을 당하고 제삼일에 살아나리라 하시니 제자들이 매우 근심하더라 _마 17:22~23

겨자씨만 한 믿음은 죽어지는 것이라며 또다시 고난의 복음을 전하시니 제자들은 심히 근심합니다. 아무리 말씀을 들어도 성령이 임하지 않으면 고난 이야기가 두렵습니다. 앉으나 서나 기복주의에 치우쳐 있어서 그렇습니다. 교회 다니면서도 십자가에는 관심도 없고 그저 돈 잘 벌고 자녀들이 잘되는 게 우리의 소원, 꿈에도 소원입니다.

제자들도 예수님과 함께 다녔지만 마태복음 16장에 오병이어와 칠병이어까지만 좋아했습니다. 17장의 신앙고백 이후부터 고난받고 죽으실 것을 말씀하시니 제자들이 예수님을 의심하기 시작했습니다. 부활은 믿어지지 않고, 죽는 것도 너무 싫기 때문입니다.

예수님은 제자들에게 귀신 쫓는 권능을 이미 주셨습니다(마 10:1). 누가복음에 보면 제자들이 병을 고치기도 했습니다. 그럼에도 마지막에 갈 길이 십자가라는 말씀은 이해하지 못합니다. "살아나리라" 하시는 부활의 말씀은 귀에 들어오지도 않고 그저 "죽임을 당하리라"는 말씀만 들립니다. 그러니 매우 근심하는 것입니다. "그리 마옵소서" 하며 초막 짓고 살자고 한 베드로와 똑같습니다. 예수님을 의심하고 근심하는데 무슨 능력을 얻겠습니까? 의심이 틈타면 능력을 행할 수도 없습니다.

앞서도 언급했듯이 음부의 세력을 세 가지로 요약하면 죄와 슬픔과 죽음이라 할 수 있습니다. 그런데 십자가는 두렵고, 오직 병 나음과 자녀 성공만 목적이 되면 이 죄와 슬픔과 죽음의 문제를 해결받지 못합니다. 주님은 구원을 위해 병을 고쳐 주시지만, 우리의 목적이 딴 곳에 있으면 치유받기 힘듭니다.

목회를 하면서 믿음과 학벌은 전혀 상관없다는 걸 자주 경험했습니다. 학벌이 없어도 오히려 능력이 있고, 사람을 더 많이 살리는 경우를 봅니다. 십자가 이야기를 두려워하지 않고 받아들이기 때문입니다. 목사인 제가 전하는 말에도 한 치 의심하지 않습니다. 십자가와 부활에 대한 의심이 없어야 능력 있는 사역을 할 수 있습니다. 정말 믿음은 학벌과 상관이 없습니다. "그가 우리를 위하여 목숨을 버리셨으니 우리가 이로써 사랑을 알고 우리도 형제들을 위하여 목숨을 버리는 것이 마땅하니라"(요일 3:16).

오직 믿음으로 승리할 수 있습니다. 고통받는 형제들의 눈물을 닦아 줄 수 있습니다. 그런데도 우리는 내 목숨 버리기가 너무나 싫습니다. 예수님은 우리를 위해 목숨을 버리셨는데, 우리는 날마다 나 잘 먹고 잘살려고 기복으로 기도하고 금식합니다. 속히 우리의 기도가 바뀌어야 합니다. "겨자씨 되게 해 달라, 잘 죽게 해 달라"고 기도해야 합니다.

◆ 내가 예수 믿고 교회 다니는 가장 큰 이유가 무엇입니까? 십자가 복음에 감사해서입니까, 아니면 가족 건강과 행복이 제일 큰 목적입니까? 오랫동안 신앙생활을 하면서도 내 식구가 잘되는 것만이 유일한 기도 제목 아닙니까? 오늘 내가 희생하고 인내해야 할 삶의 현장에서 잘 죽게 해 달라는 기도를 하고 있습니까?

산을 옮기는 믿음을 가지려면
사소한 일에도 의무를 다해야 합니다

저의 아들딸은 대학 입학을 위해 삼수를 했습니다. 두 자녀가 연이어 장장 5년 동안 입학시험을 치렀습니다. 그래서인지 입시 철이 되면 저는 그때 기억이 새록새록 떠오릅니다. 자녀들이 대학에 가야 사역에 전념할 수 있을 것 같아 빨리 대학 붙기를 원했는데 계속해서 떨어지니 그럴 수가 없었습니다. 온 세계가 나를 오라고 불러도 갈 수가 없었습니다. 그래서 오롯이 집에 갇혀 큐티만 했는데, 오늘날 여기까지 사역이 이어졌습니다. 자녀들이 대학에 척척 붙고, 그래서 저를 부르는 곳마다 다 갔더라면 오늘날의 저는 없었을 것입니다.

여러분이 옮기고 싶은 태산은 무엇입니까? 입신출세와 가문의 영광, 병 낫는 것입니까, 자녀가 좋은 대학에 붙는 것입니까, 좋은 집을 갖는 것입니까?

초등학교 아이들이 달을 보고 무슨 소원을 비는가 했더니 아빠 술 담배 끊는 것과 부자 되는 거랍니다. 그러나 제자 된 우리가 옮겨야 할 산은 각종 병과 고통받는 자들을 섬기는 것입니다. 그렇다면 이런 산을 옮기는 겨자씨가 되기 위해 우리가 적용해야 할 것은 무엇일까요?

> 24 가버나움에 이르니 반 세겔 받는 자들이 베드로에게 나아와 이르되 너의 선생은 반 세겔을 내지 아니하느냐 25 이르되 내신다 하고 집에 들어가니 예수께서 먼저 이르시되 시몬아 네 생각은 어떠하냐 세상 임금들이 누구에게 관세와 국세를 받느냐 자기 아들에게냐 타인에게냐 26 베드로가 이르되 타인에게니이다 예수께서 이르시되 그렇다면 아들들은 세를 면하리라_마 17:24~26

산을 옮기는 겨자씨가 되려면 성전세부터 내야 합니다. 성전세를 받는 이들이 베드로에게 "너의 선생이 세금을 내시냐?" 하고 물었습니다. 베드로가 "내신다, 왜?" 이렇게 답하고 집으로 들어갔습니다. 그러자 주님이 양육해 주십니다.

"네가 나를 살아 계신 하나님의 아들이라고 고백했는데, 주인이 아들에게 집세를 받는 것 봤냐? 나는 아들이니까 낼 필요가 없다. 그런데 너는 내가 하나님의 아들인 것을 온전히 알지 못하고 고백한 것이다. 베드로 너는 반 세겔 내야 하지만 나는 안 내도 된다"는 것입니다. 그러나 다음 구절에 반전이 있습니다.

그러나 우리가 그들이 실족하지 않게 하기 위하여 네가 바다에 가서 낚
시를 던져 먼저 오르는 고기를 가져 입을 열면 돈 한 세겔을 얻을 것이
니 가져다가 나와 너를 위하여 주라 하시니라_마 17:27

예수님은 굳이 성전세를 안 내도 되지만, 오해받지 않기 위해서 내
신다는 것입니다. 이 말씀에 인용된 원어가 '스캔들(scandal)'입니다. 구설
수, 걸림돌이 되지 않기 위함입니다. 베드로, 야고보, 요한에게는 변화산
의 영광을 보여 주셨지만, 부활을 보지 못하고 예수 믿지 않는 이 세상 사
람들을 위해서는 성전세까지 내시는 주님이십니다. 이 땅에 육신으로 오
셨기에 세상 법에 복종하겠다는 것입니다. 그런데 무조건 복종이 아닙니
다. 이 또한 구원을 위해서입니다. 우리도 구원을 위해 분별하면서 복종
해야 합니다.

구원을 위해 세상 법에 복종하여 성전세를 내기로 했더니 이제 어떤
일이 일어납니까? 물고기 입에 한 세겔이 들어 있는 것입니다. 내가 기득
권을 포기하고 안 내도 되는 성전세를 내기로 하면 이렇게 기적적인 방법
으로, 딱 맞는 한 세겔을 주십니다. 우리는 그래서 날마다 이 은혜의 한 세
겔을 구해야 합니다. 그리하면 주님이 나와 함께 짐을 져 주십니다. 순종
하기로, 세금을 내기로 마음먹으면 주님이 한 세겔의 은혜를 주십니다.

세금을 내는 적용을 하신 한 집사님의 나눔입니다.

저는 SUV를 타다가 지금은 경차를 타고 다닙니다. 경차로 바꾸니 좋은
점이 한두 개가 아닙니다. 우선 기름값이 반으로 줄어서 좋고 주차비도
반이니 너무 좋습니다. 그리고 조용해서 좋고 낮아져서 좋습니다. 이번에
차를 바꾼 이유가 있습니다. 구청에서 세금을 내지 않으면 허가해 준 사

업을 취소하겠다는 연락이 왔기 때문입니다.

처음엔 '그래 취소하려면 해 봐라! 돈이 없는데 어쩔 도리가 없잖아' 하는 생각도 들었습니다. 하지만 돈 없는 게 무슨 자랑인가요. 돈이 없는 것은 내 삶의 결론이고, 자랑거리가 아니라 수치라는 것이 깨달아져 타고 다니는 SUV를 공매해서 일단 세금을 내기로 했습니다. 그런데 그 차는 할부금과 세금, 각종 공과금으로 자동차 원부가 3장을 넘어 공매된다 해도 돌려받을 금액이 남기는커녕 더 충당해야 했습니다.

그러니 또다시 세상적인 걱정이 앞섰습니다. 그동안 모아 두었던 돈으로 경차를 사 버렸고 병원비로 결제 대금을 써 버렸기 때문에 당장 말일에 결제해 줄 자금이 걱정이었습니다. 그런데 아내는 그 속사정도 모르고 제가 적용을 잘못했다고 지적했습니다. 모아 놓은 돈으로 밀린 공과금을 포함해서 세금을 냈어야 했다는 것입니다. 저는 '이 사람이 사정을 몰라도 너무 모르는구먼. 그 돈을 모아 놓지 않았다면 경차라도 살 수 있었겠냐. 나는 지금 결제 대금 때문에 걱정하고 있는데 같이 걱정해 주지는 못할망정 불을 질러라 질러' 하는 소리가 목구멍까지 올라왔습니다. 하지만 저는 "지금 사정이 어려우니 지난 일은 나중에 생각하고 결제 대금부터 걱정하자"고 했습니다. 그런데 아내는 세금 내는 적용을 하면 하나님이 채워 주신다는 것이었습니다. 그러고는 이튿날 아침에 일어나자마자 큐티 책을 펴들더니 "그래, 세금 내는 적용을 했어야 했어" 하면서 염장을 질렀습니다. 화가 났지만, 목사님이 "적용은 누구나 할 수 있는 게 아니다" 하고 말씀하시던 기억이 났습니다. 내가 적용할 줄 모르는구나 싶었습니다. 생활이 어렵다고 세금에 대해 너무 무심했던 게 사실입니다. 결국 저는 차량이 공매되고 그래도 남는 세금이 있으면 최우선으로 세금부터 내기로 했습니다.

이렇게 사소한 적용부터 하고 가야 합니다. 이분도 세금 내는 적용이 처음부터 된 게 아닙니다. 우리들교회 오고 말씀 들은 지 몇 년 만에 이렇게 적용하기 시작했습니다. 하루아침에 되지 않습니다. 사소한 것부터 산을 옮겨 가야 합니다. 그리고 이분이 경차를 타면서 자기 죄를 보셨답니다. 큐티 본문인 로마서 14장 10절 말씀 "네가 어찌하여 네 형제를 비판하느냐 어찌하여 네 형제를 업신여기느냐 우리가 다 하나님의 심판대 앞에 서리라"를 묵상한 내용을 이렇게 나누었습니다.

로마서 14장을 묵상하면서 제가 SUV 탈 때를 생각해 봅니다. 저는 운전 습관이 아주 안 좋습니다. 다른 차가 끼어들면 참지 못합니다. "나보다 바쁜 사람 있어?", "깜빡이 좀 켜고 끼어들어라! 이 ○○○야!", "여자들이 말이야, 집에서 밥이나 할 것이지……." 옆에 탑승한 사람이 민망하리만큼 상스러운 말과 욕을 해 댔습니다. 그리고 경차가 끼어들면 더욱 업신여기며 "장난감 차를 타고 다니면서 말이야. 저것도 차냐" 하며 비아냥거렸습니다. 그런데 그 경차를 제가 몰고 있습니다. 제가 남을 업신여겼기 때문에 이제는 업신여김의 대상이 된 것입니다. "네가 어찌하여 네 형제를 비판하느냐 어찌하여 네 형제를 업신여기느냐 우리가 다 하나님의 심판대 앞에 서리라"(롬 14:10)는 말씀을 보고 저의 잘못을 회개합니다. 차를 보고 그 사람을 판단하던 저를 회개합니다. 하나님이 언제나 옳으심을 알게 해 주셔서 감사드립니다. 업신여김으로 업신여김당하게 하심에 감사드립니다. 업신여김을 회개하게 하심에 감사드립니다.

이렇게 내 죄를 조금씩 알아 가는 겁니다. 이번에는 한 여자 집사님의 나눔입니다.

남편의 여자에게서 문자가 왔습니다. 자신의 개인 홈페이지를 보라고 합니다. "아줌마 어떻게 할래?" 이럽니다. 집으로 돌아와서 우리들교회식으로 두 딸이 있는 데서 나누려고 여자가 이른 대로 홈페이지를 열어 보았습니다. 아이 사진이 있었습니다. 한 달 정도 된 사내아이……

아이들과 저는 막막하기 이를 데 없었습니다. 그러나 우리들교회에서 들어 온 말씀이 있었기에, 우리 세 여자는 담담하게 "어차피 예상했잖아. 이것도 감당해야지", "드디어 때가 이르러 선물을 주시는구나" 했습니다. 하지만 마음은 요동했고 가슴은 터져 나가는 것 같았습니다.

잠시 후 작은아이 방에서 오열하는 소리가 들렸고 큰아이 역시 뒤이어 울기 시작했습니다. 들어가서 아이들을 달랬습니다. "지금 가장 힘든 사람이 누구겠냐? 예수 모르는 아빠잖니. 불쌍히 여기고 우리가 기도해야지. 너희가 엄마와 합력해야 선을 이룰 수 있어. 엄마는 하나님만 바라볼 것이고 너희가 같은 곳만 바라봐 주면 더 바랄 게 없어" 하며 아이들을 다독였습니다.

변함없이 아빠를 사랑하고, 태어난 동생을 불쌍히 여겨야 하며, 여느 때와 다름없이 아빠에게 요동하지 않는 모습을 보여야 한다고도 했습니다. 예수가 없으니 너무나 어리석은 일을 벌이고도 정죄감조차 없는 남편이 불쌍합니다.

'주님, 감사합니다. 드디어 제가 내려가야 할 곳을 알려 주셨습니다. 이제 산을 내려가 바랄 수 없는 것도 바라고 가야 한다고 하시니, 저에게 주신 이 사건을 통해 나의 산 제사를 드리며, 주님의 일을 이루는 데 쓰이기를 간구합니다.'

남편이 다른 여자와 낳은 아이의 사진을 보고 이 집사님이 이런 나눔을 했습니다. 산을 옮기는 것이 대단한 일이 아닙니다. 말씀만 있으면 어떤 강력한 음부의 권세도 뚫고 나갈 것입니다. 찬송가에서도 저 높은 곳을 향하여 '날마다' 나아간다고 하지 않습니까. 단번에 가는 것이 아닙니다. 험하고 높은 길을 믿음으로 싸우고 오르며, 산을 옮기는 믿음이 되어 갑니다. 내 자녀와 배우자가 변하지 않아도 그 상황을 객관적으로 인정하면서 복음으로 꾸짖고 가야 합니다. 나의 고난으로 다른 사람을 살리고 가야 합니다.

◆ 예수님을 만난 내 고난의 간증을 나누고 오픈하는 것이 선교이고 전도의 능력인 것을 믿습니까? 이 시대의 순교는 혈기를 다스리는 것입니다. 예수님 때문에 삶의 현장에서 혈기를 다스리고, 마땅히 내야 할 세금을 내며 사소한 일에도 순종합니까?

◆◆◆

내가 달라져야 합니다. 나를 부인해야 합니다.
그래야 가정이 살아납니다.

◆◆◆

말씀으로 기도하기

죄와 슬픔이 가득한 세상에서 유람선을 타고 가는 것이 아니라 전투함을 타고 가는 것이 성도의 인생입니다. 변화산에서 주님의 영광을 보고 내려온 제자들에게 한 사람이 간질로 심히 고생하는 아들을 데려옵니다. 제자들이 예수님을 따르며 최고의 영광을 보았지만 사역에만 관심이 있고 사람에게는 관심이 없었기에 그를 고치지 못합니다.

산을 옮기는 믿음을 가지려면 날마다 영적 전쟁을 잘 치러야 합니다 (마 17:14~19).

주일에 은혜를 받았다고, 큰 영광을 봤다고 능력이 유지되는 게 아닙니다. 영적 전투가 치열한 세상 속에서 생명의 일을 하기 위해 날마다 큐티하고 목장에서 나누며 능력을 갖추기 원합니다. 예수님이 꾸짖으시니 귀신이 나갔습니다. 귀신은 무서움의 대상이 아니라 꾸짖음의 대상입니다. 나와 내 가족에게 있는 악의 세력을 말씀과 기도로 꾸짖고 사랑과 긍휼로 꾸짖으며 승리하게 하옵소서.

산을 옮기는 믿음을 가지려면 한 알의 겨자씨처럼 썩어지고 죽어져야 합니다 (마 17:20~23).

겨자씨가 작아도 거기에 생명이 있기에 큰 능력이 있습니다. 겨자씨는 썩어지고 죽어져야 열매를 맺는데, 십자가 가르침을 듣고 심히 근심하는 제자들처럼 아직도 죽어지기 싫은 내 모습을 회개합니다. 나의 기득권과 변명을 내려놓고 죽어짐으로 산을 옮기는 믿음이 되기를 기도합니다.

산을 옮기는 믿음을 가지려면 사소한 일에도 의무를 다해야 합니다
(마 17:24~27)

만물의 주인이신 하나님의 아들 예수님께서 세상의 오해를 받지 않도록 세금을 준비하십니다. 세금을 정확하게 내고 사소한 일에도 의무를 다하는 것이 산을 옮기는 믿음입니다. 사소한 일부터 순종하며 잘 죽어질 때 태산 같은 인생의 문제들도 해결될 것을 믿습니다. 날마다 꼭 필요한 한 세겔의 은혜를 주시는 하나님을 찬양하며 감사의 기도를 드립니다.

우리들 묵상과 적용

엄마는 자식들뿐만 아니라 아버지도 의지하는 분이었습니다. 어려운 일이 있을 때마다 골방에 들어가 울면서 기도하시는 엄마의 소리에 가슴이 쿵 내려앉지만 골방에서 나오실 때면 엄마는 환한 얼굴로 찬송을 부르셨고 우리에게 나아갈 바를 말씀해 주셨습니다. 이렇듯 영적 가장으로서 너그럽고 총명하고 지혜롭던 엄마가 10여 년 전 뇌경색으로 쓰러지셔서 모든 감성과 지성이 변해 버린 모습으로 고통을 호소하셨습니다. 저는 하나님을 평생 섬긴 엄마가 이렇게 초라한 모습이 된 상황이 이해되지 않았습니다. 그래도 하나님은 우리를 이렇게 버리지는 않으시리라 믿으며 하루하루를 힘겹게 버텼습니다.

그러던 중 동네 근처 교회에서 신유 집회가 열린다는 소식을 듣고 언니는 들것에 중풍병자를 메고 예수님을 찾아가서 지붕을 뜯고 달아 내린 그 심정으로 엄마를 모시고 나가 보자고 했습니다. 쉴 새 없이 무언가를 요구하고 힘겨워하는 엄마를 휠체어에 모시고 우리 교회도 아닌 낯선 교회로 수치를 무릅쓰고 주님 앞에 고쳐 달라고 엎드렸습니다. 집회 강사님은 엄마를 위해 기도해 주시며, 지붕을 뚫고 중풍병자를 달아 내린 그 심정으로 나아온 것을 안다, 하나님 마음이 합하시면 오늘 안이라도 엄마를 일으키실 수 있다고 하셨습니다. '정말 속을 꿰뚫어 보시는구나, 하나님은 우리를 지켜보시는구나' 하며 '이제 어찌하면 되는가' 하고 물으니, 엄마의 병은 엄마의 죄 탓이라고, 목사님께 무언가 잘못한 것이 있을 텐데 잘 생각해 보라고 하셨습니다. 온전한 몸과 정신이 아닌 엄마지만 잘 모르겠다고 하셨고, 우리 역시 최선을 다해 교회와 목사님들을 섬겨 온 엄마를 봐 왔기에 그 말에 동의할 수 없었습니다. 그래도 어떻게든 엄마를 일으켜 주시길 간구했지만 병은 심해지고 낫지 않았습니다. 그러면서 이 괴로운 상황을 잘 참아 내고 있다는 내 의로움이 높아지고 주님 앞에 당연히 요구하는 마음만 커져 갔습니다.

모든 병을 치유하시는 능력의 예수님께서 십자가에서 죽임을 당하셨습니다. 믿는 자에게도 환난과 죽음이 닥치지만, 믿음으로 옮겨지는 산은 환난과 죽음이 없어지는 것이 아니라 그 상황을 뛰어넘어 부활의 주님을 바라보는 것이라고 하십니다(마 17:20). 엄마는 이 땅에서는 자기 침상을 들고 걸어가지 못한 채 끝내 돌아가셨지만, 주님은 천국에서 다시 만날 그날을 기다리게 하시고, 죄가 무엇이며 왜 고침받지 못하셨을까 하고 마음을 억누르던 저의 산을 옮겨 주셨습니다. 오늘도 거듭거듭 내게 있는 죄악의 산을 옮기고 거룩을 향해 가는 발걸음이길 소망합니다.

영혼의 기도

하나님 아버지, 죄와 슬픔과 죽음이 가득한 이 땅에서 우리를 끌어올리시려고 우리 배우자와 자녀와 환경이 수고를 합니다. 이제 예수님의 발아래 꿇어 엎드려 체면과 자존심을 모두 내려놓고 아뢰는 한 사람이 되기 원합니다.

겨자씨만 한 믿음이 없어서 고치지 못하는 나 자신을 보게 하옵소서. 태산이 무너지기 원합니다. 남편 태산, 아내 태산, 이혼의 태산, 성 중독과 마약중독의 태산이 무너지기 원합니다. 어떻게 하겠습니까. 세금 내고 예배 참석하기 원합니다. 사소한 것부터 시작하면 무서운 태산들이 무너지게 될 줄 믿습니다.

우리 자녀들 속의 귀신을 꾸짖습니다. 자녀들에게 있는 귀신이 물러가고 내 속의 귀신이 물러가기 원합니다. 예수님의 이름으로 꾸짖습니다. 말씀대로 꾸짖습니다. 예수를 믿지 못하게 하는 귀신들을 말씀에 의거하여 꾸짖사오니 이제 주님께로 나오는 우리가 될 수 있도록 역사하여 주옵소서. 예수님 이름으로 기도하옵나이다. 아멘.

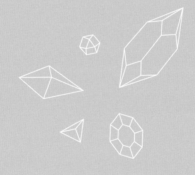

8

천국에서 큰 자

마태복음 18:1~14

> 하나님 아버지,
> 천국에서 큰 자는 어떤 사람인지
> 말씀하여 주옵소서. 듣겠습니다.

의사 아들, 변호사 아들, 목사 아들이 유치원에서 놀고 있었습니다. 의사 아들이 친구들에게 뽐내면서 이렇게 말했습니다. "우리 아빠는 손님 한 사람 왔다 가면 백 불씩 번다!" 변호사 아들도 대꾸합니다. "우리 아빠는 손님 한 사람 왔다 가면 천 불씩 벌어!" 가만히 듣고 있던 목사 아들이 입을 열었습니다. "우리 아빠가 기도하고 나면 여덟 명이 돈 걷으러 다녀!"

우스갯소리이지만 유치원에서도 이렇게 누가 큰 자냐고 다툽니다. 본문의 제자들도 천국에서 누가 크냐고 예수님께 물어봅니다.

> 그 때에 제자들이 예수께 나아와 이르되 천국에서는 누가 크니이까
> _마 18:1

지난 17장에서 겨자씨 믿음은 산을 옮길 만한 믿음이고, 십자가 부활을 믿는 믿음이라고 했습니다. 태산이 무너지기 위해 우리는 세금부터 내고 사소한 적용부터 해야 한다고 했습니다. 제자들이 예수님을 따라다

니면서도, 그저 로마 식민지에서 언제 해방될까만 고대하고 있는데, 예수님은 자꾸만 고난과 죽음, 부활을 이야기하시니 제자들이 아주 골치가 아픕니다. 그래서 이제 제자들이 "그래요, 주님 알았어요! 세상에서 큰 자되는 건 포기할게요. 그러면 주님이 말씀하시는 그 나라, 주님의 나라에서는 누가 큰 자가 되는데요?"라고 묻습니다.

제가 늘 환난당하고 빚지고 원통한 자는 우리들교회에 오라고 외쳐서인지 정말 힘든 분들이 많이 오십니다. 그런데 그중 간혹 이런 질문을 하는 분이 계십니다.

"저는 비록 망해서 이 교회에 왔지만, 한때는 세상 잘 나가던 사람이었습니다. 그러면 교회에서 저는 큰 자입니까, 작은 자입니까?"

말로는 큰 자가 누구냐고 묻지만, 속에는 세상 가치관이 가득합니다. 이것은 예수님이 베드로와 요한, 야고보를 데리고 변화산에 다녀오셨을 때 남은 제자들이 귀신을 쫓지 못한 본질적인 이유가 드러나는 질문입니다. 산에 올라간 제자들은 성공하고, 남은 자기들은 실패했다고 여기면서 자기들끼리 "내가 더 크다" 하고 자리 다툼한 것이나 다름없습니다.

이 질문은 시공간을 초월한 질문입니다. 교회에 와서도 세상 가치관을 가지고 "누가 더 크냐"며 직분 문제로 밤낮 싸웁니다. 그러면 본문에서 예수님이 말씀하시는 천국에서 큰 자는 어떤 사람일까요?

어린아이와 같은 자를 큰 자라고 하십니다

1 그 때에 제자들이 예수께 나아와 이르되 천국에서는 누가 크니이까
2 예수께서 한 어린 아이를 불러 그들 가운데 세우시고 3 이르시되 진실

로 너희에게 이르노니 너희가 돌이켜 어린 아이들과 같이 되지 아니하면 결단코 천국에 들어가지 못하리라_마 18:1~3

예수님은 항상 내 주위 사람들을 모델로 쓰십니다. 그리고 "어린아이들과 같이 되지 않으면 천국에서 작은 자다"고 하지 않으시고, 아예 천국에 들어가지 못한다고 하십니다. 그러면 천국에 들어가는 자격을 얻으려면 어린아이의 어떤 특징을 가져야 하는 걸까요?

그러므로 누구든지 이 어린 아이와 같이 자기를 낮추는 사람이 천국에서 큰 자니라_마 18:4

어린아이의 여러 특징 중에서도 가장 먼저 자신을 낮추는 것을 말씀하십니다. 마태복음 11장 11절에는 "내가 진실로 너희에게 말하노니 여자가 낳은 자 중에 세례 요한보다 큰 이가 일어남이 없도다 그러나 천국에서는 극히 작은 자라도 그보다 크니라"고 말씀하셨습니다. 이때는 어린아이를 '극히 작은 자'라고 하셨습니다. 그런데 이번에는 '어린아이 같은 자'라고 하십니다.

요새 저는 손녀들을 보는 것이 낙입니다. 어쩌면 이렇게 예쁠까 생각해 보니 내 손녀니까 예쁜 것 같습니다. 손녀들이 저에게 돈을 줍니까, 저의 일을 도와줍니까? 혼자서는 아무것도 할 줄 모릅니다. 돌보는 데 돈과 시간, 엄청난 정성이 듭니다. 그런데도 무조건 엄마에게 의지하고 안기니까 그게 예쁩니다. 무조건 엄마 품을 파고듭니다. 그 기쁨 때문에 부모가 자녀를 키웁니다.

완전한 자가 큰 자가 아니라, 어린아이처럼 '나는 아무것도 모른다'

는 것을 아는 자가 큰 자입니다. 스스로 자신이 겸손하다고 생각한다면 이미 큰 자가 아닙니다. 어린아이에게는 그래서 무지한 겸손이 있습니다. 하지만 점점 자라나고, 아는 것이 많아지면 겸손은 사라집니다. 알 것 다 알면서 겸손하기란 인간으로서 불가능합니다. 어린아이는 큰 죄도 짓지 않습니다. 오히려 도덕과 윤리와 법을 배운 어른이 큰 죄를 짓습니다. 그래서 하나님은 다윗을, 바울을 알맞은 고난으로 겸손하게 하셨습니다. 갖춘 만큼 고난을 더하여 주셨습니다. 우리에게 알맞은 고난을 주셔서 나를 낮추시고, '나는 아무것도 할 수 없다' 깨닫게 하시는 것이 축복입니다. 우리는 자존적인 교만을 스스로 낮출 수 없기 때문입니다.

> 이르시되 진실로 너희에게 이르노니 너희가 돌이켜 어린 아이들과 같이 되지 아니하면 결단코 천국에 들어가지 못하리라 _마 18:3

'돌이켜 어린아이들과 같이 되라'고 하십니다. 하지만 아는 게 많으면 단순해지기가 참 어렵습니다. 저 역시나 큐티를 하면서도 또 다른 교만이 쌓여 가는 것을 느낍니다. 큐티도 안 하면서 비판하는 사람을 보면 불쌍히 여기기보다는 상대하고 싶지 않습니다. 이런저런 일로 은혜받았다고 좋아하는 사람을 보면 '큐티도 안 하고, 저 은혜가 얼마나 갈까?' 걱정하는 또 다른 교만이 올라옵니다.

어떤 분이 큐티 사역을 참 잘하신다는 이야기를 들었습니다. 그런데 그 이야기를 듣는 순간 제 입에서 "그 사람 내 모임에 왔었는데!"라는 말이 툭 튀어나옵니다. 금세 '아, 실수다' 생각했습니다. 그런 말은 안 해도 되는데 자동으로 튀어나옵니다. 저는 그저 칭찬하고, 인정하고, 생색내지 말고, 비판은 다른 사람이 하게 두면 되는데 맨날 바쁘다 바쁘다 하면서도 이렇게 비판까지 하느라 더 바쁩니다. 열등감과 피해의식 때문에 그렇습니다. 그런 말을 안 해야 내공이 쌓이는데, 제가 이렇게 멀었습니다.

어린아이가 믿음이 좋아서 자기를 낮추는 게 아닙니다. 낮출 수밖에 없는 처지이기에 매사 순종합니다. 믿음이 큰 자가 됩니다. 천국에서 큰 자도 그렇습니다. 이런 어린아이와 같이 내가 아무것도 할 수 없음을 인정하는 사람이 큰 자입니다.

저는 춘화 자매 이야기를 자주 합니다. 이분이 돈 있고 학벌 있고 모든 걸 다 갖춰서 자랑하는 게 아닙니다. 그저 낮은 환경에서 어린아이처럼 낮아져서 하나님을 바라보는 큰 자이기에 저는 자매가 자랑스럽습니다. 한번은 자매가 이런 글을 올렸습니다.

몇 년 전 많은 카드 빚을 지고 우리들교회에 왔는데, 지금은 어찌 된 일인지 사랑의 빚만 늘었습니다. 탕감도 안 되는 이 복음의 빚을 어찌 다 갚을 수 있을까요! 저는 "내 삶의 결론입니다"라는 목사님의 말씀을 듣고 카드 빚을 지게 된 일, 남편에게 애인이 생긴 일 등이 저에게 있어야 할 일이었음을 깨달았습니다. 그리고 "이는 만물이 주에게서 나오고 주로 말미암고 주에게로 돌아감이라 그에게 영광이 세세에 있을지어다"(롬 11:36)라는 말씀을 보면서 '아하! 내 사건이 주에게서 왔구나. 내가 주로 말미암아 살게 되었구나. 이젠 주에게로 돌아가는구나. 그래서 내 삶이 헛되지 않겠구나' 생각하며 말씀이 의심 없이 믿어졌습니다. 오늘까지도 목사님의 말씀이 토씨 하나 빠짐없이 '옳소이다'로 받아짐은 분명 하나님의 은혜입니다.

웬만한 사람들은 춘화 자매보다 더 좋은 환경에서도 "하나님이 어떻게 그러실 수 있어!" 하는데, 이 자매는 무조건 맞다고, 하나님이 옳으시다고 하니까 예쁩니다. 어린아이가 가만히 있고 반항을 안 하니까 예쁜 것처럼, 토 달지 않고 "옳소이다" 하는 이 모습이 전 세계의 큐티즌들에게 은혜를 끼치고 있습니다.

춘화 자매가 이렇게 순종하고 있으니까 집을 나갔던 남편이 적은 돈이라도 몇 달 동안 보내 주었답니다. 그런데 이번 달에는 돈이 없어 집에 안 온다기에 "내가 언제 돈 기다렸어요? 당신 기다렸어요" 했답니다. 그랬더니 며칠 전에 남편이 집으로 들어와서는 "월급을 아직 안 받았으니 25일에 월급 나오면 돈 줄게" 했답니다. 그리고 25일 아침에 남편한테 전화가 왔습니다. 다음은 춘화 자매가 남편과 주고받은 통화 내용입니다.

"오늘 올 거죠?"

"돈이 안 나올 것 같아."

"안 나오면 어때요? 갈치조림 할 건데 당신이 안 오면 준비할 필요가 없어요. 꼭 와요."

"난 돈이 나오면 가려고 했지."

"내가 돈을 기다렸나 당신을 기다렸지!"

"알았어. 퇴근하고 갈게."

그렇게 남편을 오라고 해 놓고도 속이 까매진 춘화 자매는 다음과 같이 자기 마음을 솔직하게 고백합니다. 어린아이니까요.

사실 남편이 오는 것이 그다지 기쁘지도 않습니다. 그렇다고 안 오는 것이 좋지만도 않습니다. 그럼에도 영적 가면을 쓴 채 '이래도 좋고 저래도 좋다' 하는 제 속은 까맣게 타들어 갑니다. 아들이 아빠를 만날 때 표현하는 반가움의 1%도 없는 제게 무슨 사랑이 있어서 남편과 아이에게 하나님의 모사가 될 수 있을까요? 아들이 그리는 천국과 제가 그려 가야 하는 천국의 모양이 같아서 하나님이 보시기에 '예쁘다' 하실 때까지 저의 가증함을 내놓고 회개하며 가기를 소원합니다. 목사님이 '바람피우는 남편은 도와줘야 하는 사람이다. 얼마나 공허하면 바람을 피우겠냐. 하나님의 지혜로 모사로서 도와줘야 한다'고 하셨는데 이 말씀을 들으니 '바람피우는 남편을 도와줘야 한다'는 천국의 언어가 또 깨달아집니다. 이 세대를 본받지 말게 하시려고 막아 놓으신 최고로 멋있는 광야에서 하나님의 지혜와 지식의 부요함을 전하며 잘 나타낼 수 있기를 간절히 기도드립니다.

이렇게 어린아이같이 말씀이 믿어지는 사람이 바로 큰 자입니다.

◆ 직장에서, 교회에서, 가정에서 큰 자가 되려는 나의 시기와 질투 때문에 아무것도 안 되는 우리의 모습을 회개하기 원합니다. 나를 어린아이같이 낮아지게 하신 환경은 무엇입니까? 내가 겸손할 수 없기에 겸손할 수밖에 없는 환경을 주신 것을 감사하고 있습니까?

이런 어린아이를 영접하는 자가 큰 자입니다

또 누구든지 내 이름으로 이런 어린 아이 하나를 영접하면 곧 나를 영접함이니 _마 18:5

미숙한 어린아이를 영접하는 것이 예수님을 영접하는 것입니다. 믿음이 없는 사람은 우리들교회에 와도 춘화 자매를 무시하고 영접하지 않습니다. 배운 것도 가진 것도 없고, 남편도 곁에 없는데 누가 영접하겠습니까? 그러나 춘화 자매도, 영적으로 무시할 만한 그 남편도 우리는 다 영접해야 합니다.

우리는 돈 많은 사람은 쉽게 영접합니다. 나한테 돈 한 푼 주지 않아도 저절로 허리가 숙여지고 친절이 우러나옵니다. 그런데 가진 게 없어 보이고 못 배운 사람이다 싶으면 나도 모르게 불친절해지고 무시가 됩니다. 교회 공동체 안에서 소외된 자가 누구입니까? 노인입니까, 장애인입니까, 소년 소녀 가장입니까, 실없는 말 하고 다니는 사람입니까? 그러나 가장 불쌍한 사람은 누구보다도 주님을 만나지 못한 사람입니다.

제자들은 17장에서 간질 들린 아이를 고치지 못했습니다. 영접하지도, 사랑하지도 않았습니다. 사랑받을 만한 아이라면 누군들 사랑하지 않겠습니까? 내 새끼 사랑을 누가 못 합니까? 멀리까지 갈 것도 없습니다. 내 가족 중에서도 미숙하고 골치 아픈 부모 형제는 영접하기 힘듭니다. 그런데 주님은 그처럼 미숙한 내 가족, 어린아이 같은 내 이웃을 영접하는 것이 주님을 영접하는 것이라고 하십니다.

자기가 낳은 아들이지만 정말 싫고 버리고 싶다는 한 집사님이 계십니다. 고등학생 아들이 컴퓨터만 붙들고 있고, 맨날 형제끼리 싸우는데 너무 괴로워서 이 아이들을 버리고 혼자서 외국으로 가고 싶다고 합니다. 하지만 내 옆에 힘든 이 자녀를 버리지 않고 영접하면 곧 주님을 영접하는 것이라고 합니다. 17장에 간질 걸린 아이가 자기 아들이었기에 그 아버지가 간절하게 예수님께 엎드렸습니다. 내 아이니까 간절하고, 내가 아파 보니까 간절한 것입니다. 아니면 어떻게 간절한 마음이 생기겠습니까?

바울에게는 세 번이나 기도해도 하나님이 고쳐 주지 않으신 약함이 있었습니다. 혹자는 안질이라고도 하고, 간질이라고도 합니다. 그런데 안질이었다면 병명을 이야기하지 않았을까 싶습니다. 그러나 간질이라면,

고린도전서 4장 9절 말씀처럼 정말 구경거리가 되었을 것입니다. 어쩌면 사람들 앞에서 거품을 물고 쓰러졌을 수도 있겠지요. 자주는 아니라도 어쩌다 그렇게 되면 너무나 수치스럽고 힘들었을 겁니다.

그래서 고쳐 주시기를 간구했지만, 하나님은 "내 은혜가 네게 족하도다"라고 하셨습니다(고후 12:9). 그 병을 고쳐 주지 않으셨기에, 바울은 어린아이같이 미성숙하고 아픈 사람, 무지한 이방인이 내 옆의 예수님이라는 것을 알고 그들을 품고 기도했으리라 생각합니다.

이처럼 우리는 땅끝까지 낮아져야 어린아이 같은 이들을 품고 기도할 수 있습니다. 아들 때문에 힘들다고 하던 그 집사님도 결국에는 그 아들을 예수님으로 보고 품고 가겠다고 오픈하고 선포했습니다.

한 여집사님이 힘든 친구를 부부목장 소풍에도 데려가고, 예수 믿기를 바라는 마음에서 "수요예배에서 말씀 듣고 가라, 하루 더 자고 가라"고 붙잡았다고 합니다. 그런데 다음 날 아침, 남편이 그 친구 때문에 너무 불편하다고 정색하며 분을 냈답니다. 그 여집사님의 나눔입니다.

남편의 입장에서 생각하니 제가 지나쳤다는 것이 뒤늦게 깨달아졌습니다. 그래서 번복하는 것이 힘들었지만 친구를 그냥 보냈습니다. 그리고 남편에게 "수요예배 말씀을 듣게 하고 싶어서…… 친구가 많이 좋아졌잖아" 하고 이해를 구했습니다. 그런데 남편이 "아주 추석까지 같이 지내라. 너는 광신자다. 나는 이제 주일예배만 참석하고 수요일은 안 간다" 하며 기가 막힌 말을 퍼부어 댔습니다. 저는 교회 공동체 안에 있을 때와 너무 다른 남편을 보며 온몸에 힘, 아니 피까지 다 빠져나가는 느낌이었고 '어찌함이니이까' 하는 생각이 들었습니다. 이내 남편이 분을 내며 차를 타고 어디론가 나가 버려 추석 장을 보러 갈 수도 없었습니다. 그런데 며칠 전 제가 '추석 제물이 되어 성령님께 주도권을 이양하겠다'는 댓글을 우리들교회 홈페이지에 올린 것이 떠올랐습니다. 그리고 '이 사건이 저를 추석 제물 삼으시려고 남편을 통해 저의 힘을 빼는 것은 아닐까?' 하는 생각이 머리에 스칩니다. 이제 수요예배에 다녀오면 저의 힘이 머리에서 가슴까지 내려오겠지 하는 기대감으로 수요예배에 참석했습니다.

그런데 청소년부 사역을 담당하시는 목사님이 이방인에 대해 설교하며 '바울에게 이방인은 수준도 안 되고 말씀 적용도 안 되는 사람이었다'라고 하십니다. 목사님 자신에게 '이방인은 떠들고, 화장실 문 흔들고, 몰래 나가 담배 피우는, 말 그대로 아수라장 같은 청소년들'이라고 하십니다. 때때로 목사님은 졸아도 좋으니 조용하게 자리에 앉아 있는 사람들에게 설교하고 싶지만, 바울이 이방인 사역을 영광스럽다고 했으니 목사님도 청소년 사역을 영광스럽게 여긴다고 하십니다. 비로소 '그러면 나의 이방인은? 그래, 바로 남편이구나. 그리고 그 형제들, 내 친구……. 이들에게 분을 낼 것이 아니라 영광스럽게 여겨야 하는구나'라는 생각이 들었습니다. 깨닫게 해 주심에 감사의 눈물이 흘렀습니다.

하지만 집에 오니 시간은 밤 10시 반이 넘었고, 추석 장도 봐야 하는데 태연하게 앉아 있는 남편을 보니 은혜는 다 어디로 달아나고 화가 다시 치밀어 오릅니다. "당장 내일 형제들이 오는데 아무것도 준비한 게 없으니 맏며느리 사표 내고 아내도 사표 내고 싶다"고 했습니다. 그리고 형제들에게 그대로 알리라고 하며 제가 호통을 쳐 댔습니다. 정말 하늘로 솟든가, 땅으로 꺼지고 싶었습니다. 그랬더니 남편은 "다 만들어진 거 사다가 하면 되잖아" 합니다. "사다가 차리는 것은 쉬운 줄 아냐?" 했더니 남편은 또 "그래, 맞아. 사는 것도 힘들지" 합니다. 그 대답에 신기하게 화가 가라앉아서 저희 부부는 결국 함께 추석 장을 보러 나섰습니다. 이틀 전 추석 제물이 되겠다고 간구했는데, 예수님께서 '남편 예수님'이 되어 수고를 하신 것인지, 아니면 저의 사역(?)을 영광스럽게 이끌어 주려는 '남편 이방인'이 되신 것인지…… 아무튼 감사했습니다.

남편 집사님이 양육훈련과 직분을 받기까지 부인 집사님이 수고를 많이 했는데, 이 남편이 정말 안 달라집니다. 하지만 이런 어린아이 같은 남편을 영접하는 것이 예수님을 영접하는 것입니다. 그러니 내 옆의 예수님을 영접하는 것이 대단한 일이 아닙니다. 지나가는 강도를 붙잡아다 영접하라는 게 아닙니다. 바로 내 집에 있는 식구들과 사소한 앙금들을 말씀으로 씻어 버리는 것이 예수님을 영접하는 것입니다.

◆ 당장에라도 쥐어박고 싶은 남편, 아내, 자녀일지라도 예수님처럼 여기며 눈물로 기도하며 품습니까?

작은 자를 실족하게 하지 않는 자가 큰 자입니다

6 누구든지 나를 믿는 이 작은 자 중 하나를 실족하게 하면 차라리 연자 맷돌이 그 목에 달려서 깊은 바다에 빠뜨려지는 것이 나으니라 7 실족하게 하는 일들이 있음으로 말미암아 세상에 화가 있도다 실족하게 하는 일이 없을 수는 없으나 실족하게 하는 그 사람에게는 화가 있도다 8 만일 네 손이나 네 발이 너를 범죄하게 하거든 찍어 내버리라 장애인이나 다리 저는 자로 영생에 들어가는 것이 두 손과 두 발을 가지고 영원한 불에 던져지는 것보다 나으니라 _마 18:6~8

나귀의 힘으로 돌리는 커다란 연자 맷돌을 달고 바다에 빠지면 다시는 올라올 수 없습니다. 실족하게 하면 그냥 지옥에 가는 것입니다. 그런데 실족하게 하는 사람과 실족하는 사람 중에 누가 더 주변에 영향을 끼치겠습니까? 실족하게 하는 사람이 더 영향을 끼칩니다. 그중에서도 상담하고 설교하는 사람이 제일 실족하게 하는 사람이라고 생각합니다. 정말 기도하고 분별하면서 해야 합니다.

2006년 로스앤젤레스 타임지가 40년을 봉직한 존 스케언 신부와 그 후임 프랜시스 가이넌 신부의 타락을 폭로했습니다. 그 보도에 따르면 이 신부들에게는 계속해서 여자가 있었고, 860만 달러의 헌금을 빼돌려 도박에 탕진했다고 합니다. 해당 교구의 교구장은 스케언 신부가 성직자의 모범과도 같았다면서 이 사실에 경악을 금치 못했다고 합니다. 하지만 하나님께서 드러나게 하셔서 이분이 감옥에 갔는데 40만 달러의 돈으로 보석하는 것을 만류하고, 부끄럽다며 감옥에 있겠다고 했답니다. 회개할 기회가 되어서 감사하다고 생각합니다.

> 8 만일 네 손이나 네 발이 너를 범죄하게 하거든 찍어 내버리라 장애인이나 다리 저는 자로 영생에 들어가는 것이 두 손과 두 발을 가지고 영원한 불에 던져지는 것보다 나으니라 9 만일 네 눈이 너를 범죄하게 하거든 빼어 내버리라 한 눈으로 영생에 들어가는 것이 두 눈을 가지고 지옥 불에 던져지는 것보다 나으니라 _마 18:8~9

손발을 자르라는 강력한 가르침은 다른 범죄와 연관되어 주신 말씀이 아닙니다. 작은 자 중 하나를 실족하게 하는 죄를 짓는 것보다 차라리 손발을 찍는 것이 낫다는 말씀입니다. 남을 실족하게 하는 사람은 결국 나를 실족하게 하는 사람이고, 어린아이를 실족하게 하는 사람 역시 결국 나를 실족하게 하는 사람입니다. 나를 실족하게 하는 것이 제일 무서운 자기와의 싸움입니다. 내 눈, 내 손, 내 발이 범죄를 하는 겁니다.

『모든 남자의 참을 수 없는 유혹』이라는 책에 보면 남자들은 눈을 굶겨야 한다고 했습니다. 특히나 혼전순결을 지키지 못한 사람은 결혼 후에도 외도할 확률이 높다고 합니다. 정욕의 문제를 해결하지 못하기 때문에 눈을 굶기고 생각의 울타리를 쳐야 할 수 없이 부인에게 애정이 간다는 것입니다. 그러므로 의지적으로 그 훈련을 해야 합니다. "나는 괜찮아" 이럴 남자는 단 한 명도 없습니다.

내 손, 내 발 때문에 실족하는 식구, 자녀가 얼마나 많은지 모릅니다. 기어이 이혼하겠다고 우기는 부모가 자녀를 실족하게 합니다. 도박중독이 얼마나 무서운지, 손을 찍어 버리면 발로 하고, 발마저 찍어 버렸더니 그다음에는 입으로 도박을 한답니다. 그러므로 우리는 날마다 손발을 찍어 버리고 눈을 굶겨야 합니다. 포기하는 것 없이 어떻게 사명의 땅으로 가겠습니까? 그래서 십자가는 세상에서 보기엔 미련해 보이고 바보 같습니다. 정말 어린아이처럼 어리석어 보이는 것이 십자가입니다.

> 삼가 이 작은 자 중의 하나도 업신여기지 말라 너희에게 말하노니 그들의 천사들이 하늘에서 하늘에 계신 내 아버지의 얼굴을 항상 뵈옵느니라_마 18:10

히브리서 1장 13~14절에는 "어느 때에 천사 중 누구에게 내가 네 원수로 네 발등상이 되게 하기까지 너는 내 우편에 앉아 있으라 하셨느냐 모든 천사들은 섬기는 영으로서 구원받을 상속자들을 위하여 섬기라고 보내심이 아니냐"라고 기록되어 있습니다. 성도에게는 수호천사가 있다고 합니다. 성도들이 너무나 무능하고 연약해 보이는 어린아이를 보호하면 천사가 항상 하나님께 보고한다는 겁니다.

로마서 12장 1절에는 "그러므로 형제들아 내가 하나님의 모든 자비하심으로 너희를 권하노니 너희 몸을 하나님이 기뻐하시는 거룩한 산 제물로 드리라 이는 너희가 드릴 영적 예배니라"고 합니다. 우리 모두는 주 안에서 형제입니다. 피보다 진한 보혈의 공동체입니다. 그러면 업신여길 사람이 누가 있겠습니까? 기가 막힌 그 사람을 천사와 하나님이 보호하시는데 내가 그를 업신여긴다면 하나님을 대적하는 것입니다. 결코 천국에서 큰 자가 될 수 없습니다.

내가 지금 업신여김당한다고 생각하는 사람이 바로 업신여기는 사람입니다. 왕따당한다고 하는 사람이 왕따시키는 사람입니다. 내 곁에 예수님 모습으로 있는 그 사람을 하나님과 천사가 보호하고 있기에, 육적으로 영적으로 미숙한 어떤 이라도 업신여겨서는 안 됩니다. 내가 형편없는 인생임을 안다면, 그 힘든 자녀와 배우자를 품고 가야 합니다. 내가 천국에서 큰 자 되라고 이들이 수고하고 있습니다.

* 나를 힘들게 하는 영적, 육적으로 미숙한 사람들은 누구입니까? 나의 낮아진 환경으로 어린아이 같은 그들을 영접하고 있습니까?

잃은 양을 찾는 사람이 큰 자입니다

(없음)_마 18:11

KJV성경에는 이 구절이 '인자가 온 것은 잃어버린 자를 구원하려 함이라'로 되어 있습니다. 그러나 내용상으로는 있건 없건 의미 차이가 없습니다.

> 12 너희 생각에는 어떠하냐 만일 어떤 사람이 양 백 마리가 있는데 그 중의 하나가 길을 잃었으면 그 아흔아홉 마리를 산에 두고 가서 길 잃은 양을 찾지 않겠느냐 13 진실로 너희에게 이르노니 만일 찾으면 길을 잃지 아니한 아흔아홉 마리보다 이것을 더 기뻐하리라_마 18:12~13

소위 제자라고 하는 너희는 어떠냐고 물으십니다. "크고 작고를 따지기보다 공동체에서 잃은 양 한 마리를 찾는 자가 가장 큰 자다"라고 말씀해 주십니다. 양 백 마리 중에 길 잃고 헤매는 한 마리에 대해 소망을 가진 자가 큰 자입니다. 그럼에도 우리는 육적으로, 영적으로 어린 자들과는 어울리고 싶지 않고, 가능하면 영육 간에 좀 더 깨끗하고 좋은 양과 교제하고 싶지요. 공동체 안에서도 순종하지 않는 사람들이 있습니다. 열 번을 말해도 듣지 않는 사람이 있습니다. 그러면 머리 뚜껑이 열려서 말도 하기가 싫습니다. 그러나 말이 안 통하는 바로 그 한 사람을 내 옆의 예수님으로 알고 그를 업신여기지 않고 그를 찾는 데 애를 쓰면 그걸 보고 모든 지체가 은혜를 받습니다.

> 이와 같이 이 작은 자 중의 하나라도 잃는 것은 하늘에 계신 너희 아버지의 뜻이 아니니라_마 18:14

하나님의 소원은 결국 영혼 구원입니다. 천국에서 큰 자는 영혼 구원을 위해 사는 자입니다. 아흔아홉 마리 양보다 잃은 양 한 마리를 찾을 때 하나님이 기뻐하시는 모습을 생각해야 합니다.

저는 항상 힘든 사람에 대한 부담이 있습니다. 매주 설교 준비를 하면서 누가 듣고 살아날 것인가 고심하며 피를 말리는 준비를 합니다. '한 번만 들으면 회복될 텐데' 하는 마음이 있습니다. 몸이 아파서 다 죽어 가다가도 힘들어하는 사람을 만나면 제 눈이 반짝인다고 합니다. 제가 잘나서가 아니라 당한 게 많기 때문에 그런 마음을 주셨습니다. 우리가 영혼 구원을 위해 할 수 있는 것이 무엇입니까? 기도하고, 관심을 가지고, 교회에 데려오고, 기회 있을 때마다 전도하고, 또 기다려 주는 것이 잃은 양을 찾는 것입니다.

천국에서 큰 자는 어린아이 같아야 합니다. 그래서 나를 낮추기 위해 온 사건에 감사해야 합니다. 내가 얼마나 무지하고 교만하고 형편없는지 깨닫는다면, 주의 일을 한다고 제자 훈련받으면서 미성숙한 성도를 실족하게 하는 일은 없을 것입니다. 부모로서, 예수 믿는 사람으로서 잘못 살아서 연자 맷돌에 매여 빠져 죽지 않도록 죽음에 이르는 겸손을 구해야 합니다. 결국 우리의 사명은 잃은 양 찾기, 영혼 구원입니다. 한 영혼을 천하보다 귀하게 여길 때 내가 가고자 하는 천국에서 큰 자가 될 것입니다.

✦ 영적으로 미성숙하다고, 연약하다고, 지질하다고 왕따시키고 은근히 무시하는 사람은 누구입니까? 하나님의 소원인 영혼 구원이 내 인생 제일의 목적입니까? 잃어버린 한 영혼을 찾기 위해 어떤 손발이 가는 적용을 합니까?

말씀으로 기도하기

귀신 쫓는 능력을 행하지 못한 제자들에게 예수님은 겨자씨만 한 믿음이 산을 옮긴다고 하시고, 구체적으로 세금 내는 적용부터 하라고 하십니다 (마 17장). 로마의 식민치하에서 해방해 줄 정치적 메시아를 고대하던 제자들은 그런 예수님의 말씀에 골치가 아픕니다. 그래서 세상에서 큰 자 되는 건 포기할 테니 천국에서는 누가 큰 자냐고 묻습니다. 하나님 나라를 세상 가치관으로 보면서 교회에서도 누가 크냐 작으냐를 따지고 있기에 능력이 안 나오는 것입니다.

어린아이와 같은 자를 큰 자라고 하십니다(마 18:1~4).

학벌과 명예를 내려놓았다고 하면서 교회에서 직분을 살피고 신앙 연륜을 따지는 내 모습을 회개합니다. 어린아이와 같은 자, 자신을 낮추는 자가 천국에서는 큰 자입니다. 내 힘으로는 낮아질 수 없기에 고난으로 겸손하게 하시는 것이 하나님의 은혜임을 깨닫기 원합니다. 힘든 고난 속에서 아무것도 할 수 없는 나 자신을 인정하고 어린아이처럼 하나님 품으로 파고들며 하나님 나라의 큰 자가 되기를 기도합니다.

이런 어린아이를 영접하는 자가 큰 자입니다(마 18:5~10).

죄와 정욕으로 달려가는 내 손과 발 때문에 나도 실족하고 내 가족도 실족합니다. 말씀 묵상과 예배를 통해 손발을 찍고 눈을 빼며 실족하게 하는 죄를 범하지 않기 위해 기도합니다. 작은 자의 모습, 미성숙하고 연약한 모습으로 내 옆에 있는 가족을 하나님이 보호하십니다. 그들을 함부로 무시하고 업신여기던 나의 죄를 회개합니다.

잃은 양을 찾는 사람이 큰 자입니다(마 18:11~14).

천국에서 큰 자는 하나님의 소원인 영혼 구원에 힘쓰는 사람입니다. 어린아이같이 미성숙하고 말이 안 통해도, 잃은 양같이 아프고 힘든 상대라도 그 한 사람의 구원을 위해 수고하며 천국에서 큰 자가 되기를 기도합니다.

우리들 묵상과 적용

저는 평소에 목사님의 말씀에 잘 순종하고 습관적으로 기도에 열심을 내며 선교에도 헌신하였기에 나름대로 제자로서 부족함이 없다고 생각했습니다. 주님의 제자들처럼 드러내 놓고 천국에서 누가 큰 자인가 묻지는 않았지만 스스로 이만하면 하나님이 나를 알아주시겠지, 이 땅에서도 내 자녀들에게 갚아 주시겠지 하고 은근히 자부심을 품고 지냈습니다. 자녀들과 성경 통독을 하며 가정예배를 드렸고, 딸은 선교단체에서 훈련도 받고, 단기 선교도 가고, 새벽기도도 하고, 거의 모든 일에 순종적이었습니다.

그런데 하루아침에 그 기대가 무너졌을 뿐 아니라 친척 중에서도 찾아볼 수 없는 전무후무한 자녀들의 모습에 나도 함께 실족하는 사건이 왔습니다. 모두가 선망하는 기독교 대학에 추천해서 보낸 딸이 오히려 엄마를 원망하며 두 번이나 휴학했고, 대출로 빚을 지고, 채팅으로 남자들을 만나고, 편두통과 우울증을 겪으며 힘들어했습니다. 저는 그 사실조차 까맣게 모르다가 나중에야 알았습니다. 도대체 얘가 왜 이러나 부끄럽고 창피하기만 했습니다.

믿음이 좋은 줄 알았던 아들은 대학 입시를 앞두고 입학 원서조차 쓰지 않고, 밤이나 낮이나 컴퓨터게임에 빠져서 살았습니다. 아침이면 혹시 쓰러지지 않았나 문을 열어 확인하는 게 일이었습니다. 아들은 종일 음식을 차려 놓고 기다려도 먹지 않았고, 그런 날들이 계속되자 너무 견디기 힘들어 친정에 다녀왔더니 3일 동안 밥솥 한번 열어 보지 않았는지 밥이 빨갛게 삭아 있었습니다. 며칠 밤을 게임으로 새운 뒤 잠을 자려다가 눕지도 못하고 침대를 붙잡고 숨을 헉헉거리며 호흡곤란까지 일으키는 모습도 보아야 했습니다. 복음은 장차 당할 환난이라고 하셨는데 사건을 당하자 제 믿음의 현주소가 여실히 드러났습니다. 자녀를 위해 내 힘으로 할 수 있는 것이 아무것도 없었습니다.

평소에 아이들 눈높이로 내려가지 못하고, 내 잣대로 아이들을 판단했습니다. 뭐든지 대신 다 해 주면서도 두 아이에게 가장 힘든 틱장애의 아픔을 함께 나누지 못했습니다. 남편과 아이들이 연약함을 드러내는 것조차 용납하지 않았습니다. 모든 것을 감싸 주어야 할 가정에서 아이들은 안식을 누리지 못했고 그동안 쌓인 것들을 한꺼번에 터뜨렸습니다. 가정의 질서에 순종하지 못하고 영적·육적으로 남편을 무시하며, 아이들 앞에서 자주 부부 싸움을 한 것이 주님의 이름으로 어린아이를 영접하지 못한 것이었습니다. 작은 자를 실족하게 하는 완벽주의, 율법주의는 찍어 버려야 할 손과 발이고 빼어 버려야 할 눈이었습니다(마 18:6~10).

이제라도 예수님께서 우리 가정에 허락하신 자녀들을 영접하기 원합니다. 큰 자 되는 것에 급급한 세상 가치관(마 18:1)으로 작은 자를 실족시키고 영원히 실족할 뻔한 인생이었는데 낮아질 수밖에 없는 환경을 주시고 저의 죄를 깨닫게 하신 주님, 감사합니다.

영혼의 기도

하나님 아버지, 천국에서도 큰 자 되기를 원하는 제자들을 보며, 세상에서도 교회 안에서도 끊임없는 자리싸움과 시기 질투로 능력이 없는 우리 자신을 발견합니다. 내가 먼저 패잔병의 모습으로 사람들을 비판하고 서열을 매기고 있음을 고백합니다. 주님의 제자라 하면서도 내가 왜 못 고치는지 알기를 원합니다.

나를 위해 하나님이 낮추신 이 환경이 바로 축복의 통로임을 알게 하시고, 내 옆의 힘든 사람을 영접하는 것이 예수님을 영접하는 것임을 깨닫기 원합니다. 영접하기가 너무나 힘든 그 사람을 하나님과 천사가 보호하고 있다고 하시니 내가 그를 업신여김으로 나를 실족시키지 않기를 기도합니다. 천국에서 보호하시는 그 사람을 나도 영접하기 원합니다.

건강한 아흔아홉 마리의 양이 아니라, 길 잃어 힘들고 지친 한 마리의 양을 찾아가기 원합니다. 그 잃어버린 영혼을 위해 기도하고 기다리고 애통하며 끝까지 관심을 갖게 하옵소서. 내가 큰 자가 되고 싶어 하지 않아도, 이러한 천국의 큰 자 되기를 원합니다. 도와주시고 불쌍히 여겨 주옵소서. 예수님 이름으로 기도하옵나이다. 아멘.

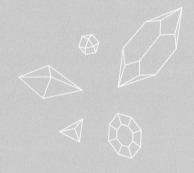

9

교회의 권세

마태복음 18:15~20

하나님 아버지, 교회의 권세로
사람을 살리기 원합니다.
말씀하여 주옵소서. 듣겠습니다.

1899년 3월 1일 〈대한그리스도인회보〉에 한 기사가 실렸습니다. 어떤 한 양반이 벼슬을 하려고 세도가 사랑방을 드나들다가 오랜 노력 끝에 평안도 한 고을에 군수 자리를 약속받았습니다. 그는 부임 전에 누가 부자고, 누구는 어떤 약점이 있는지 등 본전을 뽑기 위한 시장조사를 했습니다. 그런데 그 정보에 따르면 거기서는 돈을 모을 수 없었습니다. 이유는 '그 고을에 야소교(예수교) 신자가 많아서'였습니다.

당시 조선 인구가 1,300만 명이었고 그리스도인은 1만 명에서 2만 명에 불과했는데, 평안도에 특히 믿는 사람들이 많았습니다. 이 그리스도인들이 탐관오리에게 뇌물을 주거나 청탁을 하지 않았던 겁니다. 그래서 결국 이 양반이 다시 세도가를 찾아가서 "야소교 신자가 없는 고을의 군수로 보내 달라"고 청을 넣었다고 합니다.

몇 명 안 모이는 교회였지만 당시 교회는 이처럼 권세가 있었습니다. 지금은 기독교 인구가 천만에 육박하지만 마음대로 이혼하고 간음하고 뇌물 주고 교통질서를 어기며 살기에 권세가 없습니다. 어린아이처럼 말씀을 듣지 않기 때문입니다. 권세가 없는 것은 교회의 책임입니다.

그래도 이 땅에서 사람 살릴 곳은 교회밖에 없다고 저는 생각합니다. 교회가 어떤 권세로 사람을 살려야 할지 본문을 통해 보기를 원합니다.

교회는 권고하는 권세를 가져야 합니다

네 형제가 죄를 범하거든 가서 너와 그 사람과만 상대하여 권고하라 만일 들으면 네가 네 형제를 얻은 것이요_마 18:15

천국에서 큰 자는 어린아이 같은 자이고, 잃은 양을 찾는 사람이라고 했습니다. 잃은 양을 찾기 위해 가장 먼저 할 것이 권고입니다. 여러분도 구원을 위해 권고를 잘 하고, 또 한편으로는 권고를 잘 받기 바랍니다. 그렇다면 우리는 우리의 지체가 어떤 죄를 지었을 때 어떻게 권고해야 할까요?

첫째, 일대일로 하라고 하십니다.

칼빈은 "여러 사람에게 공개적으로 알려졌음에도 회개하지 않는 죄에 대해 권고하라"고 했습니다. 한 가지 예를 들겠습니다. 세 살 난 딸과 한 살 난 아들을 위탁 부모에게 맡겼는데 아이들끼리 이상한 장난을 하더랍니다. 아이들의 부모를 상담한 결과 친아버지가 세 살짜리 딸을 성폭행했고, 아이들은 그것이 놀이인 줄 알고 자기들끼리 장난을 한 것으로 드러났습니다. 그런데 이 아버지가 교회에 다닌다면 교회가 어떻게 처리해야 할까요? 더구나 이 사실이 공개적으로 드러났음에도 죄라고 생각하지 않는다면 말입니다. 이런 경우 우리는 교회의 순수성을 지키기 위해서라도 분명한 입장을 가지고 권고해야 합니다. 하지만 당사자가 상처받지 않아야 하니까 지혜가 필요합니다. 더구나 같은 죄를 놓고도 믿음의 분량에 따라 '죄다', '아니다' 논쟁이 끝이 없습니다.

이런 사례도 있습니다. 어떤 자매가 교회에서 한 형제와 교제하다 성관계를 가졌습니다. 이 사실을 알게 된 목사님이 자매에게 교회를 떠나라고 했답니다. 교회가 분명한 입장을 가지고 권고했기에, 그 교회 청년들이 이 과정을 지켜보며 간담이 서늘해져서 교회의 순수성을 지키게 된 면도 있을 것입니다. 하지만 이 일로 저에게 상담을 요청했던 이 자매는 '왜 형제는 남아 있는데 자매만 떠나라고 하나요?' 하고 불만을 털어놓았습니다. 그 마음에 상처가 적지 않았습니다. 그러니 우리가 누구에게 권고하는 것은 정말 조심스러운 일입니다.

그런데 주님은 우리에게 "가서 너와 그 사람과만 상대하여 권고하라"고 하십니다. 적극적으로 가서 그 사람만 상대하여 유죄를 선고하라는 의미입니다. 권고는 상대방의 어두운 문제를 드러나게 해서 빛으로 나아가게 하는 것입니다. 상담의 기본이 그렇습니다. 자기 문제를 보게 해야 합니다. 그럴 때 문제가 빨리 해결됩니다. 잘못한 걸 알면서도 사랑이라는 미명 아래 뉘우치고 돌아오기만 기다려서는 안 됩니다. 가야 합니다.

그렇다면 또 어떻게 가야 할까요? 여러분은 누가 나를 권고할 때 앞에서 하는 것이 좋습니까? 뒤에서 하는 것이 좋습니까? 말로는 다 "앞에서 하는 게 좋다"고 하지만, '없는 자리에선 나라님도 욕한다'는 옛말이 있습니다. 앞에서 대놓고 말을 하면 쏟아진 물이고 주워 담기가 힘듭니다. '내 뒷말을 할 수도 있겠구나' 생각하는 게 인지상정입니다.

우리가 아무리 사랑해서 권고하여도 그렇습니다. 그 말 가운데 감정

조절이 안 되어 내뱉어 버리는 말이 참 많습니다. 그러니 우리가 지체를 권고하러 갈 때는 아흔아홉 번 생각하고, 기도하고, 권고하고, 사랑할 작정으로 가야 합니다. 준비 없이 그냥 가서 권고하면 상처만 줄 뿐입니다. 교회는 교회대로 비난만 받을 수 있습니다. 그러므로 죄 범한 사람이 뭐라고 해도 끝까지 품고 사랑하겠다는 확신으로 권고하러 가야 합니다.

우상으로 찌든 조선 땅에서 야소교 신자들이 말씀을 적용하며 살기가 쉬웠겠습니까? 서로 끊임없이 권고했을 것입니다. 천하보다 귀한 구원을 얻는 것이 성도의 목적이기에 권고할 때는 사랑해야 하고, 사랑하면 지혜가 생깁니다.

"형제를 얻으리라"는 표현은 그에게 진실한 고백을 받아 낸다는 의미입니다. "그래요, 그게 죄인 줄 몰랐습니다." "딸을 성폭행하고 감추면 될 줄 알았습니다." 이런 고백을 받아 낸다면 정말 감사한 일입니다. 죄인줄 모르는 것이 가장 큰 문제인데, 사랑으로 권면했을 때 죄를 인정하는 고백을 받아 내면 그것이 곧 형제를 얻어 구원으로 인도한 것입니다.

일대일로 저를 만나 권고받으신 분들도 그렇습니다. 제 권고를 받아들이지 않고 저를 비판하고 욕한 분도 없지 않지만, 그래도 돌아온 사람이 더 많습니다. 그래서 저는 천하보다 귀한 한 영혼을 얻기 위해 욕먹어도 권고를 해야 했습니다.

둘째, 그래도 듣지 않거든 두세 증인을 세우라고 하십니다.

> 만일 듣지 않거든 한두 사람을 데리고 가서 두세 증인의 입으로 말마다 확증하게 하라 _마 18:16

'확증'은 말 그대로 확실한 증거입니다. 하지만 아무리 확실한 증거를 내밀며 안타깝게 권고해도 흘려듣고, 무관심하고, 대수롭지 않게 여기는 사람이 있습니다. 아무리 권고해도 죄를 합리화하고 방관자적인 태도를 취하면 결국 믿음의 공동체에서 이방인이 될 수밖에 없습니다. 조선의 야소교 신자들처럼 하나님의 원리로 적용해야 하는데, 죄에 속해 있는 사람은 바람을 피우면서도 여자가 불쌍해서 못 버린다면서 '내가복음'적인 태도를 취합니다. 그래도 교회 출석은 합니다. 자신의 연약함에 안타까워서 무릎을 꿇고 예배드리는 것이 아니라, 말씀이 들리지 않고 죄에 매이니 본질을 빗나가서 교회 비판을 합니다. 그럴수록 자꾸 자신을 과시하게 되니 자연스럽게 거짓말로 이어지게 됩니다.

7년간 속아 산 남편의 기사를 본 적이 있습니다. 그의 나이 서른여섯에, 명문 대학을 졸업하여 직업이 교사이고 처녀라고 하는 마흔다섯의 여인과 결혼을 했습니다. 그렇게 7년을 살았는데 이 부인이 초등학교 학력에 두 번 이혼했고, 서른 살 난 아들과 두 딸이 있다는 사실을 알게 되었습니다. 7년을 속아 산 것입니다.

부인이 동생의 호적으로 결혼한 것인데, 부인의 오빠가 명문 대학 학장이어서 전혀 의심하지 않았다고 합니다. 학벌이 최고면 뭐합니까? 집안이 한통속이 되어 이 남편을 속였습니다. 도덕과 윤리, 학벌이 믿음을 넘어서지 못하는 걸 아셔야 합니다.

속였다, 아니다 하면서 소송까지 가는 지경이 됐습니다. 결국 두세 증인으로 확증하게 되어서, 여동생의 이름으로 된 청첩장 등을 제시했습니다. 이뿐이 아니라 이 부인이 결혼생활 7년 동안 얼마나 많은 거짓말을 했겠습니까. 요한계시록에도 거짓말을 최고의 죄로 쳤습니다. 거짓말이 하나님의 정반대편에 있음을 알아야 합니다. 사건마다 "주님이라면 어떻게 하셨을까" 물어야 하는데, 내 뜻대로 대충 대답하고, 자존심 때문에 의인인 척 말하는 것도 거짓말입니다. 우리는 신앙이 성숙해질수록 선의의 거짓말도 안 해야 합니다.

주님을 따르는 제자의 삶을 살려면 자기가 죄에 유혹받는 것을 철저히 조심해야 합니다. 그리고 지체들의 죄를 방관해서도 안 됩니다. 서로 감시자가 되어서 깨어 있어야 합니다.

우리들교회는 별다른 목회 프로그램이 없습니다. '무(無) 프로그램'이 프로그램이 된 교회입니다. 유일한 양육 프로그램으로는 'THINK 양육'이라는 일대일 양육훈련이 있습니다. 그런데 양육자와 동반자가 '일대일'보다는 '일대이', '일대삼'이 되기도 합니다. 양육자와 동반자가 단둘이 있다가 문제가 생기면 증인이 필요하기에 양육자가 두세 명의 동반자와 함께 말씀을 나누면서 양육의 역사를 남기게 됩니다. 이것이 우리들교회 양육의 근간이 되어, 동반자가 다시 양육자가 되어 계속해서 가르치고 배우며 사람이 세워집니다.

셋째, 두세 사람이 확증해도 안 들으면 교회에 말하라고 합니다.

만일 그들의 말도 듣지 않거든 교회에 말하고 교회의 말도 듣지 않거든 이방인과 세리와 같이 여기라_마 18:17

교회에 말하는 것은 세상 폭로와는 다릅니다. 교회의 순결을 보존하기 위해 교회에 판단을 맡기는 것입니다. 그래도 듣지 않으면 이방인과 세리, 즉 불신자같이 여기라고 합니다.

그러나 요즘은 교회에서 치리해도 소용이 없습니다. 이 교회에서 치리하면 저 교회로 가 버리니 치리가 무색해졌습니다. 이혼하면 교회를 옮기고, 바람피워도 교회를 옮깁니다. 바울은 고린도전서 5장 1, 2절에서 계모를 취한 사람을 쫓아내라고 명령합니다.

어떤 교회의 중직자가 바람을 피워서 그 부인이 목사님께 이 사실을 이야기했더니, 목사님이 오히려 그 부인을 이상한 사람으로 몰았다는 이야기도 들었습니다. 숱한 통계 자료들이 한국 사회에 만연한 외도의 문제를 수치로 보여 주고 있는데, 교회라고 그런 사람이 없겠습니까? 우리들교회에도 이런 문제로 오신 분들이 많습니다.

남편의 외도 문제로 우리들교회에 오게 된 한 엘리트 여집사님은 제가 일대일로 만나서 권고해도 안 듣고, 목장에서 권고해도 안 듣습니다. 설교를 통해 권고해도 그저 남편이 미워서 죽겠다고 합니다. 말씀이 들리질 않으니 아무 데서나 남편을 고발하느라고 인생이 괴롭습니다. 모든 것의 초점이 구원이 되어야 하는데, 그저 이혼 안 하려고만 발버둥 칩니다. 그러니 인생이 힘듭니다.

히브리서 1장 1절에 나오듯 '여러 부분과 여러 모양'(at many times and in various ways)으로 말씀하시는 하나님이지만, 내 인생에서 십자가가 공감되지 않고서는 말씀을 들을 수 없는 것을 봅니다. 그리고 히브리서 1장 3절에 "그의 능력의 말씀으로 만물을 붙드시며 죄를 정결하게 하는 일을 하시고 높은 곳에 계신 지극히 크신 이의 우편에 앉으셨느니라"고 합니다. 십자가를 경험하지 않고 자기 죄를 오픈하기란 불가능에 가깝습니다. 주님의 말씀으로 만물을 붙들고 회개해야 하는데, 아직 길이 많기 때문에 회개가 안 됩니다. 안식이 없습니다. 누구에게도 쉼을 주지 못합니다.

교회의 권고까지도 듣지 않는 사람을 "이방인과 세리처럼 여기라"는 것은 이들이 불신의 가치관에 물들었다는 의미입니다. 초대교회는 교회의 순수성을 지키기 위해 죄지은 자가 회개할 때까지 출교를 명하기도 했습니다. 혼전에 임신하면 치리를 받고 교회법에 의거해 근신하기도 했습니다. 그런데 요즘 이것이 무색해졌습니다. 복종하지 않는 것은 알곡이 아니라 가라지이고 교회를 파괴하는 세력입니다. 그런데 교회의 권고까지 듣지 않는 사람이 바로 내 식구라면 어떻게 하겠습니까?

수없이 권고해도 이방인과 세리처럼 전혀 말을 듣지 않는 사람이 많습니다. 우리들교회에도 많습니다. 일대일로, 목장에서, 예배 설교를 통해서 "중독을 끊으세요", "마약을 끊으세요", "여자 문제를 오픈하세요" 하며 수없이 말해도 전혀 반응이 없습니다. 이방인과 세리, 불신자와 똑같은 행위를 하면서 교회에는 열심히 나옵니다. 이런 분들의 마음을 붙잡으려면 결국 내가 먼저 내 죄를 오픈해야 합니다.

세상 사람 간의 관계도 그렇지요. 처음엔 그저 "안녕하세요" 하고 인사하는 단계에서 조금 지나면 "야채 차 왔어요", "오늘 물건 싸대요" 하면서 정보 전달의 단계가 됩니다. 그러다가 친해지고 관계가 깊어지면 "아무개 엄마, 내가 요새 이런 이런 문제로 속이 상해요" 하면서 마음속 이야기를 하게 됩니다. 절정의 단계가 되는 것입니다.

우리들교회에서는 교회 등록한 첫날 새가족 모임에서부터 절정의 대화를 나눕니다. 장로 권사가 먼저 자기소개를 하며 외도 사실을 고백하니 새가족도 스스럼없이 "우리 남편이 바람을 피웠다", "자녀 때문에 너무 힘들어서 우리들교회에 왔다"고 속마음을 털어놓습니다. 누가 오픈하라고 윽박지르지 않았는데도 말입니다. 교회에 처음 오신 새가족의 마음을 누가 무슨 힘으로 그렇게 열겠습니까? 이것이 권세라고 생각합니다.

◆ 형제를 권고한다면서, 억울함과 분노를 표현하거나 생색내며 다른 사람에게

알리고 싶어 하는 모습은 없습니까? 참지 못하고 기다리지 못해서 형제를 얻지 못하는 것임을 깨닫고 회개하기 원합니다. 내가 죄인임을 먼저 알고 타인을 권고하고 있습니까? 사랑 없는 가르침으로 오히려 그들의 마음을 상하게 하지는 않습니까?

교회의 권세는 사람을 살리는 권세입니다

진실로 너희에게 이르노니 무엇이든지 너희가 땅에서 매면 하늘에서도 매일 것이요 무엇이든지 땅에서 풀면 하늘에서도 풀리리라 _마 18:18

이방인과 세리처럼 여기라는 말씀 뒤에 맬 권세와 풀 권세를 다시 언급하십니다. "주는 그리스도시요 살아 계신 하나님의 아들이시니이다"라는 베드로의 신앙고백 이후 주신 권세들입니다(마 16:16~19). 나의 신앙고백이 확실하면 이런 권세를 주십니다. 안타깝게 기도하고 권고해도 안 듣는 사람, 나와 교회를 해코지하는 사람에게는 주님이 주신 권세로 권고해야 합니다. 그들도 피로 값 주고 사신 귀한 영혼들이기에 돌이키게 해야 합니다. 목사가, 교회가 좀 부족한 면이 있어도 권고해야 하고 성도는 교회의 권고를 들어야 합니다.

'땅에서'가 먼저입니다. 하나님께서 우리를 창조하시고 거듭남의 복을 주셨지만, 더불어 우리에게 자유의지도 주셨습니다. 그러므로 천국에 가는 그때까지, 나와 하나님이 일치되지 않는 부분이 있게 마련입니다. 하지만 우리는 그 자유의지로 세상을 향해 흘러 떠내려갈 것이 아니라 하나님 앞으로 나아가야 합니다. 내 자유의지로 땅에서 매야 하늘에서 매어 주십니다. 내 의지로 안 되면 지체들의 도움을 받아야 합니다.

교회 내에서 모두가 한마음이 되지 않으면 진정한 권세가 나오기 어렵습니다. 주님이 나에게 엄청난 교회의 권세를 주셨어도 권고를 듣지 않는 이방인, 세리가 나를 얼마나 불꽃같은 눈으로 지켜보고 있는지 모릅니다. 그래서 교회인 내가 먼저 잘 살아야 합니다. 말씀의 능력으로 나를 붙들어 매야 합니다. 그들의 마음을 붙잡아야 합니다. "내가 아무리 말해도 권고 안 들어" 하면서 포기하면 안 됩니다.

우리들교회에는 15년이 넘게 파출부 일을 하는 집사님이 계십니다. 망하자마자 바로 파출부 일을 하면서도 남에게 돈 한번 꾼 적이 없습니다. 그런데 명문 대학을 나온 박사 남편은 돈 한 푼 벌지 않고 아직 교회도 안 나옵니다. 그럼에도 이 집사님은 언제나 웃는 얼굴입니다. 그런데 이분이 몇 년 전에 60평짜리 아파트를 분양받았습니다. 40평을 신청했는데 하나님이 15평짜리 옥탑방까지 주셨습니다. 그 집이 우리들교회 식구들이 모두 가고 싶어 하는 제1의 관광지가 됐습니다.

목장 식구들이 초대받아 그 집에 갔다가 그 남편에게 "부인을 어떻게 생각하시냐"고 물었더니 "우리 부인 청초하고, 괜찮은 여자입니다" 하고 대답했습니다. 성도 각자가 교회인데 집사님이 교회로서 잘 살았기 때문입니다. 남편은 아직 교회 다니지 않지만 딸과 아들은 우리들교회에서 열심히 섬깁니다.

집사님에게 "아들이 수능이 가까웠는데 어떻게 지내요?" 물었더니 집사님이 대뜸 "걘 떨어져야 돼요! 고난이 없어서요" 하십니다. 아들이 공부한답시고 1부 예배만 드리고 고등부 예배를 안 드려서 그러는가 봅니다. 그런데 그 아들이 수시에 떡하니 붙었습니다. 과외 한번 안 시켜도 아들딸이 공부 잘하지, 집도 생겼지, 파출부 일을 하면서도 큐티 모임과 목장 모임을 열심히 섬기지, 교회의 권세를 가지고 만물을 붙드는 우리 집사님 때문에 그 남편도 곧 교회에 나올 것을 믿습니다.

◆ 믿지 않는 가족과 친구는 나를 뭐라고 평가합니까? 교회로서 잘 살아내지 못 하고 오히려 "교회 다니는 사람 맞냐?"라는 말을 듣지는 않습니까?

기도에서 나오는 교회의 권세는 엄청난 특권입니다

19 진실로 다시 너희에게 이르노니 너희 중의 두 사람이 땅에서 합심하 여 무엇이든지 구하면 하늘에 계신 내 아버지께서 그들을 위하여 이루 게 하시리라 20 두세 사람이 내 이름으로 모인 곳에는 나도 그들 중에 있느니라 _마 18:19~20

어려운 문제가 닥쳤을 때 우리에게 기도할 권세가 있음을 알기 바랍 니다. 간절한 관심과 기도로 잃은 양을 찾을 때 교회에 권세가 있습니다. 혼자 기도하고, 두세 사람이 모여서 기도하고, 온 교회가 한마음으로 합 심하여 기도합니다. 우리에게는 험담할 시간이 없습니다. 능력의 말씀으 로 만물을 붙들기 위해 자식과 남편을 위해 기도하는데 정죄하고 비판할 시간이 어디 있습니까? 그래서 우리들교회의 모든 오픈이 결코 가십거리 가 되지 않도록 이제까지 하나님이 지키셨습니다.

무엇보다 성도의 합심이 중요합니다. 고린도 교회가 성경 공부를 그 토록 열심히 했건만 바울파, 아볼로파, 게바파로 나뉘었습니다. 남의 교 회 이야기가 아닙니다. 내 교회도 이렇게 될 수 있다는 것을 늘 경계해야 합니다. 그러니 항상 벽을 허물고 하나 되게 하시는 하나님의 속성을 구해야 합니다. 권고도 그렇습니다. 징계가 목적이 되어서는 안 됩니다. 내 가족인데, 내 지체인데 어떻게 정죄하고 징계만 하겠습니까? 애통해야 합니다. 그런 마음으로 기도하면 하나님이 인(印) 치고 보호하십니다.

"땅에서 합심하여 무엇이든지 구하면 하늘에 계신 내 아버지께서 그들을 위하여 이루게 하시리라"고 하십니다. 100프로 응답받는 기도의 비밀이 이 말씀 가운데 있습니다.

숙명여대의 이경숙 전(前) 총장은 힘들 때는 묵상기도를 하고 더 힘들 때는 통성기도를 한다고 합니다. 그보다 더 힘들면 울부짖는 기도를 하고, 거기서 더 힘들면 통곡기도를 한다고 합니다. 그런데 가장 응답받는 기도는 감사기도라고 했습니다.

내가 매일 기도하고, 금식하고, 철야로 정성을 바치는데 응답을 못 받고 있다면 나의 문제를 찾아야 합니다. 기도의 조건만 갖추면 당장 응답이 옵니다. 기도의 조건을 못 갖췄기에 응답이 없는 겁니다. 언변이 좋은 기도가 아니라 합당하게 구하는 기도가 응답받는 기도입니다. 날마다 기도해도 응답받지 못하는 것은 내게 말씀이 안 들리고 욕심을 내려놓지 못했기 때문입니다. "기도 응답이 안 돼"라는 말은 "난 말씀이 안 들려", "난 아무것도 끊지를 못했어" 하는 말입니다.

앞서 소개했듯이 파출부 집사님의 남편은 명문 대학을 나와 박사학위까지 받았고, 부부가 함께 중국으로 유학을 다녀오기까지 했습니다. 그런데 그 남편이 돈을 못 버는 상황에서 집사님이 15년간 파출부로 일했습니다. 여러분은 이것을 보며 응답받았다고 할 수 있습니까? 그런데 집사님은 모든 사람에게 안식을 주었습니다. 지난 말씀에서 언급했던 춘화 자매도 남편이 바람을 피우고 돈이 없어도, 큐티 말씀을 나눔으로 수많은 사람을 살렸습니다. 여러분의 기도 응답은 무엇입니까? 잘 먹고 잘살고 자녀가 대학에 합격하는 것, 그것이 응답입니까?

나병을 앓고 있는 팔십 세 할머니에게 어떤 기도를 드리시냐고 물었더니, 아파서 일도 못 하고, 먹고 쉬면서 오직 하는 것이 찬양과 기도라고 대답하시면서, 하루도 안 빠지고 드리는 기도가 세 가지랍니다. 첫째는 나라를 위해, 둘째는 남북통일을 위해, 셋째는 선교사님들을 위해서입니다. 개인의 기도 제목은 오직 한 가지, 하나님 잘 섬기다가 평안히 가는 것이라고 하셨습니다.

그러면서 할머니는 "개인적인 기도 제목이 있으면 말씀해 주세요. 우리는 할 일이 없어서 늘 기도하니까 하나님이 즉시 응답해 주십니다" 했습니다. 이분이 팔십이 다 되도록 그 병이 낫지 않았습니다. 그런데도 하나님이 모든 기도를 즉시 응답하신다고 말씀하시는 겁니다. 여러분은 왜 그렇게 욕심이 많습니까? 새벽 3시 50분부터, 우리나라에서 가장 일찍 일어나 가장 열심히 기도하시는 그분의 믿음을 보면서 '왜 내 기도는 응답이 안 되느냐'고 말할 수 있겠습니까?

땅에서 매면 하늘에서 매고 땅에서 풀면 하늘에서도 풀립니다. 사소한 오늘을 잘 살아야 합니다. 우리들교회의 한 남편 집사님이, 예수님이 교회를 사랑하신 것같이 아내를 사랑하기 위해, 구체적으로 적용하고자 다음과 같이 '아내를 위한 십계명'을 만드셨습니다.

1. 한심하고 답답한 일을 보더라도 너무 절망하지 말 것.
2. 말을 부드럽게 할 것. 부드러운 말을 못 듣더라도.
3. 악하고 게으른 것이 나에게도 있으니 분노는 나에게 할 것.
4. 비판을 받아도 정면 돌파하지 말 것.

5. 부족한 것을 지적하지 말고 잘한 것만 말할 것.

6. 잘못된 것을 잡아 주되 사랑과 부드러움과 격려로 할 것.

7. 원수 같아도 주님을 바라보고 보복하지 말 것.

8. 매사에 예수님이라면 어떻게 하실까 생각할 것.

9. 사소한 기분으로 시간을 망치지 말 것.

10. 아내의 기도 제목과 내 기도 제목이 같아도 화내지 말 것.

그리고 이렇게 덧붙였습니다. "아내가 잘못해도 말로 보복하지 말고 감사해야겠다. 범사에 감사하며 쉬지 말고 기도하자. 현실을 무시한 기적은 나를 바보로 만들 것이다."

맞습니다. 말씀을 들었더니 이렇게 능력의 말씀으로 만물을 붙들게 됩니다. 우리도 아내를, 남편을, 자녀를, 힘든 직장 상사를 붙들게 될 것을 믿습니다.

교회는 죄에 대해 경각심을 가져야 합니다. 사건들을 통해 훈련받는 것은 큰 권세를 주시기 위한 과정입니다. 우리는 100% 죄인입니다. 원수도 사랑하라 하시는데 죄 범한 형제를 사랑하는 것은 마땅한 일입니다. "나는 저런 죄는 없어" 하는 것만큼 큰 교만이 없습니다. 우리도 그와 같이 될 수 있다는 것을 늘 생각하시기 바랍니다.

교회는 권세를 가지고 형제를 사랑해야 하고, 일대일로, 예민하게 그 죄에 대해 아파하는 마음으로 권고해야 합니다. 두세 사람이 확증하게 해서 권고했음에도 듣지 않는다 하여도 낙심하지 말아야 합니다. 주님의 뜻대로 권고하면 하나님이 책임지십니다. 우리에게 맬 권세와 풀 권세를 주셨기에, 이방인과 세리 같은 내 식구들에게 교회로서 권세를 보여 주어야 합니다. 최고의 권세를 가지고 기도하며 사람을 살리는 교회가 되길 원합니다.

　물론 죽을 때까지 권고한다고 해도 안 돌아올 수도 있습니다. 그러나 그것이 내 문제라 생각하며 기도할 때 사람을 살리게 될 것을 믿습니다. 평안도의 야소교 신자들이 어떤 비리도 침입하지 못하는 믿음의 적용을 했던 것처럼, 나 한 사람이 말씀으로 무장할 때 사탄이 한 길로 왔다가 일곱 길로 도망갈 것을 믿습니다.

◆ 내가 끊지 못하고 버리지 못하는 육신의 정욕, 안목의 정욕, 이생의 자랑은 무엇입니까? 끊지 못하는 나의 죄와 중독 때문에 나도 살아나지 못하고 다른 사람도 살리지 못하는 것을 인정합니까? 나 자신이 교회임을 인식하며 사소한 일에도 믿음의 본을 보이고 있습니까?

어려운 문제가 닥쳤을 때 우리에게
기도할 권세가 있음을 알기 바랍니다.
간절한 관심과 기도로 잃은 양을 찾을 때
교회에 권세가 있습니다.

말씀으로 기도하기

교회를 다녀도 많은 사람이 잘못된 삶을 살아갑니다. 그러나 그래도 사람을 살리는 곳은 교회밖에 없습니다. 교회에 사람을 살릴 책임이 있고 권세가 있습니다.

교회는 권고하는 권세를 가져야 합니다(마 18:15~17).

교회에는 죄에 대해 권고하는 권세가 있습니다. 폭로가 정죄가 아니라 죄에 대해 애통함과 사랑으로 찾아가서 죄를 끊도록 권고하는 것입니다. 나의 죄와 불신으로 지체를 해치고 교회를 해치고 있지는 않은지 두렵고 떨림으로 돌아봅니다. 혼자서는 거룩을 이룰 수 없습니다. 공동체 안에서 서로 죄의 감시자가 되고 사랑으로 권고하며 함께 깨어 있기를 기도합니다.

교회의 권세는 사람을 살리는 권세입니다(마 18:18).

교회의 권세는 사람을 살리는 권세입니다. '주는 그리스도시요 살아 계신 하나님의 아들'이라고 고백하는 나에게 주님은 맬 권세와 풀 권세를 주셨습니다. 하나님을 믿는 내가 교회의 기준입니다. 권고를 거부하는 이방인과 세리 같은 가족이라도 그들을 살릴 책임과 권세가 나에게 있습니다. 내 삶에서 믿음의 권세가 나타나도록 은혜 내려 주시기를 기도합니다.

기도에서 나오는 교회의 권세는 엄청난 특권입니다(마 18:19~20).

교회가 권세를 가지고 해야 할 일은 간절한 관심과 기도로 잃은 양을 찾는 것입니다. 목장과 교회에서 합심하여 기도할 때 믿지 않는 가족과 이웃의 마음이 열리고 복음이 들어갈 것을 믿습니다. 고난의 훈련으로 나에게 권세를 주시고 다른 사람을 위해 기도하는 엄청난 특권을 주시니 감사합니다.

우리들 묵상과 적용

불신 가정에서 태어나 아버지의 망하는 사건과 돈을 벌기 위해 독일에 간 호사로 가신 엄마의 부재는 저를 늘 자기 연민에 빠지게 했습니다. 이것이 저의 열등감이 되었고, 저는 이를 감추고자 남에게는 좋은 사람으로 보이고 싶었습니다. 그런데 사실은 전혀 그렇지 못했습니다. 하나님이 맺어 주신 숱한 사람들과 관계를 푸는 것이 아니라 꽁꽁 매고 무 자르듯 자르며 살았습니다(마 18:18).

미국에서 형편이 어려워져 귀국한 후 시어머님과 함께 살게 되었습니다. 시아버님의 퇴직금으로 생활하시던 어머님은 늘 돈에 갈급해하셨는데 어느 날 어머님에게 생각보다 많은 돈이 있음을 알고는 분이 나서 어머님의 용돈을 줄였습니다.

이후 어머님과 지내는 것이 너무 힘들어 취직을 했습니다. 그리고 파출부 아주머니를 집에 오시게 했는데, 어머님이 파출부와 함께 지내는 것이 힘들다고 하셨고, 저는 그럼 아주머니 일하실 동안 잠시 나갔다 오시는 것이 어떠냐고 했습니다. 그랬더니 시누이에게 "쟤가 나보고 나가라"고 했다고 애먼 소리를 하셔서 그만 큰소리로 대들고 말았습니다. 그 일로 어머님은 응급실로 실려 가셨고 그것이 사랑을 갈구하시는 것인 줄 알면서도 외면했습니다.

어느 해 캐나다에 살고 있는 어머님의 조카며느리가 방문한 일이 있었습니다. 이민 가서 고생하며 모은 재산을 한국에서 사기를 당해 다 잃고 우울증을 앓던 분이었습니다. 그런 사연을 알면서도 제 마음이 지옥을 살고 있던 터라 어머님과 저 사이를 이간질하는 것을 참지 못해 다투고 말았습니다.

이렇게 악한 저를 주님은 방황하는 어린 양으로 여겨 주고 찾아 주셨습니다. 그 사랑을 생각하며 어머님을 찾아뵙고 어머님께 잘해 드리고 싶었는데 제가 너무 부족해서 마음처럼 할 수가 없었노라고 용서를 구했습니다. 그랬더니 어머님께서 그간 고생 많았노라고 위로해 주셨습니다. 캐나다로 돌아가신 형님에게도 전화를 드려 저의 허물을 고하며 용서를 구했습니다. 주님 앞에 내가 100% 죄인임을 고백하며 용서를 구했을 때 이 땅에서 풀면 하늘에서도 풀리는 기쁨을 맛보았습니다(마 18:18). 주님 만나는 그날까지 나 같은 죄인 살리신 주님의 은혜를 생각하며 용서와 사랑의 믿음을 행하기 원합니다. 그래서 가족과 세상을 감동시키는 주님의 백성으로 거듭날 수 있기를 간구합니다.

영혼의 기도

하나님 아버지, 한국교회가 권세 있는 교회가 되기 원합니다. 사람 살리는 교회가 되기 원합니다. 형제를 살리기 위해 권고한다면서 아직도 내 억울함과 분함과 생색 때문에 일대일로 가서 말하기보다는 만천하에 공표하고 싶습니다. 나를 알아주기 원하고, 참지 못하고 기다리지 못해서 형제를 얻지 못합니다. 이방인, 세리처럼 여기라는 말에 안주하고 싶습니다.

하나님은 그들을 똑같이 사랑하셔서 교회인 나에게 풀 권세, 맬 권세를 주시고 그를 살리라고 하시지만 제게는 사랑할 힘이 없습니다. 내 속에 이방인, 세리처럼 여기고 하나님 말씀을 듣지 않는 가증함이 있습니다. 그것을 먼저 보기 원합니다. 내가 말씀 듣고 목장에 가고 큐티하면서도, 죽어도 못 끊는 술, 담배, 여자 중독에 있는 자들을 이방인, 세리라고 손가락질합니다. 나 때문에 수고하는 식구들을 불쌍히 여겨 주옵소서.

우리가 부족하지만 주님을 사랑하기에, 죄가 무엇인지도 모른 채 자신과 식구들을 힘들게 하는 그들을 위해 권고하오니 그들이 받아들이게 도와주시고 마음을 열기 원합니다. 합심하여 기도함으로 마음을 열기 원합니다. 우리가 다 죄인이고 권고할 자격이 없지만 권고를 사랑의 음성으로, 주님의 음성으로 듣고 받아들이게 하옵소서. 주님을 사랑합니다. 교회를 사랑합니다. 불러 주시고 역사하여 주옵소서. 예수님 이름으로 기도하옵나이다. 아멘.

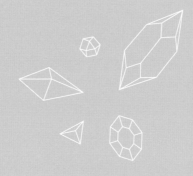

10

끝없이 용서하라

마태복음 18:21~35

> 하나님 아버지, 끝없이 용서하라고 하십니다.
> 저희가 용서할 수 없사오니
> 말씀으로 만져 주옵소서.
> 말씀하여 주옵소서. 듣겠습니다.

한 목사님이 설교를 하다가 교인들에게 물었습니다. "성도 여러분 중에 미워하거나 싫어하는 사람이 한 사람도 없는 분 계십니까? 손 좀 들어 보세요." 당연히 아무도 손을 안 들었습니다. 목사님이 "정말 아무도 없습니까?" 다시 물었더니 가장 나이 많으신 할아버지가 조용히 손을 들더랍니다. 목사님이 놀라서 정말 없으시냐고 물었더니 할아버지가 대답하셨습니다. "옛날에는 나도 그런 사람 많았는데 지금은 다 죽어서 없어."

그렇습니다. 싫어하고 미워하는 사람이 없는 사람이란 없습니다. 그래서 끊임없이 용서해야 합니다. 왜 끊임없이 용서해야 할까요?

누구도 죄로부터 자유롭지 못하기 때문에 용서해야 합니다

21 그 때에 베드로가 나아와 이르되 주여 형제가 내게 죄를 범하면 몇

번이나 용서하여 주리이까 일곱 번까지 하오리이까 22 예수께서 이르시되 네게 이르노니 일곱 번뿐 아니라 일곱 번을 일흔 번까지라도 할지니라_마 18:21~22

'그때에'가 어느 때입니까? 천국에서 어린아이 같은 자가 큰 자이고, 실족하게 하지 말고 잃은 양을 찾으며, 이방인과 세리 같은 형제를 위해 기도하라고 말씀하신 직후입니다. 바로 그때 베드로가 물어봅니다. 베드로는 일곱 번까지나 용서해야 하는지를 묻는데 주님은 '일곱 번을 일흔 번까지라도', 곧 무한대의 개념을 말씀하십니다.

이 말씀을 보며 저는 제가 저지른 죄의 횟수는 얼마나 될까 생각해 보았습니다. 의식했든 안 했든 남을 비판하고, 미워하고, 욕심부린 죄를 하루에 세 번만 지어도 그 사람은 걸어 다니는 천사라고 생각합니다. 그런데 제아무리 걸어 다니는 천사라고 해도 그렇습니다. 하루에 세 번 짓는 죄가 한 달이면 90번, 1년이면 천 번, 70년이면 7만 번의 죄가 됩니다. 상습 전과자가 따로 없습니다. 결국 죄로부터 자유로울 자는 아무도 없습니다. 그래서 우리는 다른 사람의 죄에 대해 완전히 용서하는 법을 배워야 합니다.

용서란 채권자로서의 권리를 완전히 포기한다는 뜻입니다. 당시 랍비는 세 번까지 용서하라고 가르쳤는데, 베드로는 히브리인의 완전수 일곱 번을 내세웁니다. 베드로는 참 귀엽습니다. 어린아이처럼 늘 물어봅니다. 늘 나서다가 야단맞지만 이러한 베드로 덕분에 우리가 저절로 양육을 받습니다.

동일한 사람이 똑같이 반복해서 괴롭힐 때 우리는 참 마음이 괴롭습니다. 그런데 그런 일을 당해도 일곱 번을 일흔 번까지라도 용서하라고 하십니다. 7×70이면 490번입니다. 하지만 이 말씀은 490번까지 용서하라는 뜻이 아닙니다. 주님은 숫자의 개념이 아닌 무한대의 개념으로 용서를 이야기하십니다. 여러분은 지금까지 살아오면서 내게 잘못한 사람을 몇 번이나 용서했습니까? 동일한 괴롭힘을 계속 당해도 동일하게 용서가 가능했습니까? 내 힘으로는 일곱 번을 일흔 번은커녕 일곱 번을 단 한 차례 용서하기도 힘듭니다. 내 힘으로 불가능합니다. 그렇기에 하나님의 무한한 용서, 먼저 해 주시는 용서를 경험하게 하셨습니다.

> 23 그러므로 천국은 그 종들과 결산하려 하던 어떤 임금과 같으니 24 결산할 때에 만 달란트 빚진 자 하나를 데려오매 25 갚을 것이 없는지라 주인이 명하여 그 몸과 아내와 자식들과 모든 소유를 다 팔아 갚게 하라 하니 26 그 종이 엎드려 절하며 이르되 내게 참으소서 다 갚으리이다 하거늘 27 그 종의 주인이 불쌍히 여겨 놓아 보내며 그 빚을 탕감하여 주었더니_마 18:23~27

1만 달란트 빚진 자의 이야기입니다. 1달란트는 6천 데나리온이고, 1데나리온은 노동자의 1일 품삯입니다. 1만 달란트는 1일 동안 6천만 명이 일한 품삯에 해당합니다. 한 사람이 1년에 5일 쉬고 3백 일 동안 일한다면 20만 년을 일해야 갚을 수 있는 돈입니다. 당시 노예 한 사람의 값이 5백 데나리온에서 2천 데나리온이었으니까 온 식구를 노예로 팔아도 1달란트를 만들기 힘듭니다. 인간의 힘으로는 상환 불가능한 금액입니다. 구원도 마찬가지입니다. 인간의 힘으로는 불가능합니다.

우리 주위에도 도박과 노름으로 벼랑 끝까지 몰려 있는 사람들이 있습니다. 그런 환경에 사로잡히면 남의 돈에 의지할 수밖에 없습니다. 하지만 갚을 길이 없으니 빚이 빚을 낳습니다. 결국 빚이 눈덩이처럼 불어 납니다. 그런데 그 빚이 1만 달란트까지 가면 내 돈, 남의 돈이 구별도 안 됩니다. 액수의 적고 많음도 분별 못 합니다. 도덕이나 윤리의 개념도 잃어버립니다. 그러니 돈 때문에 거짓말을 밥 먹듯 합니다. 그런 사람이 내 아내, 내 남편, 식구로 있으면 얼마나 괴로운지 모릅니다. 그런데 채권자인 주인이 "네 몸과 아내와 자식들을 다 팔아서 갚으라"고 명령합니다.

그러나 26절에서 "그 종이 엎드려 절하며 이르되 내게 참으소서 다 갚으리이다" 한 것은 공수표입니다. 위기를 모면하기 위한 허황된 약속입니다. 도박하다 빚진 사람들은 대부분 돈에 대한 욕심 때문에 또 부도를 냅니다.

'절하며'는 원어로 미완료 시제입니다. 한 번만 그러는 게 아니란 의미입니다. 그 순간을 모면하기 위해 끊임없이 돈 되는 사람에게 엎드려 절한다는 것입니다. 빚진 자들은 흔히 "딱 한 번만 봐주면, 이번 한 번만 융통해 주면 사업을 일으켜서 한번에 갚겠다"고 말합니다. '있으면 먹고, 없으면 금식하고, 죽으면 천국 간다'는 우리들교회 표어를 창고에 깊숙이 처박아 둔 사람입니다.

이럴 때는 장담을 할 게 아니라 주님 앞에 나가서 "나는 아무것도 할 수 없는 죄인입니다. 사업도 내 욕심 때문에 안 됐습니다" 하고 고백해야 합니다. 주변 사람들에게도 "나는 무능하다, 사업의 자질이 없다"고 말하며 용서를 구하고 '죽으면 죽으리이다' 해야 합니다. 그런데도 계속 갚는다면서 큰소리치고 그 돈 안 해 준다고 식구들을 정죄하는 빚진 자들이 우리 주변에는 너무 흔합니다. 그러니 식구들이 이 자의 말을 믿어야 할지 말아야 할지 분별도 안 되고 얼마나 괴롭겠습니까?

이런 사람이 원수 같은 배우자라면 당장 이혼할 수도 있지만, 자식이면 버리지도 못합니다. 정말 창자가 끊어집니다. 똑같은 죄라도 배우자가 지으면 악을 쓰고 동네방네 고발하고 다니지만, 자식이 죄를 지으면 꿀 먹은 벙어리가 됩니다. 아무 말도 할 수 없는 것이 인지상정입니다.

우리들교회의 어느 집사님 아들이 수능을 한 달 앞두고 학교 운동장에서 운전을 하다가 경미한 교통사고를 냈는데, 학교에서 퇴학시키겠다고 했답니다. 그날로 부모가 학교에 가서 엎드렸습니다. "딱 한 달만 징계를 참아 달라, 수능만 보게 해 달라, 이 아이가 학교에 안 가면 어떻게 될지 모른다" 하며 애걸복걸했지만 결국 거절당했습니다. 자퇴하고 말았습니다. 부모 입장에 얼마나 창자가 끊어졌겠습니까! 아버지가 너무나 마음이 아프고 괴로운 나머지 술을 딱 한잔하고 교회 홈페이지에 글을 올리셨습니다. 저도 그 글을 읽으며 창자가 끊어지는 것처럼 너무나 안타까웠습니다.

그런데 이 종의 주인은 측은한 마음에 그 어마어마한 돈을 탕감해 줬습니다. 인간의 힘으로는 갚으려야 갚을 수 없는 1만 달란트를 탕감해 준 것입니다. 여기서 시제는 '부정과거형'입니다. 단회적인 행동으로 즉시 탕감해 주었다는 의미입니다. 하나님이 먼저 찾아오셔서 단번에 용서해 주신 것입니다.

❖ 나를 불쌍히 여기시고 죄를 탕감해 주신 주님 앞에 "나는 무능합니다", "나는 죄인입니다" 고백하나요? 갚아 주신 은혜를 생각하며 날마다 감사하나요?

용서받은 자가 용서할 수 있습니다

28 그 종이 나가서 자기에게 백 데나리온 빚진 동료 한 사람을 만나 붙

들어 목을 잡고 이르되 빚을 갚으라 하매 29 그 동료가 엎드려 간구하여 이르되 나에게 참아 주소서 갚으리이다 하되 30 허락하지 아니하고 이에 가서 그가 빚을 갚도록 옥에 가두거늘 _마 18:28~30

그런데 어마어마한 빚을 탕감받은 이 사람이 자기에게 빚진 동료에게는 빚을 갚으라고 윽박지릅니다. '동료'라는 단어는 '함께'라는 단어와 '종'(둘로스)을 합성한 단어입니다. 함께 고용된 종, 같은 주인을 섬기는, 피차 사정을 아는 동료라는 뜻입니다. 그런데 야비하게 빚을 갚으라고 합니다. 그나마 차차 일해서 갚으라는 것도 아닙니다. 부정과거형 시제를 써 가며 단번에 갚으라고 목을 조르는 것입니다. 왜 그랬겠습니까?

이 말씀을 보면서 "어머, 1만 달란트 빚진 종은 너무 나쁜 사람이다"라고만 적용하면 안 됩니다. 이 사람은 1만 달란트를 탕감받았으나 수중에 돈이 한 푼도 없습니다. 100데나리온이라도 필요한 상황입니다. 도박으로 몇 채씩 집을 들어먹어도 '당장! 당장!' 돈이 필요합니다. 이 세상 것에 영원히 목마른 사람이 될 수밖에 없습니다.

그런데 100데나리온을 빚진 동료 역시 마찬가지입니다. 1만 달란트 빚진 자와 똑같이 간구합니다. "나를 참아 주소서, 갚으리이다" 하고 기도합니다. 그런데 다른 점이 무엇일까요?

100데나리온 빚진 자는 그 빚의 규모가 자기가 일해서 갚을 수 있는 정도입니다. 그러므로 이 사람은 시간은 걸려도 일해서 갚을 것입니다. 허황된 호소가 아니라 진실된 호소입니다. 그런데 우리는 두 사람이 똑같이 호소하니까 누가 옳은지를 잘 모릅니다. 하지만 상식을 넘어서는 것은 경계해야 합니다. 여러분은 무엇을 갚겠다고 기도하고 있습니까? 1만 달란트입니까, 100데나리온입니까?

우리는 내가 아무것도 할 수 없는 주제란 것을 알아야 합니다. 국어로 말하면 '네 주제를 알라'이고, 수학으로 말하면 '분수를 알라'이고, 미술로는 '네 꼬라지를 알라'입니다. 수십억을 탕감해 달라, 수십억을 벌게 해 달라고 기도하니까 안 되는 겁니다. 100데나리온처럼 갚을 수 있는 액수를 갚겠다고 진실한 기도를 해야 합니다. 내가 일해서 갚기로 적용하면 하나님이 처리해 주십니다.

우리나라는 IMF 외환위기 때 어마어마한 빚을 졌습니다. 권력자들과 재벌들이 국가적인 빚을 졌는데도, 자기들의 권력으로 자기에게 빚진 사람을 감옥에 보냈습니다. 헤롯도 이스라엘이 자기 것이 아닌데, 딸에게 나라의 절반이라도 주겠다고 했습니다(막 6:23). 1만 달란트의 빚을 갚아 주면 뭣합니까? 그 돈과 권력이 안 가야 할 사람에게 가면 나라가 망하고 집안이 망하고 교회가 망합니다.

1만 달란트 탕감받고, 많은 고난 가운데 믿는 것 같아도 이 사람은 진정한 용서를 경험하지 못했기에 동료를 용서 못 하고 옥에 가두었습니다. 차차 갚으라고도 않고 단번에 갚으라고 옥췹니다. 용서를 경험해 보지 않은 사람의 특징입니다. 용서를 받아 보았다면 이럴 수 없습니다.

◆ 내가 1만 달란트를 탕감받았는데도 나를 영육 간에 괴롭게 하는 식구들의 멱살을 잡고 옥에 가두지는 않습니까? 말로는 참아 달라고, 용서해 달라고 기도하지만 갚을 생각이 없지는 않습니까? 급한 위기만 넘기겠다고 기도하고 있지는 않습니까?

32 이에 주인이 그를 불러다가 말하되 악한 종아 네가 빌기에 내가 네
빚을 전부 탕감하여 주었거늘 33 내가 너를 불쌍히 여김과 같이 너도 네
동료를 불쌍히 여김이 마땅하지 아니하냐 하고_마 18:32~33

보십시오. 악한 종도 빕니다. 참된 죄 사함을 경험하지 못해도 얼마
든지 악을 쓰고 기도할 수 있습니다. 여기서 속으면 안 됩니다. 어찌나 간
절한지 하나님도 잠시 응답해 주시는 것 같습니다. 돈도 잘 벌고 사업도
잘되고 아이도 잘될 수 있습니다. 그런데 죄 사함을 모르니까 자기가 잘
되면 바로 다른 사람을 무시합니다. 100데나리온 빚진 사람에게 패악을
저지릅니다.

이것이 어떻게 이 사람만의 이야기겠습니까? 우리는 조금이라도 잘
되면 얼마나 건방을 떠는지 모릅니다. 그래서 하나님은 우리에게 돈을 안
주십니다. 그래서 우리도 "교만해질 환경은 주지 마시라"고 기도해야 합
니다.

앞에서도 말씀드렸지만 1만 달란트 빚진 자와 100데나리온 빚진
자, 둘 다 빚진 자입니다. 그런데 다른 점이 또 있습니다. 1만 달란트 빚진
종은 마지막 남은 돈 한 푼까지 탈탈 털어 간 사람입니다. 온 집안이 망해
서 길거리에 나앉기까지 난리를 친 사람입니다. 이런 사람의 가족들은 빚
진 자가 죄 사함의 은혜를 받기 전까지는 어쩔 수 없습니다. 영화 〈타짜〉
를 보면 집도 팔고 땅도 팔고 손까지 잘라 가면서 도박을 합니다. 부삽으
로 돈을 퍼 날라 온 집안을 들어먹어도 100데나리온 내놓으라고 악을 씁
니다. 멱살을 잡습니다.

그런데 100데나리온 빚진 종은 그 돈조차 갚아 줄 사람이 없어서 이렇게 괴롭힘을 당합니다. 목을 잡히고 감옥에 갇히니 결국 그의 빚을 하나님께서 갚아 주십니다. 그렇다면 대체 무엇이 축복입니까? 이 땅에서 길이 없어서 멱살 잡히고 옥에 갇히는 게 축복 아닙니까? 진실하게 갚겠다고 생각하고, 감옥 갈 생각을 하고 멱살을 잡히며 중심으로 용서를 구하십시오. 그러면 하나님이 갚아 주십니다. 그래도 안 갚아 주신다면 그것은 내 삶의 결론입니다. 중심으로 갚을 마음을 가지고, 두려워 말고 100데나리온 빚진 자처럼 행동해야 합니다.

반면에 1만 달란트 탕감받았다고 건방을 떨면 어떻게 되는지를 보겠습니다.

주인이 노하여 그 빚을 다 갚도록 그를 옥졸들에게 넘기니라 _마 18:34

영원토록 형벌에 처하는 지옥행입니다. 옥졸은 괴롭히는 자, 고문하는 자입니다. 내가 예수님을 안 믿으면 아무리 탕감을 받아도 육적·정신적·영적 고통이 끝이 없습니다. 우리 식구 중에 잠만 깨워도 "왜 날 괴롭히냐!" 하는 사람이 있습니다. 밥 먹으라고만 해도 "왜 이 집 식구들은 나를 이렇게 고문하냐!" 이럽니다.

이런 사람들은 밤낮 "너 때문에 안 되고, 부모님 때문에 안 된다" 하며 남을 탓합니다. "내 곁에는 온통 나를 괴롭히고 고문하는 사람밖에 없다"고 불평합니다. 이런 사람에게는 아무리 퍼 줘도 소용없습니다. 그에게는 그 도움이 그저 나일강에 떨어지는 한 방울 물과 같아서 하나도 감사하지 않습니다. 광야에 물이 한 방울 떨어지면 너무 감사한데, 온통 물바다에 빠져 있으니 물 한 방울에 대한 감사를 전혀 모릅니다. 1만 달란트 갚아 줘도 소용이 없습니다.

하나님은 용서하지 않는 자를 용서하지 않으십니다. 용서 못 하는 불순종이 있으면 죽음의 냄새가 나를 뒤덮습니다. 그 미움이 삶을 뒤흔듭니다. 지옥이 따로 없습니다.

남을 용서하지 못하고, 다른 사람을 불쌍히 여기는 마음이 없다면 하나님으로부터 죄 사함을 경험하지 못합니다. 그래서 이 본문에서 정말로 불쌍한 사람은 1만 달란트 빚진 자입니다. 1만 달란트 탕감받고도 하나님의 은혜를 모릅니다. 그러니 날마다 돌봐 줘야 할 식구와 동료의 목을 조르고 돈 가져오라고 하는 것입니다. 앉으나 서나 자기밖에 모릅니다.

또 한편으로는 두 빚진 자를 이런 관점으로 바라볼 수 있습니다. 1만 달란트 빚진 사람은 100데나리온 빚진 사람과 비교가 안 되게 멋있습니다. 1만 달란트나 빚질 때까지 얼마나 돈을 물 쓰듯 쓰고 다녔겠습니까? 빚을 내가며 외제 차를 타고 명품을 두르고 다니지 않았겠습니까? 얼마나 낭비했으면 1만 달란트나 빚을 졌겠습니까? 얼마나 사기를 치고 다녔으면 그 빚이 1만 달란트나 되었겠습니까? 1만 달란트 빚질 이유가 있는 겁니다.

그러다 망했는데도 회개를 안 합니다. 여전히 대단한 식구들이 또 돈을 주기 때문입니다. 회개하지 않아도 반짝 회복됩니다. 그러니 회개할 기회조차 없습니다. 이런 사람이야말로 정말 불쌍한 사람입니다.

어떤 집사님이 노후를 위해 골프 회원권과 콘도와 외제 차는 있어야겠다고 생각해서 일단 빚을 내서 외제 차를 샀습니다. 그래서 1년간 빚 갚느라고 정신이 없었답니다. 얼른 빚 갚고 옛 명성 되찾는 것이 유일한 목적이었는데, 이분에게 고난이 왔습니다. 운영하던 공장이 망하게 된 것입니다. 통상 악덕 기업주는 사업이 망하면 외국으로 도망가기 바쁜데 이

분은 도망가지 않고 남아서 공장 직원들을 끝까지 챙겼습니다. 공장 직원들의 영혼 구원이 목적이 되니 고난을 고난으로 여기지 않고 부채를 감당하게 되었습니다. 그러면서 하나님을 믿게 하신 것이 축복이라고 고백하셨습니다.

또 한 분은 아파트를 팔아서 가게를 시작했는데, 4년 동안 번 돈으로 똑같은 평수의 아파트를 사게 되었습니다. '드디어 하나님이 나에게 복을 주시는구나' 하면서 기복신앙에 빠질 뻔했는데, 하나님이 적당히 손을 보셔서 망하게 되었습니다. 치킨 가게를 하면서 '이게 지옥이구나' 싶을 만큼 너무 힘들었지만, 이 잠깐의 고난 때문에 비싼 수업료를 지불하고 영적으로 너무나 많은 것을 얻었다고 고백했습니다. 이제 경제적인 것은 남편이 감당하고, 아내는 가정을 지키면서 자녀를 잘 양육해야겠다는 깨달음을 주셨답니다. 그간 얼마나 자신이 하나님보다 맘몬신을 섬겼는지 창자가 끊어지도록 회개했다고 나누셨습니다.

100데나리온 빚진 종처럼 망했기에 산동네로 가는 적용을 하고, 멱살을 잡히고, 아무도 미워하지 않으며 감옥에 간다면 그 적용을 잘하고 있나 아닌가 보는 사람이 있습니다. 다시 31절로 돌아가 봅니다.

그 동료들이 그것을 보고 몹시 딱하게 여겨 주인에게 가서 그 일을 다 알리니_마 18:31

몹시 딱히 여긴다는 것은 다른 사람의 고난을 함께 슬퍼하고 괴로워한다는 의미입니다. 100데나리온 빚진 종에게는 내가 속상해하는 걸 알아주고, 주인에게 가서 고해 줄 사람이 있다는 것입니다. 100데나리온 빚진 종의 믿음이 대단해서가 아닙니다. 그저 기댈 데가 하나님밖에 없는 어린아이 같은 사람이라서 그렇습니다. 내게 믿음이 부족해도 적용을 잘 하면 다른 동료들이 이 사실을 주인에게 고해 줍니다. 중보기도가 그래서 중요합니다. 앞서 아들의 교통사고와 자퇴로 기도 제목을 올리신 집사님도 나눔 말미에 중보기도를 부탁하셨습니다. 세상 사람들에게 아들 이야기를 하면 겉으로는 안타까워하면서도 속으로는 좋아하는 것 같은데, 우리들교회 지체들은 진실로 함께 애통해 주어서 중보기도를 부탁한 것입니다. 우리의 중보기도가 이래서 정말 중요합니다. 기도로 책임을 지는 여러분이 되십시오.

우리 주변에도 힘들고 지쳐서 어쩔 줄 모르는 100데나리온 빚진 종이 수없이 있습니다. 수많은 잃은 양이 있습니다. 그들은 기도할 줄도 모릅니다. 그런데 우리가 "저 사람 힘들어요. 100데나리온만 갚아 주면 살아날 사람이에요" 하고 주님께 기도하기만 하면 들어주시고 갚아 주십니다. 이런 믿음이 있어야 합니다. 반면에 1만 달란트 빚진 종처럼 그 누구도 내 고난을 보고 슬퍼할 사람이 없다면 그것은 내 인생의 결론입니다. 내가 지금 그저 위기를 모면하려고 하는지, 빚을 갚을 마음이 있는지 하나님은 결코 속지 않으십니다.

반면에 100데나리온 빚진 사람은 원망하거나 욕하지 않고 잠자코 당했습니다. 그렇다면 감옥에 안 가는 것만이 축복일까요? 감옥에 갔다면 예수 믿었을 사람이 안 갔기 때문에 몇십 년 동안 온 집안 식구들을 망하게 하는 경우도 보았습니다. 성경적 가치관으로 나에게, 우리 집안에 좋은 게 무엇인가 생각해야 합니다. 내가 진실한지 아닌지 주님은 속지 않으십니다.

주님과의 인격적 만남도 없이 돈이 생기고 회복되고 자꾸 잘되는 것이 악한 것임을 아시기 바랍니다. 감옥에 다녀와서 지도자가 된 사람도 많고, 주의 종 가운데서도 감옥 갔다 오신 분이 많습니다. 저 역시 시집살이의 감옥을 경험했기 때문에 여기까지 왔다고 생각합니다.

> 너희가 각각 마음으로부터 형제를 용서하지 아니하면 나의 하늘 아버지께서도 너희에게 이와 같이 하시리라_마 18:35

아무리 나를 힘들게 한 사람이 있어도 '마음으로부터', 진정으로 일곱 번을 일흔 번까지, 정말 무한대로 용서해야 하는데, 우리는 도저히 그럴 수 없습니다. 나를 힘들게 하고 괴롭힌 것을 생각하면 숨이 쉬어지질 않습니다. 나는 돈 한 푼 아끼겠다고 먹을 것 안 먹고 옷 한 벌 안 사 입는데, 남편은 술에, 폭력에, 도박에, 심지어 바람까지 피워 대고 있습니다. 그렇다고 해서 이 남편을 버리고 이혼하면 되겠습니까? 일대일로 권고해도 안 듣고, 두세 사람이 권고해도 안 듣고, 교회가 말해도 안 듣는 이 사람을, 그럼에도 주님은 무한대로 용서하며 끝없이 인내하라고 말씀하십니다.

마태복음 18장은 교회론입니다. 교회란 일곱 번을 일흔 번 용서해야 할 사람들이 모이는 곳이라는 겁니다. 우리 하나님이 자신 있으시니 이렇게 말씀하십니다.

하지만 우리는 내 사랑하는 식구들이 일곱 번을 일흔 번 참을 동안 변하지 않아서 너무나 슬픕니다. 490번 참을 수도 없어서 괴롭습니다. 하지만 그런 과정을 통해 날마다 참지 못하는 내 속의 악을 보는 것이 축복입니다. 영과 관절과 골수를 찔러 쪼개는 하나님의 말씀(히 4:12)을 보면서, 내 죄가 벌거벗은 듯이 드러나는 아픔을 경험하는 것이 축복입니다. 내가 얼마나 형편없는 사람인지 알게 되는 것이 축복입니다. 여기에 안식이 있기 때문입니다. 그래서 히브리서 4장은 안식장입니다.

　　마음으로부터 용서하는 것은 상대방과 상관없이 내 죄를 볼 때 가능합니다. 일곱 번을 일흔 번까지 내 죄를 보게 되면 1만 달란트 빚진 자 같은 내 식구들이 얼마나 나 때문에 수고하는가 깨닫게 됩니다. 내가 내 모습 깨달으라고 저 사람이 내 곁에 식구로 붙어 있구나 알게 됩니다.

　　내가 죄인인 것을 가슴 절절히 느낄 때 비로소 용서할 수 있습니다. 용서할 사람이 있다는 것은 하나님이 사랑하시는 사람이라는 의미입니다. 날마다 용서받고 용서하는 사람을 하나님이 들어 쓰십니다. 아직도 용서가 안 되고 원망이 된다면 받아야 할 훈련이 남아 있는 것입니다.

　　내 옆의 식구가 사탄의 종으로 보여도 끝까지 관용하고 용서해야 합니다. 어떻게 그를 용서하겠습니까? 내 죄를 일곱 번을 일흔 번까지는 보아야 합니다.

　　용서한다는 것은 교제가 회복되는 것입니다. 용서했어도 교제는 안 한다는 것은 말이 안 됩니다. 눈도 마주치기 싫은 지체가 있습니까? 용서하고 관용의 태도를 보이는 것이 어떤 가르침, 전도보다 힘이 있습니다. 우리들교회가 프로그램이 없어도 성도가 모이는 것은 전도 때문이 아닙니다. 바람을 피워도 부도가 나도 사고를 쳐도 남편을 용서하고 자식을 용서하기 때문입니다. 사소한 것이라도 용서할 때 전도가 됩니다.

　　용서는 순리입니다. 새가 하늘을 날고 물고기가 물속에서 헤엄치듯 용서는 하나님의 질서입니다. 헨리 나우웬은 "사랑할 줄 모르는 사람에게 베푸는 사랑이 용서"라고 했습니다. 여러분은 오늘 어떻게 가족을 용서했습니까?

　　한 집사님이 교회 홈페이지에 이런 나눔을 올렸습니다.

오늘 나의 '마지막'을 보게 만든 사건은 내가 가장 아끼는 똑똑한 둘째 딸을 통해서였다. 알아서 제 할 일 잘하는 내 사랑스러운 블루칩, 우리 집안의 다크호스라고 여기던 둘째 딸이 자기 친구 앞에서 날 무시했다. 내 딸은 가지 말라고 잡아끄는 나를 뿌리치면서까지 무조건 친구를 따라가겠다는데, 그 친구는 자기 엄마와 통화하더니 즉시 순종하여 내 딸과의 약속을 서슴없이 취소해 버렸다. 딸은 머쓱해져서 집으로 돌아왔지만, 나는 그때부터 화가 나기 시작했다. 불같이 화를 냈고, 때리고, 내쫓았으며, 반성문을 쓰게 하고, 한 달간의 컴퓨터 사용 금지, 친구 집 방문 금지를 명하였다. 내가 어렸을 적 무시당해서 상처받은 일이 있었나? 내가 무시하는 사람에게서 무시당하는 것은 아무 상관이 없다. 그러나 내가 소중히 아끼고 사랑하는 사람이 나를 무시하는 것은 참을 수가 없다. 그래서 결혼 12년 동안 남편의 무시를 참을 수 없어 난리 치던 내가 아닌가? 그런데 이제 딸까지 나를 무시하다니…….

어떤 엄마는 아침에 아들을 깨우기 위해 아들 방문 앞에서 들어갈까 말까 10분을 망설이다 들여다봤더니 들어오지도 말고 들여다보지도 말라고 소리를 지르더랍니다. 학교 가서 무릎을 꿇는 부모님도 있습니다. 정말 무시하는 사람에게 무시당하는 건 상관없는 모양입니다.

우리들교회의 어떤 남자 집사님은 그간 아내의 무시에 하나도 상처를 안 받았는데, 그 이유는 '집사람이 나보다 학벌과 지능이 낮기 때문'이랍니다. 그런데 직장 선배가 농담 반 진담 반으로 이 집사님에게 "머리가 나빠"라고 한 말에 상처받아서 도무지 그 선배를 용서할 수 없더랍니다. 우리는 이런 사소한 것 때문에 원수가 됩니다.

어떤 분은 교회 세팅을 하는데 교구장이 지나가는 말로 "대충 하고 말지" 하는 말을 듣고 감정이 확 상했다고 합니다. '아니 세상에 교구장씩이나 돼서……' 하고 분이 나서 세팅을 그만뒀답니다. 우리는 이렇게 사소한 것 때문에 상처를 받습니다.

또 어떤 초신자는 목자와 밖에서 만나 술을 시켰는데 목자가 가만히 있더랍니다. 그래서 집에 돌아가 부인한테 "술을 시켜도 가만히 있더라" 면서 화를 냈다고 합니다. 술도 안 마시면 사회생활을 어떻게 할 거냐고 비아냥거려도, 막상 승진시키고 일을 시킬 때는 소신 있게 술 안 마시는 사람을 찾는답니다. 내가 어떻게 하는지 다 보는 사람이 있고 고하는 사람이 있습니다.

어떤 분이 양육훈련 숙제를 홈페이지에 올렸습니다. '나의 잘못을 남에게 전가한 것은 없는지, 있다면 하나님께 회개하고 상대에게 용서를 구한 뒤 느낌 적어 오기'라는 생활 숙제였습니다.

저는 딸과 아들 모두 외국 유학을 보냈습니다. 딸은 3년 전에 1년간 중3 시절을 보내고 돌아왔지만 그 나라 생활을 그리워해서 고2 되는 올해에 중3 되는 아들과 함께 다시 보냈습니다. 사실 저는 아이들이 성년이 되기 전에는 부모와 함께 있어야 한다고 생각해서 유학 보내는 걸 반대했습니다. 그런데 딸은 외국에 나가 오히려 하나님을 만나게 되었습니다. 이런 딸에게서 위안을 얻고 아들까지 보냈는데, 올해는 목사님께서 누누이 말씀하시는 고난의 축복을 많이 받은 해였습니다. 아들이 적응을 못 하고 친구들과 나쁜 짓을 한다는 것을 알았지만 '한때 나도 그랬다'는 인본주의 생각으로 모른 척해 주었습니다. 아들의 죄가 조금씩 자라고 있었고, 하나님은 저에게 사건을 주기 시작하셨습니다. 아들이 선배의 차를 탔는데 자리가 모자라 트렁크에 탔다가 뒤차가 충돌하는 사고가 일어났습니다. 하지만 저는 이 사건을 그저 가볍게 생각했습니다.

그러다 며칠 후 주일에 아내가 교회 가려고 머리를 감다가 날카로운 문지방에 머리를 찧어 일곱 바늘을 꿰매는 사건이 일어났습니다. 조금만 더 깊이 들어갔으면 큰일 날 뻔한 사고였습니다. 또 며칠 후에는 딸이 방이 추워서 히터를 켜고 잠을 자다가 히터 위에 올려놓은 정강이가 화상을 입어 넓적다리의 살을 이식하는 수술을 받아야 했습니다.

저는 이 소식을 듣고서야 망치로 한 대 맞는 것 같았습니다. 하나님의 사인으로 받아들인 저는 여름 수련회에서 저의 도마 같은 믿음을 회개하였습니다. 사업도 안되고, 식구들이 고난을 받는 것이 다 나 때문이라는 생각이 들어서였습니다. 그런데도 곧 딸의 가출 소동이 일어났습니다. 속이 시꺼멓게 타들어 가서야 밤늦게 걱정하지 말라는 딸의 전화를 받고서 우리는 가족이 합쳐야겠다는 적용을 했습니다.

2주간의 짧은 방학 동안 아이들을 한국에 불러들여 가족예배를 드리면서 가족의 믿음을 점검하였습니다. 그런데 비뚤게 나가는 아들과 영적인 대화를 많이 하지 못하고 보낸 결론의 사건이 어제 일어났습니다. 아들이 학교로부터 퇴학 통보를 받은 것입니다. 순간 아들에게 몹시 화가 났습니다. 그런데 딸이 '이번 사건으로 아빠가 화를 내면 부자간에 대화가 단절될 것'이라고 권면했습니다. 저는 어쩔 수 없이 아들에게 '너를 이해한다'고 억지로 말했습니다.

그러다 양육 숙제로 독후감을 쓰기 위해 책을 읽으면서 십계명의 다섯 번째 계명인 "네 부모를 공경하라"는 말씀에 나의 죄를 발견했습니다. 미성년인 자녀에게 하나님을 대신하는 부모의 의무를 다하지 못한 죄였습니다. 여태껏 입술로는 하나님의 뜻에 따르겠다 했지만, 나의 뜻에 하나님을 맞추려 했고, 교회에서 받은 훈련 내용을 하나도 깨닫지 못하고 그저 인정받기 위해 열심을 냈음을 고백합니다. 비로소 저는 하나님이 나에게 맡기신 것을 잘 관리해야 하는 청지기일 뿐이며, 주인이신 하나님께 먼저 무엇이든 물어봐야 했음을 알게 되었습니다. 마음은 이미 외국에 가 있으면서도 우리 가족이 거기에 가야 하느냐, 한국에 있어야 하느냐며 기도했습니다. 진정으로 하나님께 먼저 물어보는 기도를 알게 해 주신 하나님께 감사를 드립니다.

오늘 아침 예수님의 보혈로 우리의 죄를 다 용서하신 은혜의 말씀 묵상 후에 외국에 있는 아들의 선생님에게 담대하게 전화를 걸었습니다. 하나님은 수업을 빼먹는 아들의 죄 이전에 인종차별로 인한 그들의 죄를 보게 해 주셨고, 우리 가족에게는 평강을 주셨습니다. 특별히 이번 일로 말씀이 보이기 시작했다는 아들에게 믿음의 진전이 있기를 기도합니다.

이 집사님에게는 말씀이 들리지 않을 만큼 아들딸이 우상이었습니다. 그러나 목자가 된 뒤 믿음이 일취월장으로 발전하고 있습니다. 내 자녀가 공부만 잘하면 뭣합니까? 말씀이 있어야 고기 잡는 법을 알게 됩니다. 어려서부터 말씀의 가치관을 넣어 주어야 합니다. 어려서 유학을 가는 경우, 하나님 때문이 아니라 육신의 자랑으로 보내고 싶은 마음이 많지 않습니까?

빚은 반드시 절박한 심정으로 갚아야 합니다. 내가 택함을 받은 자로서 복음에 빚진 자인데, 전하지 않으면 1만 달란트 빚진 자입니다. 내가 구속의 은혜를 받았는데, 적극적으로 복음을 안 전한다면 주인이 옥졸들에게 붙일 것입니다. 많은 은혜를 받고도 배은망덕해서야 되겠습니까? 남들이 "저렇게 교회 다니면서 전도는 한 번도 안 하네" 하면서 나를 민망히 여길 것입니다.

내가 1만 달란트 탕감받은 인생이라면 결초보은(結草報恩)해야 합니다. 이제 나는 빚을 탕감해 준 주인의 종일 뿐입니다. 목장 가고 교회 오는 게 힘듭니까? 자식 때문에 힘든 것을 생각하면 할 말이 없는 겁니다. 주님이 괜히 1만 달란트 갚아 주셨겠습니까? 예수 괜히 믿게 하셨겠습니까? 종노릇 잘 하기 바랍니다. 이제는 주인의 말을 들어야 됩니다. 그래서 용서는 선택이 아니라 필수입니다. 용서받을 수 없는 내가 용서받았기 때문입니다.

할아버지 할머니가 다 같이 사는 집이 왜 좋은지 아십니까? 항상 구속과 감시가 있기 때문입니다. 우리가 다 죄인이기에 구속하는 장치가 좋은 겁니다. 대통령이 공중목욕탕 못 가고 버스 못 탄다고 해서 그 자리에 안 앉겠습니까? 우리에겐 어마어마한 신분이 있기 때문에 나쁜 짓을 해도, 좋은 짓을 해도 감시자가 있습니다. 1만 달란트 빚진 자가 내 옆에 있어도 그 사람을 감시해 주는 하나님이 있습니다. 염려하지 마십시오.

내가 먹살 잡히고 감옥에 갈 수밖에 없어도 나를 보고 신원해 줄 누군가가 있습니다. 그래서 어떤 환경에서도 '있으면 먹고 없으면 금식하고 죽으면 천국 가자'고 외치는 것입니다. 그래서 우리들교회에는 늘 엄청난 간증들이 가득합니다.

우리가 왜 다른 사람을 끝없이 용서해야 합니까? 죄에서 자유로울 사람이 없기 때문입니다. 멸망받을 수밖에 없는 우리의 모든 죄를 하나님께서 무조건 먼저 찾아오셔서 용서해 주셨습니다. 내가 죄인이라는 것을 깨닫는 사람, 택하신 사람에게 1만 달란트 빚진 자 같은 사람을 옆에 주시고 일곱 번을 일흔 번 내 죄를 알아 가게 하십니다.

이웃을 용서하는 것이 바로 주님을 닮는 지름길입니다. 그러나 형제를 중심으로 용서하는 것은 내 죄를 보기 전에는 할 수 없습니다. 내가 용서하지 않으면 하나님도 나를 용서하지 않으십니다. 얼마나 무서운 말씀입니까?

우리는 말로, 건성으로 잘못을 덮어 주기도 하고 위로도 합니다. 하지만 일상생활의 사소한 것에서 무너집니다. 온 인격으로 용서해야 하는데 나는 어떤 용서를 하고 있습니까?

우리는 늘 주님을 배반합니다. 하지만 주님을 배반할 때마다 내 옆의 식구를 통해 내 죄를 가르쳐 주시는 것을 느끼시기 바랍니다. 그럴 때 그 사람 때문에 눈물 흘리면서 기도하게 됩니다. 주님을 알아 가게 됩니다. 나를 위해 수고하고, 몽둥이 역할을 하는 그 식구들을 위해 눈물 흘리고 기도하게 됩니다. 주님이 용서하신 그 사랑 때문에 끝없이 용서하는 우리가 되기를, 그래서 가정과 교회와 나라가 회복되기를 예수님 이름으로 축원합니다.

❖ 마음으로부터 용서하지 못하고, 용서하고 나서 생색을 내고 인정받으려는 마음이 있습니까? 오늘 내가 마음으로부터 용서해야 할 가족, 이웃은 누구입니까? 내가 얼마나 죄인인지를 생각하며 1만 달란트 탕감받은 자의 은혜가 절절히 깨달아집니까? 그 엄청난 은혜를 생각할 때 용서 못 할 사람이 없음을 인정하십니까?

말씀으로 기도하기

죄를 지은 사람에 대해 유대의 랍비는 세 번까지 용서하는 것이 크다고 가르쳤습니다. 예수님의 제자인 베드로는 나름대로 크다고 생각해서 완전수인 7을 내세워 일곱 번 용서하겠다고 합니다. 그러나 예수님의 요구는 일곱 번을 일흔 번까지라도 용서하는 것입니다(마 18:21~22). 우리 중 누구도 죄로부터 자유롭지 못하기 때문입니다.

누구도 죄로부터 자유롭지 못하기 때문에 용서해야 합니다
(마 18:21~27).

평생을 수고하여 갚아도 다 갚지 못할 1만 달란트를 빚진 종처럼, 내 힘으로는 해결할 수 없는 죄와 고난의 짐이 있습니다. 용서란 채권자가 채무자에 대한 권리를 완전히 포기한다는 뜻입니다. 종을 측은히 여기고 빚을 모두 탕감해 준 주인처럼, 내 힘으로 처리할 수 없는 죄를 하나님께서 용서하고 해결해 주셨습니다. 하나님의 용서를 경험했기에 나도 남을 용서하며, 내가 탕감받은 은혜를 증거하기 원합니다.

용서받은 자가 용서할 수 있습니다(마 18:28~30).

1만 달란트라는 엄청난 빚을 탕감받은 종이 100데나리온 빚진 자를 용서하지 못하고 옥에 가둡니다. 용서받은 자가 용서할 수 있습니다. 하나님의 용서와 구원을 경험했다면 어떤 사람도 용서 못 할 사람이 없음을 알고 용서를 실천하도록 기도합니다.

끝없이 용서하기 위해 중심으로 용서해야 합니다(마 18:31~35).

100데나리온 빚진 자를 옥에 가둔 종의 모습이 나에게도 있습니다. 하나님의 은혜로 빚을 탕감받고 기도 응답을 받았는데, 내가 잘나서 이룬 줄 알고 교만해져서 다른 사람을 판단하고 무시한 죄를 회개합니다. 남을 용서하지 않는 자는 하나님도 용서하지 않으십니다. 용서하지 못하는 죄가 나를 옥졸에 붙이며 죽음과 원망과 미움의 지옥으로 끌고 갑니다. 먼저 내가 얼마나 용서받을 수 없는 죄인인지를 깨달으며, 일곱 번을 일흔 번까지 나에게 잘못한 사람이라도 중심으로 용서하기 원합니다. 날마다 죄를 회개하고 하나님의 용서를 체험하는 은혜가 있기를 기도합니다. 내가 용서받았기에 다른 사람을 용서하며 구원으로 인도하는 것이 하나님의 사랑이고 축복입니다.

우리들 묵상과 적용

남편의 외도로 이혼 위기에 처했다가 말씀으로 가정을 새롭게 세우며 양육받고 남편과 함께 목자로 부르심을 받았습니다. 그러나 목자 직분을 받고 나서도 술을 마시고 와서는 안 먹었다고 거짓말하는 남편에게 분노를 느꼈습니다. "목자가 어떻게 그럴 수 있느냐"며 일방적으로 몰아세우는 내 잔소리를 가만히 듣고만 있는 남편이 가증스러워 리모컨을 집어 던져 박살을 내며 분풀이를 했습니다. 그리고 부부목장 말씀 준비를 하면서 서로의 의견을 고집하며 옳고 그름을 따지고 싸우다가 끝내 목장예배를 가지 않았습니다.

이혼의 위기에서 급한 마음으로 가정만 회복시켜 주시면 잘하겠다고, 주님께 다 갚겠다고 기도했습니다. 평생 갚아도 다 갚을 수 없는 빚임에도 1만 달란트 빚진 자를 불쌍히 여겨 탕감해 주신 것처럼(마 18:27), 주님은 행위로 판단하며 남을 무시하는 저를 불쌍히 여기고 찾아오셔서 하나님의 용서를 경험하게 하셨습니다.

그러나 1만 달란트 빚진 종이 허황된 호소를 하고(마 18:26) 탕감을 받았기 때문에 진심으로 호소하는 100데나리온 빚진 동료를 무시하여 옥에 가둔 것처럼(마 18:30), 저도 남편을 진정으로 용서하지 않고 옥에 가두었습니다.

가정이 회복되고 목자가 된 것은 내가 잘해서 된 것이 아닌데, 직분을 잘 감당하도록 기도하며 기다려 주지 못하고, 순간 판단하고 무시했습니다. 중심으로 용서하는 것은 내 죄를 볼 때만 가능하고, 용서하지 못하는 죄가 죽음과 원망, 미움의 지옥으로 나를 끌고 간다고 합니다. 사랑 없는 내가 가장 죄인임을 깨달으며 진정 용서하는 사람으로 하나님께 세움받기를 기도합니다.

영혼의 기도

하나님 아버지, 1만 달란트 빚을 탕감받는 엄청난 은혜로 구원받았지만, 나에게 작은 불편을 주는 식구들을 참지 못해 멱살 잡는 우리를 불쌍히 여소서. "내게 참으소서! 다 갚으리이다!" 이렇게 기도해도 갚을 마음 없이 위기의 순간에서 벗어나기만 원하는 우리의 악을 용서하옵소서. 형제를 진심으로 용서하지 못하면서도, 용서했다고 생색내며 용서의 외식이 있는 것을 용서하옵소서.

일곱 번을 일흔 번까지라도 용서하더라도 변하지 않는 식구들이 내 옆에 있습니다. 버릴 수 없는 그들을 보며 일곱 번을 일흔 번까지 내 죄를 보기 원합니다. 나 때문에 수고하는 식구들을 보며 무슨 말을 하겠습니까. 기다리며 용서하는 길밖에 없다고 하시니, 나는 힘이 없지만 주가 날 위해 빌어 주시기 때문에 용서하게 될 줄 믿습니다. 가족을 위해 창자가 끊어지도록 하는 기도에 응답해 주시고 이 길이 주님께로 가는 지름길임을 알고 주님께 두 손 들고 갈 수 있도록 은혜를 내려 주옵소서. 예수님 이름으로 기도하옵나이다. 아멘.

Part 3

천국이 이런 사람의
것이니라

11

하나님이 짝지어 주신 부부

마태복음 19:1~12

하나님 아버지,
하나님이 짝지어 주신 부부에 대해서
듣고 순종하기 원합니다.
말씀하여 주옵소서. 듣겠습니다.

어떤 분이 결혼 후에 믿음을 갖게 되었습니다. 무엇보다 예수님을 믿으니 너무 좋고 행복했습니다. 그래서 남편도 믿게 하고 싶은데 그 남편이 복음을 받아들이지 않았습니다.

그런데 교회에 와 보니 믿음 좋고 성품 좋고 다른 사람과 관계도 좋은 형제들이 많아 보였습니다. 더구나 성경을 보니 믿지 않는 자와 멍에를 같이 메지 말라고 합니다. 그러니 이분에게 '이 결혼을 유지해야 하나? 이혼하고 믿음 좋은 사람과 다시 결혼하는 것이 옳지 않겠는가?' 하는 의문이 생겼습니다.

예수 믿고 교회를 다녀도 불신결혼을 하고, 이혼하는 경우가 적지 않습니다. "불신결혼하지 말라, 이혼하지 말라" 하면 오히려 "그게 왜 문제냐?" 하고 반문합니다. 거부감을 느낍니다. 분명한 답이 필요합니다.

예수님을 따라야 합니다

1 예수께서 이 말씀을 마치시고 갈릴리를 떠나 요단 강 건너 유대 지경
에 이르시니 2 큰 무리가 따르거늘 예수께서 거기서 그들의 병을 고치
시더라_마 19:1~2

예수님은 "이 말씀", 즉 잃은 양 찾기와 일곱 번을 일흔 번까지 용서
하라는 말씀을 마치신 후 갈릴리에서 떠나 유대 지경에 이르셨습니다. 십
자가를 지기로 결정하시고, 고난받고 죽임당하고 사흘 만에 살아날 것을
실천하기 위해 예루살렘 유대 지경에 이르신 것입니다.

이때 큰 무리가 따르자, 예수님은 그들의 병을 고쳐 주십니다. 예수
님은 자기를 죽이려는 곳으로 가시면서도 사랑하는 큰 무리의 병을 고쳐
주고 가십니다. 내가 힘들어 죽겠는데 어떻게 남을 신경 쓸 수 있습니까?
내가 부도나서 감옥에 갈 지경인데 나머지 식구들 걱정을 어떻게 하겠습
니까? 내가 암에 걸렸는데 어떻게 간병하는 배우자를 걱정하겠습니까?

그러나 신앙고백이 확실한 사람은 내가 암에 걸렸어도 나를 사랑하
는 식구를 위해서 대신 말씀을 묵상해 주고 그를 위해 기도해 주고 대신
나누어야 합니다. 그 사람을 살리면서 가야 합니다. 감옥에 가게 됐어도
나보다 연약한 식구들이 감당할 짐 때문에 병을 고치면서 가야 합니다.

예수님은 십자가를 지러 가면서도 베드로가 대제사장의 종인 말고
의 귀를 벴을 때 붙여 주고 가셨습니다. 이런 사람들은 세상이 감당하지
못하기 때문에 부도가 나도 감옥에 가도 암에 걸려도 여유가 있습니다.
고난이 축복인 게 말이 되느냐고 하는데 고난 자체가 축복이 아니라 주님
과 나의 만남으로 기쁨을 누리기 때문에 죄와 슬픔과 죽음의 권세를 뚫고

나가서 천국을 누리는 겁니다.

하나님이 짝지어 주신 부부는 서로를 배려하고 서로를 위해 성경을 묵상하고 상대방을 위해 깨달아 주고 연약한 자를 일으켜 주는 부부입니다. 예수님의 말씀을 따르는 부부입니다.

> 바리새인들이 예수께 나아와 그를 시험하여 이르되 사람이 어떤 이유가 있으면 그 아내를 버리는 것이 옳으니이까 _마 19:3

한쪽에서는 큰 무리가 구원받고자 예수님을 따르고 있는데, 다른 한쪽에서는 어떻게 해서든 예수님을 함정에 빠뜨리려는 바리새인들이 있습니다. 이번에는 이들이 이혼의 문제를 들고 예수님을 시험합니다. 당시에는 어떤 이유로도 이혼할 수 있다는 힐렐파의 주장과 간음 외에는 이혼이 불가하다는 샴마이파의 주장이 대립하고 있었습니다. 그래서 이혼이 불가하다고 하면 '죄인의 친구'라고 하는 예수님이 위선자가 되고, 가능하다고 하면 신학적으로 문제가 되는 상황이었습니다.

특히나 여기에 답을 잘해야 하는 것은, 당시 세례 요한이 동생의 아내 헤로디아를 아내로 삼은 헤롯 안티파스에게 충고했다가 목 베임을 당한 지 얼마 안 되었기 때문입니다. 그러니까 "이혼이 잘못됐다"고 말하려면 목숨을 걸어야 했습니다. 지금도 그렇습니다. 모든 것을 갖춘 사람에게 이혼이 잘못이라고 말하기 어렵습니다. 그래서 함정의 질문입니다.

예수님의 사역이 진행되면서부터는 늘 두 부류가 나타납니다. 예수님을 따르는 무리와 예수님을 죽이려는 무리입니다. 바리새인들이 이토록 예수님을 싫어하는 이유가 무엇입니까? 예수님에게 점점 큰 무리가 모이면 자신들이 가지고 있던 기득권을 잃을 게 빤했기 때문입니다. 기득권 뒤에는 돈도 있습니다. 예수님을 시험하고 죽이려는 그 끝에 결국 돈이 있는 것입니다.

예수님을 시험하는 사람들일수록 지식이 많고 성경을 많이 압니다. 그들은 자기들이 살기 위해 예수님을 함정에 빠뜨립니다. 부부가 이혼하는 과정을 지켜보아도 많이 배운 사람일수록 상대방을 올무와 함정에 빠뜨리고자 증거 자료를 악착같이 수집합니다. 한편에서는 위자료를 한 푼이라도 더 안 주려고 애를 쓰고, 한편에서는 한 푼이라도 더 받으려고 애를 씁니다. 이혼 소송의 그 끝에도 결국 돈이 있는 것입니다.

부부 싸움을 해도 그렇습니다. 어떻게 하면 저 사람의 잘못을 끄집어낼까 궁리하며 원수처럼 굽니다. 예수님을 따르는 부부가 아니라 예수님을 시험하는 부부입니다. 바리새인들과 다를 바 없습니다. 나는 어떻습니까? 나의 결혼생활은 어떻습니까? 예수님을 따르는 부부입니까, 예수님을 시험하는 부부입니까?

◆ 암에 걸려도 감옥에 가도 남은 식구 때문에 대신 회개하고 묵상하며 그들의 연약함을 위해 기도합니까? 이혼은 하나님의 뜻이 아니라고 외치며 부부 관계에 고침을 바라고 예수님을 따르는 부부입니까? 아니면 어떻게든 상대방의 잘못을 들추고 고발해서 이혼하려고 예수님을 시험하는 부부입니까?

결혼은 새로운 창조입니다

예수께서 대답하여 이르시되 사람을 지으신 이가 본래 그들을 남자와 여자로 지으시고 _마 19:4

예수님은 창조 원리를 통해 결혼의 참뜻을 말씀하십니다. 남녀가 동등한 것이 본래 하나님의 뜻이고, 둘이 한 몸을 이루는 것이 하나님의 명령입니다. 여자는 종이 아닐뿐더러 내키는 대로 버려도 되는 존재는 더욱 아닙니다. 그리고 세상과 구별되어야 할 것 중에 가장 먼저 적용해야 하는 것이 결혼입니다. 노아가 방주에 들어오라고 외쳤어도 사람들은 방주를 타지 않았습니다. 다들 구원은 뒷전이고 시집 장가가느라고 안 탔습니다. 오늘날에도 여전합니다. '불신결혼이 무슨 문제랴' 하며 돈에, 외모에 쏠려서 그렇게 열심히 시집 장가를 갑니다. 그러다가 '못 살겠다'고 난립니다. 시집이고 장가고 구원을 등한히 여기면 홍수에 떠내려갈 수밖에 없습니다. 주님을 등한히 여기면 되는 일이 없습니다.

> 말씀하시기를 그러므로 사람이 그 부모를 떠나서 아내에게 합하여 그 둘이 한 몸이 될지니라 하신 것을 읽지 못하였느냐_마 19:5

예수님이 "읽지 못하였느냐"고 꾸짖으십니다. 성경을 제대로 읽었으면 이유가 어떠하든 아내 버리는 게 옳은 일인지 그른 짓인지 알 텐데 왜 그런 헛된 질문을 하느냐는 것입니다.

여기서 '둘이 한 몸이 된다'는 것은 아내는 없어지고 남편과 시댁만 남는다는 의미가 아닙니다. 또 남편이 없어지고 아내와 친정만 남는 것도 아닙니다. 결혼은 새 창조입니다. 파란색과 빨간색이 합쳐졌는데 한 가지 색만 나타난다면 잘못된 것입니다. 새로운 색을 창조해야 합니다. 그러므로 둘이 하나가 되는 것은 결코 쉬운 일이 아닙니다.

그리고 이 절에서 '떠나서'는 능동태이고 '합하여'는 수동태입니다. 합하는 것은 내가 하는 것이 아니라 하나님이 하실 일입니다. 그러니 인간의 힘으로는 한 몸이 될 수 없습니다.

또한 '아내'도 단수이고 '그'도 단수입니다. 한 남자와 한 여자만 합해야 하나가 될 수 있다는 것입니다. 일부일처는 하나님의 원리입니다. 또한 "한 몸이 될지니라"는 명령어입니다. 내가 좋으면 하고 싫으면 안 해도 되는 게 아닙니다. 한 몸이 되었다는 것은 정신적 결합뿐 아니라 육체적 · 영적으로도 결합이 되었다는 것입니다. 좀 더 구체적으로 말하자면 슬픔과 기쁨을 같이 느끼는 전인격적인 공동체가 된 것입니다.

그리고 둘이 한 몸이 되려면 부모를 떠나야 합니다. 정신적 · 사회적 · 신앙적 독립을 이루어야 합니다. 부모가 예수님을 안 믿는다면 그 부모로부터 재정적으로도 독립해야 합니다. 부모에게 지혜를 구할 수는 있지만 의지적으로 자립하지 못하면 시집 장가를 가도 부부가 한 몸이 되기 어렵습니다.

더구나 한 몸이 되기까지는 당연히 아픔이 따릅니다. 나의 반을 버리고 상대방의 반을 채워야 하기 때문입니다. 그래서 결혼의 목적이 행복이 아니고 거룩입니다. 그저 인생의 행복만 바라보고 신기루 같은 환상을 좇아서 결혼했다면 반드시 실망하게 됩니다.

또한 하나님께서 남녀를 창조하신 뒤 한 몸이 되라고 하신 것은 영적 자녀를 주시기 위함입니다. 그러니 둘이 한 몸 되는 부부가 최고입니다. 그래야 그 부부 사랑이 자식 사랑으로 이어집니다. 부모를 떠나라고 했으니 부모 사랑, 형제 사랑은 그다음입니다. 이런 순서로 이어져야 가정에 문제가 안 생깁니다. 이런 순서가 잘 지켜져야 행복한 가정, 건강한 가정이 됩니다. 이 순서가 조금만 뒤바뀌어도 문제가 생깁니다.

그런즉 이제 둘이 아니요 한 몸이니 그러므로 하나님이 짝지어 주신 것

'짝짓는다'는 것은 "함께 멍에를 멘다"는 뜻입니다. 같은 목표를 바라보면서 무거운 짐을 지고 가는 것입니다. 구약에서는 동일한 종의 동물끼리 멍에를 메라고 했습니다. 불신결혼하지 말라는 말이 여기서 나온 것입니다. 소와 사자가 멍에를 같이 멜 수 없고 소와 쥐가 같이 멍에를 멜 수 없습니다. 그럼에도 다들 "불신결혼하면 어떠랴?" 합니다.

초대 기독교 시대에는 선교하겠다는 마음으로 불신 가정에 시집 장가를 가기도 했습니다. 그러나 지금은 믿음보다 돈과 외모를 보고 배우자를 택합니다. 그러면서 '결혼해서 전도하면 되잖아' 하고 불신결혼을 합리화합니다.

우리들교회는 불신결혼과 이혼을 안 하는 것이 교시입니다. 그러면 "이혼한 사람은 어떡하느냐, 우리들교회에 못 다니냐?" 하고 따져 묻는 분도 계십니다. 하지만 우리들교회에는 이혼하고 혼자가 되어서 오신 분이 유난히 많습니다. 제가 이혼한 사람을 미워한다면 어찌 이런 현상이 일어나겠습니까. 하나님은 죄를 미워하지 절대 죄인을 미워하지 않으십니다.

모세는 이스라엘 백성에게 가나안 여인과 결혼하지 말라고 하면서 그리하면 하나님께서 천 대까지 인애를 베풀 것이라고 했습니다. 하지만 그렇지 않으면 당장에 보응하여 멸하실 것이라고 했습니다(신 7:1~11). "불신결혼하지 말라" 하시는 이 말씀을 잘 지키면 하나님께서 복 주신다고 생각합니다.

✦ 한 몸이 되기 위해 내 반을 버리고 배우자의 반을 받아들이고 있습니까? 둘

이 한 몸이 되기 위해 경제적·정신적·신앙적으로 독립했습니까? 결혼의 목적이 거룩인데 거룩을 이루는 생활을 하고 있습니까? 결혼해서 전도한다는 명목으로 불신결혼을 합리화합니까?

결혼의 목적은 거룩입니다

> 여짜오되 그러면 어찌하여 모세는 이혼 증서를 주어서 버리라 명하였나이까_마 19:7

다른 사본에 보면 "어찌하여 그녀를 내어버리라……"로 되어 있습니다. 버림을 당하는 입장이 여자입니다. 신명기는 아내에게 수치 되는 일이 있으면 이혼 증서를 써 주어 아내를 내보내라고 했습니다(신 24:1). 그런데 이 말씀의 참뜻은 여자를 보호하기 위함입니다. 당시에 여자는 남편한테 쫓겨나면 재산도 없고 생활력도 없어서 다른 남자와 재혼하는 수밖에 없었습니다. 그런데 여자가 재혼했을 때 전남편이 고발하면 간음죄가 되어서 돌로 쳐 죽임을 당해도 할 말이 없었습니다. 그래서 이혼 증서를 써 주면 그것이 증거가 되어 다른 남자와 재혼해도 간음으로 오해받지 않고, 죽임을 면할 수 있었습니다. 오직 여자를 보호하기 위해 이런 법을 마련해 주신 것입니다.

> 예수께서 이르시되 모세가 너희 마음의 완악함 때문에 아내 버림을 허락하였거니와 본래는 그렇지 아니하니라_마 19:8

'본래'의 정신을 알아야 합니다. 부모가 집을 비우면서 동생이 말을 안 들으면 때려 주라고 했다고 합시다. 그런데 부모의 본래 마음은 '말 안 들으면 때려도 된다'가 아닙니다. 본래의 뜻은 동생을 사랑으로 잘 돌보라는 것입니다. 여기서 이혼 증서를 주라는 말씀도 그렇습니다. '이혼 증서 한 장 써 주면 맘대로 이혼해도 된다'가 아닙니다. 본래의 뜻은 이혼한 여자가 재혼할 수 있도록 보호하기 위함이었습니다. 여자의 생존을 위한 법이었습니다. 그런데 이 말씀이 이혼을 장려하고 합리화하는 것으로 악용이 되었습니다. 창세기에는 이혼이라는 말이 아예 나오지 않습니다. 죄가 관영해진 신명기에 가서야 이 법을 주셨습니다. 그러므로 이 법은 결코 장려할 것이 아닙니다. 절대화시키면 안 됩니다. 본래의 참뜻을 잘 알아야 합니다.

> 내가 너희에게 말하노니 누구든지 음행한 이유 외에 아내를 버리고 다른 데 장가 드는 자는 간음함이니라 _마 19:9

'음행'은 정혼 기간 중에 일어난 부정한 관계와 근친혼, 무분별하고 회개가 없는 성생활을 말합니다. 단 한 번의 부정행위를 음행이라고 하지 않습니다. 본처, 본부를 버리고 시집 장가 드는 자도 음행하는 것입니다. 그렇다면 배우자가 간음하면 당장 이혼해도 될까요? 배우자가 장기간 이단에 빠졌거나 행방불명이 됐을 때는 교회에 따라서 이혼을 허락하기도 하는데, 배우자 간음의 경우에는 교회가 나서서 치리하지 않습니다. 하나님께서 차선을 허락하시지만 정말 원하시는 것은 무엇일까요? 하나님이 짝지어 주신 것을 사람이 나누지 못한다는 것입니다.

이혼은 이혼으로 끝나는 것이 아닙니다. 파급된 문제가 꼬리를 물고 이어집니다. 부모 형제와도 헤어져야 하고 자녀와도 헤어져야 합니다. 어제까지 형님, 동서, 아주버님이라 불렀는데 이혼하니까 원수가 됩니다. 사랑하던 사이가 미워하는 사이로 변합니다. 이런 상처들이 자녀들에게 대물림됩니다. 그래서 장래 일을 아시는 성령님이 탄식하시며 이혼을 막는 것입니다. 그런데도 이렇게 어마어마한 일을 하려고 합니까?

그렇기에 우리는 배우자가 음행하여도 회개한다면 받아들여야 합니다. 일곱 번을 일흔 번까지라도 용서해야 합니다.

주님은 간음을 싫어하십니다. 하지만 남편이 여럿인 사마리아 여자(요 4:7~18), 간음하다 붙잡힌 여인(요 8:3~11)을 용서하셨습니다. 미혼모와 기생, 근친상간한 사람이 성경의 계보에 올랐습니다. 회개함으로 다 올라 갔습니다. 그러므로 이혼하셨다면 오늘 회개하시기를 바랍니다. 이혼할 생각을 품고 있어도 그렇습니다. 오늘 회개하시고, 그 생각을 접기 바랍니다.

제자들이 이르되 만일 사람이 아내에게 이같이 할진대 장가 들지 않는 것이 좋겠나이다_마 19:10

제자들도 "이혼 못 한다면 결혼 안 하고 말죠" 이럽니다. 마치 이혼이 전제된 결혼을 하는 듯합니다. 당시에는 신명기 24장 말씀을 악용해서 밥만 태워도 아내가 수치 되는 일을 했다며 내쫓았습니다. 다른 여자가 생기면 본처에게 온갖 죄목을 다 갖다 붙여서 내쫓았습니다. 상황이 이러다 보니 제자들까지도 "이혼할 수 없다면 차라리 결혼하지 않는 게 낫지 않느냐"는 것입니다.

11 예수께서 이르시되 사람마다 이 말을 받지 못하고 오직 타고난 자라

야 할지니라 12 어머니의 태로부터 된 고자도 있고 사람이 만든 고자도 있고 천국을 위하여 스스로 된 고자도 있도다 이 말을 받을 만한 자는 받을지어다 _마 19:11~12

이 말을 받을 만한 자는 받으라고 하십니다. 인간의 힘으로는 안 된다는 뜻입니다. 결혼은 음욕과 부정의 방지제입니다. 타고나기를 성욕이 없는 사람, 고자 된 사람 그리고 성욕을 제어할 능력을 가진 사람은 극소수입니다. 대부분 정욕을 제어하지 못하니까 결혼 제도를 만드셨습니다. 아무 데나 가서 음욕을 부리지 말고 거룩을 위해서 한 사람에게 충실하라고 결혼 제도를 만들어 주신 것입니다.

그런데 자기의 반을 버리고 상대방의 반을 이식해서 하나가 되어야 하니까 문제가 적지 않습니다. 접합한 자리가 쉽게 아물지 않습니다. 끊임없이 덧납니다. 하지만 이런 과정을 통해 내가 얼마나 포기하지 못하고 받아들이지 못하는지를 보게 하는 것이 결혼입니다. 주님은 결혼을 통해서 우리를 하나님의 사역에 동참하게 하셨습니다. 그래서 결혼을 끝까지 유지하는 것이 복이라는 겁니다.

아무리 나보다 부족한 배우자를 만나도 그렇습니다. 하나가 되려면 그 잘난 나의 반을 버려야 합니다. 그 자리는 내 배우자의 반으로 채워야 합니다. 결혼을 통해 하나가 되려면 비움의 영성, 채움의 영성이 필요합니다. 내가 거룩하지 못하니까 힘든 배우자를 붙여서 나를 거룩하게 하십니다. 결혼은 하나님의 섭리 속에서 거룩을 이루기 위한 축복의 통로입니다. 그래서 결혼의 목적이 행복이 아니라 거룩인 것입니다. 이 말을 받는 사람이 복 있습니다.

세련되고 외모도 예쁜 어떤 분이 결혼한 뒤에야 남편이 아이가 있는 재혼남인 걸 알게 되었습니다. 그래서 곧장 이혼했습니다. 이후 부잣집 막내아들을 만나 다시 결혼했는데 이번에는 그 남편이 평생 돈을 안 벌고 힘들게 했습니다.

재혼 생활은 고난의 연속이었습니다. 밥솥이 터지는 사고로 몇 번에 걸쳐 피부 이식 수술을 받았고, 시아버지가 중풍에 걸려 병 수발을 해야 했습니다. 그렇게 힘들게 살다 결국 이 자매가 회복 불가능한 간경화 판정을 받았습니다. 그렇게 아픈 중에도 시아버지의 대소변을 받아 내며 살았습니다. 그런데 시아버지가 돌아가시자 지금까지 남편 역할이라고는 제대로 한 적도 없는 남편이 이혼을 요구했습니다.

간경화로 죽을 고비를 몇 번이나 넘길 만큼 힘든 형편에 처해 있었지만 이분은 담담히 이혼을 받아들였습니다. 하지만 이혼한 후에도 여전히 아들과 함께 시어머니를 모시고 살았습니다. 그러다 죽고 말았는데 남편은 마지막 순간까지도 악한 모습을 보였습니다. 이분의 장례식장에 와서 조의금만 챙기고 가 버렸습니다.

그런데 이 자매님이 사연 많고 상처 많은 그 집안에서 처음 예수를 믿었다고 합니다. 이분을 통해 다른 식구들이 전도되었습니다. 집안에서는 평생 당하기만 하고 살았지만 믿음의 끈을 놓지 않았습니다. 예수님의 신부로서 잘 살았습니다. 그러니 1년 후에 어떤 일이 일어났는지 아십니까? 부인이 죽은 후에 죄책감에 시달리던 남편이 술을 먹고 부인이 다니던 교회에 찾아갔습니다. 그리고 그날로 목사님에게 전도되어 신앙생활을 하기 시작했고, 1년 후 신학교에 들어갔다고 합니다.

아무리 그런 남편하고 살아도 '믿음은 바라는 것들의 실상이요 보이지 않는 것들의 증거'(히 11:1)라고 했습니다. 그 남편이 돌아올 것을 믿고 죽은 뒤 1년 후에라도 이런 열매를 주실 것을 믿는 부부가 하나님이 짝지어 주신 부부입니다. 우리는 예수님의 신부입니다. 예수님과 한 몸이 되는 기쁨을 가지면 배우자가 돈을 못 벌어도 그 기쁨으로 이 세상의 모든 것을 넘어서는 기쁨을 누릴 줄 믿습니다.

부부가 한 몸이듯이 예수님과 한 몸인 나는 그 어떤 일로도 예수님을 버릴 수 없습니다. 가정 문제, 질병 문제, 자녀 문제, 부부 문제, 어떤 문제가 있어도 예수님의 신부로 살아야 합니다. 예수님의 신부로 살면 사탄이 틈타지 못합니다.

우선 결혼 전에 신중히 생각해야겠지만, 일단 결혼했다면 배우자가 어떤 사람이라도, 어떤 문제를 가지고 있다고 할지라도 이혼하면 안 됩니다. 그런 결혼조차 하나님의 섭리하에 있기에 그 한 몸을 나누려는 시도조차 해서는 안 됩니다. 나뉘는 순간 우리는 장애인이 됩니다. 나누려는 그 배우자가 바로 내 옆에 온 예수님입니다. 우리는 한 짝인 예수님과 헤어질 수 없습니다.

이 땅의 모든 문제는 가정에서부터 시작됩니다. 그럼에도 일곱 번을 일흔 번까지 용서해야 하는 곳이 가정이고 부부인 것입니다. 고난 중에 고난이 결혼과 이혼입니다.

바울은 할 수 있다면 혼자 살라고 했습니다. 혼자서도 주의 일을 얼마든지 할 수 있습니다. 그러니 인생의 초점을 오직 결혼에만 맞출 필요는 없습니다. 그러나 주님은 우리의 연약함을 아시기에 결혼이라는 제도를 주셨습니다. 그러므로 주님도 "이 말을 받을 만한 자는 받으라"고 하신 것입니다. 자기 분량대로 받으라는 것입니다. 예수님과 연합된 즐거움으로 일곱 번을 일흔 번까지 내 죄를 보면서 가는 것이 부부이고 가정입니다. 힘든 결혼생활에서 흘리는 내 눈물을 주께서 아십니다. 그러므로 힘든 결혼생활을 통해 하나님께 가까이 가는 거룩을 위해 모든 식구가 수고하는 것을 알고 하나님께서 짝지어 주신 부부로 살아가기 바랍니다.

◆ 결혼의 목적인 거룩을 이루기 위해 내 죄를 봅니까? 일곱 번을 일흔 번까지 용서하고 예수님을 내 남편으로 모시는 즐거움을 누리며 삽니까? 힘든 결혼 생활을 통해 거룩을 이루고 영적 후손을 낳으며 하나님께서 짝지어 주신 부부로 살아갑니까?

◆◆◆

결혼을 통해 하나가 되려면
비움의 영성, 채움의 영성이 필요합니다.
내가 거룩하지 못하니까 힘든 배우자를 붙여서
나를 거룩하게 하십니다.
결혼은 하나님의 섭리 속에서 거룩을
이루기 위한 축복의 통로입니다.
그래서 결혼의 목적이 행복이 아니라 거룩인 것입니다.

◆◆◆

말씀으로 기도하기

세상 욕심에 이끌려 결혼하고서 조금만 힘들어도 쉽게 이혼을 생각하는 연약함이 우리에게 있습니다. 하지만 하나님이 짝지어 주신 부부는 사람이 나누지 못합니다. 예수님의 말씀을 따르며 거룩을 향해 함께 나아가는 부부가 되어야 합니다.

예수님을 따라야 합니다(마 19:1~3).

하나님이 짝지어 주신 부부는 예수님의 말씀을 따르는 부부라고 하십니다. 부부 관계에 어려움이 있더라도 바리새인처럼 예수님을 시험하며 이혼을 외치기보다 우리 가정을 위해 성경을 묵상하며 각자의 연약함을 고쳐 주시길 기도하게 하옵소서.

결혼은 새로운 창조입니다(마 19:4~6).

결혼은 부모를 떠나 둘이 하나가 되는 새로운 창조이기에 결코 쉬운 일이 아니라고 하시는데, 돈과 외모에 쏠려 욕심대로 배우자를 선택하려는 저를 불쌍히 여겨 주옵소서. 둘이 한 몸이 되기 위해 내 반을 버리고 배우자의 반을 받아들이는 과정이 힘들고 아프더라도 함께 그 멍에를 메고 '거룩'이라는 목표를 향해 한 걸음 한 걸음 나아갈 수 있게 도와주옵소서.

결혼의 목적은 거룩입니다(마 19:7~12).

신명기의 이혼 증서는 여자를 보호하려는 목적으로 허락하신 것임에도 바리새인들은 이혼을 합리화하려고 이를 악용했습니다. 그들의 악함이 제게도 있기에 배우자가 조금만 마음에 안 들어도 다 내려놓고 포기하고 싶은 마음이 올라옵니다. 그러나 실상은 나 자신을 포기하기 싫은 마음 때문에 상대방을 받아들이지 못하는 것임을 깨닫게 하옵소서. 비움과 채움의 영성으로 한 사람에게 충실함으로써 거룩을 배워갈 수 있게 하옵소서.

우리들 묵상과 적용

하나님은 "사람이 그 부모를 떠나서 아내에게 합하여 그 둘이 한 몸이 될지니라"(마 19:5)고 하셨는데, 저는 부모로부터 독립을 못 하니 아내와 자녀들보다 부모님을 우선하게 되었고, 부모님께 잘하지 못하는 아내가 야속하고 밉기만 했습니다. 그러면서 교회에서 열심히 섬기는 여자 집사님들을 보면서 '저분이 내 아내였다면 우리 부모님께 잘했을 것 같은데……' 하면서 영육의 외도를 했기에 실은 제가 먼저 이혼당할 처지였습니다.

아내는 가사를 돌보는 것과 시댁에 대응하는 것을 힘들어했고, 그러다 보니 제가 퇴근할 시간만 되면 '오늘은 무슨 일로 혼날까?' 하며 두려워했다고 합니다. 그러던 중 아내가 어떤 교회 사람과 교회 일을 상의한다며 사적으로 만난다는 소문을 듣고 고민하던 차에, 아내의 손가방에서 다른 교회 교인 주소록에 그 사람과 제 아내가 부부라며 올린 충격적인 사진을 보게 되었습니다. 결국 제가 둘 사이의 관계를 알게 되자 아내는 "이혼을 해 달라"면서 친정으로 가 버렸습니다. 그리고 그 사람이 둘의 관계를 발설하면 아내와 숨어 버리겠다고 했을 때, 저는 하나님의 말씀을 듣지 않으니 권능도 없어서(시 62:11) 무슨 말을 어떻게 해야 할지 전혀 생각나지 않았습니다.

지인들은 "이참에 이혼해라! 좋은 기회다"라며 욥의 친구들처럼 저를 위로했지만, 이제 와 생각해 보면 우리 가정을 넘어뜨리려는 사탄의 속삭임이었습니다. 아내는 자신이 힘들었던 얘기로 친정 식구들을 설득

했고, 장모님을 제외한 모든 식구가 저희 부부를 이혼시키기로 작정하고 시기를 저울질하고 있다는 소식을 들었습니다. 그때는 '그래도 살아 보려는데 이럴 수가 있나'라는 생각에 야속했지만, 다시 생각해 보니 그동안 맏사위로서 역할을 제대로 하지 못한 것이 인정되어 아무 말도 할 수 없었습니다. 그리고 믿지 않는 처가 식구들에게 제가 믿는 자로서 본을 보여 주지 못한 것을 깨달았습니다.

그즈음에 지인의 소개로 건강한 교회 공동체를 만나 소그룹 모임에서 제 삶을 나누면서 하나님과 저와의 관계가 요단강 폭만큼이나 멀리 떨어져 있음을 알게 되었습니다(마 19:1). 지체들과 나눔을 통해 저 때문에 아내가 수고하고 있음을 깨닫고, 아내에게 "나를 위해 수고하게 해서 너무 미안하다"고 고백했습니다. 처음에 아내는 "헛소리한다"고 하면서 제 말을 들으려고 하지도 않았지만, 하나님께 모든 것을 맡기고 평범한 일상을 잘 살았더니 하나님이 그 사람과 아내 사이를 끊어 주셨습니다. 아내도 변화되는 저의 삶을 보면서 마음을 열고 공동체 안에서 한마음으로 주를 섬기고 있습니다. 이제 저희 부부는 어떤 경우에도 가정은 중수되어야 함을 지체들에게 권면하며(마 19:6) 소그룹 식구들을 섬기며 살아가고 있습니다.

영혼의 기도

하나님 아버지, 하나님이 짝지어 주신 부부로서 예수님을 따르기를 원합니다. 암에 걸려도 감옥에 가도 남은 식구들 때문에 대신 회개하고 묵상하며 연약함을 위해 기도해야 하는데, 나만 힘든 것 같아서 내 욕심으로 예수님을 시험하고 죽이며 나만 살려고 하는 인생임을 고백합니다. 한 몸이 되기 위해 내 반을 버리는 것이 아프고 배우자의 반을 받아들이는 것이 생살을 찢는 아픔이라서 완악함으로 이혼 증서를 주고 싶습니다. 그것이 예수님을 신랑으로 모시지 않고 눈에 보이는 대로 판단하려 하기 때문임을 알았습니다.

예수님과 연합된 기쁨을 알 때 일곱 번을 일흔 번까지 용서하고 그럴 필요가 있는 곳이 가정임을 알았습니다. 가정이 축복의 통로이고 그 통로를 통해서 하나님이 짝지어 주신 부부의 모델을 보일 책임이 제게 있음을 깨닫습니다. 결혼생활이 힘들어서 죽고 싶은 가정이 있다면 몸과 마음이 아버지 품으로 돌아오도록 인도하옵소서.

말씀만 들어간다면 환경이 어찌되었든지 하나님께서 만져 주시고 인도해 주실 것을 믿습니다. 하나님이 짝지어 주신 부부의 특권이 얼마나 대단한지 보이기를 원합니다. 예수님 이름으로 기도합니다. 아멘.

12

누가 참행복을 얻는가

마태복음 19:13~26

하나님 아버지,
참행복을 얻기 원합니다.
어떻게 해야 참행복을 얻는지
말씀하여 주옵소서. 듣겠습니다.

비리와 부정에 얽혀 뉴스에 등장하는 사람 중에는 명문 대학을 나오고 모든 것을 갖춘 엘리트들이 많습니다. 그들을 보며 '돈과 학벌이 있고 사회적 지위가 있다고 해서 행복한 사람일까' 하는 의문이 생깁니다. 그렇다면 누가 참행복을 얻을까요?

어린아이 같은 자가 행복을 얻습니다

그 때에 사람들이 예수께서 안수하고 기도해 주심을 바라고 어린 아이들을 데리고 오매 제자들이 꾸짖거늘_마 19:13

온전하고 성숙해서 결혼하는 부부는 거의 없습니다. 하나님은 결혼을 통해 우리를 거룩하게 하십니다. 그러므로 결혼의 목적은 행복이 아니라 거룩입니다. 불완전한 부부를 거룩하게 하는 축복의 통로로는 주로 자녀들이 사용됩니다.

　13절에서 사람들이 예수님이 자기 자녀를 안수해 주고 기도해 주기를 바라며 몰려옵니다. 그런데 그때나 지금이나 잘난 아이를 꼭 안수받게 하고 싶어서 데려오는 부모는 드뭅니다. 문제가 있으니 데려옵니다. 그러니 여기서도 아이들이 뭔가를 잘못했나 봅니다. 그래서 제자들이 그 아이들을 꾸짖습니다.

　영화 〈집으로〉에서는 손자 아이가 투정하고 떼 부리고 일부러 못된 짓하며 괴롭혀도 할머니는 낙심하지 않고 아이를 보듬습니다. 그것이 부모의 마음입니다. 어린아이는 무시를 당해도 잘 웃습니다. 하나님의 통치는 초대요 부름인데, 아이들은 그 부름에 빨리 응답합니다. 단순하고 잘 웃고 무시당해도 금세 잊어버리고 엄마 품으로 달려듭니다.

　사람들이 그런 자녀를 데리고 예수님께 왔는데 제자들이 아이들을 꾸짖습니다. 먼저 믿고 제자 훈련까지 받은 사람들이 어린아이를 꾸짖습니다. 교회 와서 너무 떠든다고 꾸짖습니다. 어떤 부모들은 주일에 교회 가서 종일 있다가 오는 자녀에게 핀잔을 줍니다. 또 교회에서 아이들이 뛰어노는 걸 보고 눈살을 찌푸리는 분도 계십니다. 물론 거룩한 성전 안에서 정숙해야겠지만, 그래도 아이들이 악하고 음란한 세상에서 헛된 시간을 보내는 것보다는 훨씬 건전하고 안전합니다.

　사도 바울은 갈라디아서 1장 4절에서 "그리스도께서 하나님 곧 우리 아버지의 뜻을 따라 이 악한 세대에서 우리를 건지시려고 우리 죄를 대속하기 위하여 자기 몸을 주셨으니"라고 했습니다. 이 악한 세상에서 우리를 건지기 위해 주님이 오셨다고 합니다. 교회에 오면 궁극적으로 악한 세상에서 빠져나오게 된다는 걸 믿어야 합니다. 어린 시절 교회에서 노는 것보다 아름다운 추억은 없습니다. 때로는 철없이 강대상을 오르락내리락하고 교회 물건을 망가뜨리기도 하지만 교회에서의 좋은 추억은 장성한 후에도 큰 영향을 끼칩니다. 그런데 어린아이라고 다 천국에 가는 것이 아닙니다. 예수님의 안수하심을 바라고 오는 아이들이 천국에 갑니다.

> 14 예수께서 이르시되 어린 아이들을 용납하고 내게 오는 것을 금하지
> 말라 천국이 이런 사람의 것이니라 하시고 15 그들에게 안수하시고 거
> 기를 떠나시니라_마 19:14~15

여러분은 어떻습니까? 날마다 "공부해라, 학원 가라" 하며 내 자녀가 교회 가는 것을 금하고 있지는 않습니까? 나의 공로와 자격으로 제자들처럼 아이들을 무시하고, 이것저것 하지 못하게 금하고 있는 것은 무엇입니까?

비단 어린아이뿐만 아닙니다. 나보다 학력과 신분이 낮은 사람이 나를 불편해하고, 나에게 다가오기 어려워한다면 내가 바로 아이들을 꾸짖고 있는 제자입니다. 구원을 가로막는 사람입니다. 구원을 위해서는 어린아이든 어른이든 나보다 연약하고 부족한 사람의 잘못을 용납해야 합니다. 꾸짖고 탓할 것만 아니라 날마다 기도하며 주님 앞으로 데려가야 합니다.

미국의 심리학자인 대니얼 골먼(Daniel Goleman)은 성공하는 사람의 공통점은 IQ, EQ가 아니라 SQ(Social Quotient, 사회지수)가 높다고 했습니다. 사회와 기업은 상대방의 말에 귀를 기울이고 애정 어린 시선으로 문제를 지적하는 사람을 필요로 하기 때문입니다. SQ가 높은 사람은 대인 관계를 진실하게 맺는 사람입니다. 그런 점에서 우리들교회는 대인 관계 훈련이 잘되어 있습니다. 목장에서 사람들의 말을 경청하고 애정 어린 시선으

로 처방을 내려 주는 시간은 허송세월이 아닙니다. 때로는 듣기 싫은 이야기도 들어야 하지만 이것이 결국 사회생활에 유익이 됩니다. 교회와 목장에서 나눔을 하듯이 "내가 바람을 피웠다, 이혼당했다, 아들이 사고를 쳤다" 같은 진실한 고백을 직장에서 십분의 일, 백분의 일만 해도 사람들이 놀라워합니다. 학벌, IQ, EQ보다 더 중요한 것이 사회지수입니다. 어떤 사람은 2년 동안 양말을 팔다가 대기업에 들어갔는데 회사에서 명문대 출신을 다 제치고 가장 인정받는 사람이 되었습니다. 힘든 생활로 인해 사회지수가 높아진 까닭입니다.

내 자녀가 교회에서 이상한 아이들과도 잘 지내도 그렇습니다. 그 이상한 아이가 내 자녀에게 축복의 통로라는 걸 부모가 해석해야 하는데, 부모가 오히려 "걔네 부모 이혼했대, 가난하대, 공부 못한대" 하면서 그 아이랑 놀지 말라고 합니다. 그러면 자녀의 앞날은 암담합니다. 그런 아이들일수록 더 축복하고 차별하지 말아야 합니다.

저의 친정 부모님은 교회에서나 동네에서나 아이들을 결코 차별하지 않으셨습니다. 그럼에도 저는 어릴 때 교회에서 가난하고 공부 못하고 코 흘리는 아이를 보면 싫었습니다. 학교에는 그런 애들이 별로 없는데 산동네 사는 아이들이 많은 교회에 가면 그런 애들이 많아서 싫었습니다. 그 아이들과 함께 분반 공부가 하기 싫어서 반주만 하고 일찌감치 집에 와 버렸습니다. 그런 저이기에 일류 대학을 나왔어도 인생을 돌고 돌아 주님께 돌아왔습니다. 진작 알았다면 세월을 허비하지 않았을 것입니다.

마가복음에는 제자들이 아이들을 꾸짖으니까 예수님이 노하셨다고 했습니다(막 10:14). 아이를 주께 데려오는 것이 축복이고 주의 일인데 오히려 그들을 무시하고 꾸짖는다면 저도 예수님처럼 노할 것 같습니다. 예수를 믿으면서 자녀 교육에 대한 생각이 달라지지 않았다면 이야말로 문제 있는 부모입니다.

우리는 자녀가 예배에 늦을까 봐, 큐티를 안 할까 봐, 나눔에 빠질까 봐, 친구를 차별할까 봐 애통하고 안타까워해야 합니다. 그런데 학원에 늦을까 봐, 좋은 대학에 들어가지 못할까 봐, 교회 가도 그만, 안 가도 그 만한다면 자녀의 장래는 장담하기 어렵습니다. 최고의 부모는 자녀를 예수께 데려오는 부모입니다.

✦ 나는 꾸짖는 사람입니까, 용납하는 사람입니까? 내 죄를 볼 줄 알아야 용납할 수 있습니다. 나의 공로와 자격으로 제자들처럼 무시하고 금하는 것은 무엇입니까?

예수님이 삶의 주인인 사람이 행복합니다

어떤 사람이 주께 와서 이르되 선생님이여 내가 무슨 선한 일을 하여야 영생을 얻으리이까_마 19:16

어린아이를 영접한다는 것은 힘든 사람을 대우하고 그 사람을 예수님으로 여기는 것입니다. 그런 사람이 영생을 얻고 행복을 얻습니다. 주님이 여태껏 그 말씀을 가르치셨는데 '어떤 사람'이 나서서 "무슨 선한 일을 해야 영생을 얻느냐?"고 엉뚱한 질문을 합니다.

이어서 나올 19장 22절에 보면 이 사람은 재물이 많은 부자 청년입니다. 누가복음은 이 질문을 한 사람을 '어떤 관리'로 기록하고 있습니다 (눅 18:18). 젊은데 돈도 많고, 사회적인 지위도 대단하다는 것입니다. 지금

한쪽에서는 바리새인들이 예수님을 죽이려고 혈안이 되어 있지 않습니까? 자칫 비난받을 수도 있는데 청년은 아랑곳하지 않습니다. 정말 믿음이 대단해 보입니다. 마가복음 10장 17절을 보면 이 청년이 "달려와서 꿇어 앉아 묻자오되"라고 합니다. 무릎까지 꿇었다니 겸손하기까지 합니다. 또 "무슨 선한 일을 해야 하느냐?"고 묻는 걸 보면 나름으로는 그동안 선한 일도 많이 한 듯합니다. 게다가 영생에도 관심을 가지고 있습니다. 그런데 '주님'이라 하지 않고 '선생님'이라고 합니다. 예수님을 삶의 주인으로 두지 않았다는 것입니다. 그러니 지금 가지고 있는 돈과 지위, 권세를 그대로 누리며 영원히 살고 싶다는 겁니다.

전도서 3장 11절에 "하나님이 모든 것을 지으시되 때를 따라 아름답게 하셨고 또 사람들에게는 영원을 사모하는 마음을 주셨느니라"고 합니다. 하나님이 인간에게 영원을 사모하는 마음을 주셔서 누구나 오래 살고 싶어 합니다. 그래서 중국의 진시황이 불로초를 찾아다녔습니다. 생명 연장을 위한 의학이 나날이 발전해 왔습니다.

> 예수께서 이르시되 어찌하여 선한 일을 내게 묻느냐 선한 이는 오직 한 분이시니라 네가 생명에 들어 가려면 계명들을 지키라_마 19:17

부자 청년이 스스로 선하다고 생각하니까 예수님은 선한 이는 오직 하나님 한 분밖에 없다고 하십니다. 인간의 힘으로는 누구도 선할 수 없다는 것입니다. 그리고 영생을 얻으려면 선한 일에 매달리는 것보다 먼저 하나님의 계명을 지키라고 하십니다. 그런데 이 청년이 강적입니다.

18 이르되 어느 계명이오니이까 예수께서 이르시되 살인하지 말라, 간

음하지 말라, 도둑질하지 말라, 거짓 증언 하지 말라, 19 네 부모를 공경하라, 네 이웃을 네 자신과 같이 사랑하라 하신 것이니라_마 19:18~19

"어느 계명이오니이까"라는 부자 청년의 질문에는 "저는 다 지켰는데요"라는 뜻이 담겨 있습니다. 이 부자 청년은 나름 공직자이니 하나님에 대한 계명인 1~4계명까지는 잘 지켰을 것입니다. 헌금도, 주일 성수도 잘했겠지요. 그런데 인간의 의무에 대한 계명을 소홀히 했기에 예수님은 5~10계명까지를 언급하십니다. 미워하기만 해도 살인입니다. 음욕을 가지기만 해도 간음입니다. 또한 살면서 도적질은 수없이 합니다. 하나님의 시간, 재물, 감정을 도적질하기 때문입니다. 거짓 증거는 또 얼마나 많이 합니까? 얼마나 내 주장이 많습니까? 부모를 공경한다지만 하나님을 모르면 진정으로 공경할 수 없습니다. 이 중 하나라도 안 걸리는 사람이 있겠습니까?

그 청년이 이르되 이 모든 것을 내가 지키었사온대 아직도 무엇이 부족하니이까_마 19:20

성경을 알아도 영적 지식이 없으니까 이단이 난무하고 복음이 변질됩니다. 로마서 3장 20절에 "그러므로 율법의 행위로 그의 앞에 의롭다 하심을 얻을 육체가 없나니 율법으로는 죄를 깨달음이니라"고 했는데 이 청년은 죄에 대한 개념이 없습니다.

인간은 본질상 진노의 자녀이고, 육체와 마음이 원하는 대로 산다고 했습니다(엡 2:3). 그러려면 재물이 필요합니다. 그러므로 이 청년이 "계명을 다 지켰다"는 것은 "나는 재물이 우상입니다"라고 말하는 것과 같습니다. 당연히 제1계명을 어긴 것입니다. 하나님과 돈을 동시에 섬겼으니 하나님 외에 다른 신을 섬기지 말라는 제1계명을 어긴 것입니다. 제일 중요한 것을 어기고도 다 지켰다고 하니 이 청년은 참 불쌍한 사람입니다. 죄에 대한 감각이 없습니다.

청년은 자기만족과 자기 사랑으로 계명을 지켰습니다. 이웃을 해하거나 인색하게 굴지는 않았으나 그 재물로 하나님을 붙들지 못하고 자기만족, 자기 자랑에 머물렀습니다. 우리도 예외가 아닙니다. 큐티를 자랑하고 양육을 자랑하고 순종을 자랑해야 하는데 다들 지식 자랑, 돈 자랑, 경험 자랑에 여념이 없습니다. 예수를 믿어도 온전히 변하지 않은 채 건성으로 회개하고 건성으로 기도하고, 건성으로 교회를 다니고 있지는 않은지 두려운 마음으로 돌아봐야 합니다.

청년은 도무지 자기 부인이 없습니다. 자기만족에 빠져 사니까 무엇이 부족한지를 도무지 모릅니다. "내가 시집와서 애를 못 낳았나, 시부모를 안 모셨나, 내가 뭘 못 했냐!"고 따져 묻는 것입니다.

> 예수께서 이르시되 네가 온전하고자 할진대 가서 네 소유를 팔아 가난한 자들에게 주라 그리하면 하늘에서 보화가 네게 있으리라 그리고 와서 나를 따르라 하시니_마 19:21

온전한 사람이 되기 위한 주님이 내리신 처방은 "소유를 팔아서 단번에 신속하게 주라, 재물에 대한 미련을 단번에 끊으라"였습니다. 청년이 얄미워서가 아닙니다. 동일 본문인 마가복음 10장 21절에서는 "예수께서 그를 보시고 사랑하사 이르시되……"라고 기록돼 있습니다. 청년을 사랑하기에 "가난한 자들에게 네 소유를 다 주고 나를 따르라" 하신 것입니다.

주님은 소유를 다 팔아서 나누라고, 재물에 대한 미련을 단번에 끊고 주님을 따르라고 처방을 내리셨습니다. "결단하라, 와라, 따르라"고 하신 것은 주님이 성화되는 과정을 책임지고 인도하시겠다는 뜻입니다. '주라'고 명령하신 뒤 '보화가 있으리라'고 약속하셨습니다. 그리고 '따르라'고 정확하게 해야 할 일을 알려 주셨습니다.

재물과 하나님을 겸하여 섬길 수 없습니다. 자기를 부인하지 않으면 인생의 주인이 주님이 될 수 없습니다. 나의 부족을 가르치고 처방을 주시는 주님께 감사해야 하는데 청년은 그러지 않았습니다.

그 청년이 재물이 많으므로 이 말씀을 듣고 근심하며 가니라_마 19:22

예수님이 '주고 따르라' 하실 때는 재물에 대한 신뢰를 버리고 하나님에 대한 신뢰로 돌아서야 합니다. 그러나 청년은 재물이 걸림이 되어 그러지 못했습니다. 만일 청년에게 재물이 없었다면 쉽게 주님을 따랐을지도 모릅니다. 예수님께 달려와서 무릎을 꿇는 열심만큼은 그 누구도 따라갈 자가 없었습니다. 하지만 말씀이 좋다고 왔다가 말씀을 듣고 나서는 더 큰 근심을 떠안고 슬퍼하면서 떠나갔습니다. 경건의 모양은 있지만 능력이 없습니다. 큰 재물을 가진 것 때문에 주님을 따르지 못하고 심히 슬퍼하는 인생이 된 것입니다.

이렇듯 삶의 큰 부요는 우리에게 오히려 근심이 될 수 있습니다. 그러므로 재물을 내 집안에 쌓아 두면 안 됩니다. 하나님과 이웃을 위해 사용해야 합니다. 큰 부자인 청년은 배운 것도 많고 나름 인생을 바르게 살아서 어느 정도 계명을 잘 지킬 수 있었을 것입니다. 하지만 그 반면에 하나님 없이 돈으로 할 수 있다는 교만이 적지 않았을 것입니다. 그래서 뭐든지 스스로 할 수 있다는 자기 의도 대단했을 것입니다. 돈을 넘어서는 참되고 영원한 것이 무엇인지를 알지 못했습니다.

> 23 예수께서 제자들에게 이르시되 내가 진실로 너희에게 이르노니 부자는 천국에 들어가기가 어려우니라 24 다시 너희에게 말하노니 낙타가 바늘귀로 들어가는 것이 부자가 하나님의 나라에 들어가는 것보다 쉬우니라 하시니 _마 19:23~24

이 말씀을 보고 '아, 천국 가려면 부자가 되어서는 안 되는구나. 그러니 부자 되려고 하지 말자'를 교훈으로 받으면 안 됩니다. 천국 가는 길에 가장 방해가 되는 것이 재물입니다. 이 부자 청년도 세상의 작고 사소한 것에 충성해서 돈을 벌었는데 결국 그것이 우상이 됐습니다. 재물의 욕심은 육신의 정욕, 안목의 정욕, 이생의 자랑과도 연결됩니다.

그리고 율법도 문자적으로 지키니까 하나님의 영적 메시지를 듣지 못합니다. 부자는 천국에 들어가기가 어렵습니다. 몇천억이 있어도 하나님의 것으로 알고 인생의 주인을 하나님으로 둔 사람은 청년과 같은 부자가 아닙니다. 몇만 원 있어도 내 것으로 아는 사람이 부자입니다. 학벌과 지위도 하나님의 것이 아닌 내 것으로 여기면 부자입니다. 목회자가 목회자라는 지위를 내 것인 줄 알고 마음대로 남발하고 직분을 받으면 부자입니다. 신학을 하면 거기에도 부요가 있어서 내려가지 못하는 것을 저는 많이 보았습니다. 지식과 능력을 내 것으로 알고 만족을 추구하는 부자는 천국에 들어갈 수 없습니다.

돈을 좋아한 청년은 말씀이 들리지 않기 때문에 교양이 있어도 예수님을 떠났습니다. 영화 〈집으로〉에서 꼬마는 할머니에게 욕을 하면서도 할머니를 떠나지 않았습니다. 하지만 교양 있게 욕하지 않아도 예수님을 떠나는 사람이 많습니다.

◆ 예수님께 가까이 가는 데 걸림이 되는 것은 무엇입니까? 지식과 달란트를 내 것으로 알고 만족을 추구합니까, 주님이 주신 줄 알고 하나님께 드립니까?

거룩해야 행복합니다

내 자녀가 이 같은 부자 청년을 만난다면 여러분은 어떻게 하시겠습니까? 부자 청년은 결국 주님을 떠났습니다. 만일 이 같은 부자 청년과 결혼한다면 그것은 곧 불신결혼입니다.

부자 청년과 비슷하던 제 남편이 그랬습니다. 저와 결혼하기 위해 저희 집에 와서 꿇어 엎드렸습니다. 그 육중한 몸에 양반다리도 하지 않고 무릎을 꿇었습니다. 그리고 저에게 자기는 자기 것은 무엇이든지 너무 아끼고 사랑하니까 자기 아내가 되면 무조건 사랑하겠다고 했습니다. 저는 남편의 그런 모습을 보고 겸손하다고 생각했습니다. 저도 부자 청년처럼 의롭고 잘났기에 그 의롭고 잘난 남편의 말을 믿었습니다.

바울은 "하나님이 우리에게 주신 것은 두려워하는 마음이 아니요 오직 능력과 사랑과 절제하는 마음이니 그러므로 너는 내가 우리 주를 증언함과 또는 주를 위하여 갇힌 자 된 나를 부끄러워하지 말고 오직 하나님의 능력을 따라 복음과 함께 고난을 받으라"(딤후 1:7~8)고 했습니다. 또 "너는 그리스도 예수의 좋은 병사로 나와 함께 고난을 받으라"(딤후 2:3)고 했습니다. 그러면서 디모데후서 3장에서는 고통과 죄의 목록을 열아홉 가지나 나열했습니다.

"너는 이것을 알라 말세에 고통하는 때가 이르러 사람들이 자기를 사랑하며 돈을 사랑하며 자랑하며 교만하며 비방하며 부모를 거역하며 감사하지 아니하며 거룩하지 아니하며 무정하며 원통함을 풀지 아니하며 모함하며 절제하지 못하며 사나우며 선한 것을 좋아하지 아니하며 배신하며 조급하며 자만하며 쾌락을 사랑하기를 하나님 사랑하는 것보다 더하며 경건의 모양은 있으나 경건의 능력은 부인하니 이같은 자들에게서 네가 돌아서라"(딤후 3:1~5).

저는 어려서부터 부자 청년처럼 칭찬과 인정을 받았기 때문에 범사에 총명이 없었습니다. 그래서 남편을 부자 청년으로 믿고 행복을 선택했습니다. 하지만 결론적으로 열아홉 가지 고통을 다 겪었습니다. "복음과 함께 고난을 받으라"고 하는데 저처럼 고난을 피해 행복을 선택하면 고통이 따라오게 마련입니다. 거룩을 선택해야 행복이 옵니다.

선한 얼굴을 하고 돈을 좋아해서 한때는 주님을 떠나 있었지만 그래도 제 남편은 산부인과 의사로서 낙태 수술을 하면서 죄의식을 가졌습니다. 이 때문에 쾌락을 멀리했습니다. 돈이 많으니 여기저기 놀러 다니다 죽었을 인생인데 주님은 남들이 부러워할 환경에도 쾌락을 즐기지 못하게 하셨습니다. 저 역시 돈이 좋아 결혼했지만 남편이 돈을 주지 않고, 나가지도 못하게 해서 주님을 떠나지 않게 하셨습니다. 갇힌 시집살이 가운데 오히려 저의 죄를 보게 하셨습니다. 부요한 환경에서 남편이나 제가 예수 없이 살았으면 어쩔 뻔했습니까? 돈 있고 죄의식이 없이 잘 먹고 잘 놀고, "좋다, 좋다" 하면서 살다가 지옥 가면 어쩔 뻔했습니까?

남편은 죄를 지으니 기쁨이 없어서 모든 화풀이를 저에게 했습니다. 그것도 택하심입니다. 그렇게 힘들게 살게 하시고, 서로 마음이 안 맞게 하신 것이 하나님의 축복입니다. 왜 그렇습니까? 영벌에 처할 수밖에 없는 인생이지만 가진 돈도 쓸 수 없게 하시고 가난한 마음이 되게 하셔서 진정한 행복을 찾게 하셨으니 그렇습니다.

제가 예수님을 만나고 나니 비로소 남편이 불쌍해 보였습니다. 구원받아 참행복을 얻어야 하는데, 종일 환자 보며 스트레스받는 남편을 보면서 '돈은 왜 버는가?' 싶었습니다. 어떻게 남편의 상한 마음을 만져 줄까 생각했습니다.

> 25 제자들이 듣고 몹시 놀라 이르되 그렇다면 누가 구원을 얻을 수 있으리이까 26 예수께서 그들을 보시며 이르시되 사람으로는 할 수 없으나 하나님으로서는 다 하실 수 있느니라_마 19:25~26

제자들은 부자 청년같이 선하고 계명을 잘 지킨 사람이 천국에 못 간다면 도대체 누가 구원을 얻을 수 있느냐고 묻습니다. 주님은 사람은 할 수 없으나 하나님은 하실 수 있다고 대답합니다. 제 남편은 유복한 환경에서 자라고 의사로서 병원도 잘되고 아들딸 낳아 검소 근면하게 살았습니다. 부자 청년처럼 "내가 부족한 게 뭐냐"고 부르짖으며 살았지만 정작 자기 죄를 보지 못했습니다. 저는 그런 남편의 구원을 위해 생명을 내놓고 기도했습니다. 제가 예수님을 믿고 행복을 얻었기 때문에 모든 걸 가져가시더라도 구원해 달라고 기도했습니다. 그랬더니 어느 날 하나님께서 역사하셨습니다.

남편이 하루아침에 쓰러진 것입니다. 그 완벽했던 남편이 자기가 암으로 쓰러질지 어떻게 알았겠습니까. 그런데 하나님은 화급을 다투는 간동맥 파열로 남편을 부르셨습니다. 날마다 피를 접해야 하는 산부인과 의

사였기에 남편은 한 달에 한 번씩 간 기능 검사를 했는데도 그것이 드러나지 않았습니다. 집안에도 간 때문에 탈이 난 사람이 없었습니다. 그렇게 완벽하게 주의했어도 갑자기 쓰러진 것입니다.

화급한 소식을 듣고 목사님이 오셨습니다. 제가 남편을 구원해 달라고 기도했는데, 그 남편이 목사님 앞에서 "오늘 밤 천국 문 앞에 서셨다면 어떻게 들어갈 수 있겠습니까?"라는 물음에 "예수 이름으로요"라고 대답했습니다. 그리고 "목사님, 제가 교회 가기 싫어서 안 간 게 아니라 죄가 너무 많아서 못 갔습니다. 믿음이 없어서 못 간 것이 아닙니다" 하며 모든 사람이 보는 앞에서 낙태 수술한 죄를 고백했습니다. 도무지 일어날 것 같지 않던 기적이 일어난 것입니다. 제 인생에서 가장 기쁜 순간이었습니다. 남편은 죄를 고백한 뒤 진정한 행복을 맛보았는지 천사처럼 얼굴이 바뀌었습니다. 그러면서 "내가 이렇게 매를 맞았습니다. 회복시켜 주셔도 감사하고, 회복시켜 주지 않으셔도 저는 할 말이 없는 인생입니다"라고 했습니다. 그러면서 그 자존심 강한 남편이 어린아이처럼 믿겠다며 목사님을 따라서 영접 기도를 했습니다. 지금까지 삶의 주인이 주님이 아니었다고, 나를 용서하고 받아 달라고 고백했습니다. 아무런 원망도 없이 부자 청년에서 어린아이로 돌아와 하나님을 의지하고 하나님 나라로 갔습니다.

그렇습니다. 달걀이 다섯 개 중 하나만 썩어도, 만 개 중에 하나만 썩어도 알고는 먹지 못합니다. 행함으로는 구원을 얻을 수 없습니다. 나를 위해 죽어 주신 예수님을 믿기만 하면 구원에 이릅니다.

인생의 행복이 무엇입니까? 돈도 지위도 좋은 직업도 아닙니다. 어린아이처럼 예수님께 가는 것이 행복입니다. 그런데 자기 죄를 알고 가야 합니다. 결혼의 목적도 그렇습니다. 행복이 아니라 거룩입니다. 주님께

전념할 때 하나님은 우리의 모든 행복을 책임져 주십니다.

그러니 누가 참행복을 얻습니까? 어린아이와 같은 자입니다. 예수님께 안수받기 위해 낮고 낮은 마음으로 가는 사람입니다. 우리가 예수님을 믿는다고 해도 저마다 해결되지 않는 부분이 있습니다. 돈과 출세에 대한 가치관이 변하지 않고, 술과 담배, 음란을 끊지 못합니다. 마음의 문제를 해결하지 못합니다. 죽어도 해결하지 못하는 죄를 끌어안고 살아갑니다. 그런 한심함 때문에 우리는 때때로 절망하기도 합니다. 하지만 주님은 내 죄에 대해 마음 아파하는 그것을 귀히 여기십니다. 내 힘으로 끊을 수 없음을 인정하는 눈물의 고백을 기쁘게 받으십니다. 스스로 죄인이라고 고백하는 사람보다 더 아름다운 사람은 없습니다. 주님은 그런 자를 영접하십니다.

나의 어린아이 같은 미성숙함과 내 죄에 대해 아파하는 것은 곧 내 옆의 어린아이를 영접하는 것과 같은 태도입니다. 그런 사람이 거룩을 이루어 갑니다. 참행복을 얻습니다. 영원한 생명을 얻습니다. 그리고 자기 삶의 주인이 예수님인 사람이 행복을 얻습니다.

선한 이는 오직 주님 한 분뿐입니다. 그런데 우리는 내가 가장 선한 줄로만 압니다. 스스로 내 삶의 주인공이 되어서 내 뜻대로 안 되면 모든 문제에 혈기를 내고 근심합니다. 그렇다고 해서 포기하면 안 됩니다. 어떤 경우에도 부자 청년처럼 떠나서는 안 됩니다. 교양, 부, 지식, 지위 따위를 버리지 못해서 주님을 떠나서는 안 됩니다.

내 배우자, 내 자녀도 주님께 데려와야 합니다. 그들을 위하여 기도하는 자가 최고의 배우자, 최고의 부모입니다. 죄를 고백하는 공동체보다 아름다운 공동체는 없습니다. 그런 부부, 가족, 교회 공동체가 되길 기도합니다.

◆ 부자 청년은 "내가 부족한 게 뭐냐"고 부르짖으며 자기 죄를 보지 못했습니다. 나의 죄를 보지 못하게 하는 부요함은 무엇입니까? 어린아이처럼 연약함과 죄를 깨닫고 예수님을 내 삶의 주인으로 모시겠습니까?

말씀으로 기도하기

세상에서 행복을 찾으려고 애쓰며 노력해 봐도 근심만 느는 인생입니다. 인생의 목적을 거룩에 둘 때 행복은 저절로 따라온다는 것을 기억하며, 어린아이와 같은 마음으로 예수님께 나아가 예수님을 내 삶의 주인으로 모시기 원합니다.

어린아이 같은 자가 행복을 얻습니다(마 19:13~15).

자녀가 공부에 소홀하다고 꾸짖기보다 신앙생활에 소홀한 것을 꾸짖을 수 있는 믿음을 허락해 주옵소서. 자녀를 예수께 데려오는 최고의 부모가 되고자 제가 먼저 어린아이처럼 예수님께 나아가 안수받기 원합니다. 구원을 위해 저보다 연약한 사람을 용납하고 품어 주며 그를 위해 기도해 줄 수 있는 넉넉함을 제게 허락해 주옵소서.

예수님이 삶의 주인인 사람이 행복합니다(마 19:16~24).

저의 재물과 학벌, 지위, 지식 등은 모두 하나님이 주신 것임에도 제 것이라 여기기에 하나님과 이웃을 위해 사용하는 데 인색했습니다. 그것이 죄인 줄도 모르고 세상과 하나님을 겸하여 섬겨 온 저를 용서해 주옵소서. 자기만족과 자기 자랑을 내려놓고 자기를 부인하며 예수님을 내 삶의 주인으로 모시고 살아갈 수 있게 도와주옵소서.

거룩해야 행복합니다(마 19:25~26).

부자 청년처럼 행복을 선택하다가 예수님을 떠나는 어리석음을 범하지 않게 하옵소서. 복음과 함께 고난을 받으라는 주님의 말씀을 피하지 않고 내 죄에 대해 아파하며 어린아이처럼 낮고 낮은 마음으로 예수님께 나아가기 원합니다. 내 힘으로 끊을 수 없는 죄를 내어 맡기며 주께 나아가오니 저를 영접해 주옵소서.

우리들 묵상과 적용

어려서부터 가난한 환경에서 자란 저는 열심히 공부하여 좋은 직장에 들어가 잘사는 게 인생의 목표였습니다. 그래서 공무원이 된 저는 공기업에 다니는 남편과 결혼해 열심히 살았습니다. 그러다 산후풍과 친정아버지의 직장암으로 주님을 영접하게 되었지만 여전히 세상 가치관으로 죄 가운데 살았습니다. 그러던 중 저의 강박증과 남편의 암 고난으로 하나님은 저희 부부가 자기 열심과 돈 우상의 죄를 회개하고 말씀 묵상과 양육으로 인생의 참목적을 깨닫게 하셨습니다. 그리고 하나님의 전적인 은혜로 저는 그동안 가해자라고만 생각한 시어머니가 나를 예수 믿게 해 주신 최고의 공로자임을 알게 되었습니다. 그래서 시어머니께 며느리로서 불순종하고 예수 믿는 자로서 더 잘 섬겨 드리지 못했음을 고백하며 용서를 구했습니다. 그러자 절을 두 군데나 다니시던 시어머니께서 교회에 등록해 세례까지 받으시는 기적을 경험했습니다.

그럼에도 저는 나를 힘들게 했던 시누이들은 용납할 수 없었고, 제게 오는 것도 금했습니다(마 19:14). 그들을 예수께 오도록 용납하여 천국에서 만나는 것이 부당하고 억울한 일이라고 생각했기 때문입니다. 저의 이런 가증함 때문에 주님은 제게 남편의 암이 재발되는 사건을 허락하실 수밖에 없었습니다. 이후 본문에 나오는 부자 청년처럼 "내가 주님의 율법을 지키며 시댁을 위해 헌신했는데, 아직도 무엇이 부족하니이까" 따지며 시누이들을 멀리했던 저의 죄를 보게 되었습니다(마 19:20). 그리고 나자 시누이들에게 저의 잘못을 고백하고 용서를 구할 수 있었습니다. 또 하나님이 제게 새 마음을 주셔서 시간과 물질, 감정을 아끼지 않고 기쁨으로 섬길 수 있게 하셨습니다. 내 죄를 몰라 남 탓만 하며 구원과 상관없이 외롭게 살 뻔한 인생에게 어린아이와 같은 자들을 주께로 인도하는 사명을 주신 하나님, 감사합니다(마 19:13~14)

영혼의 기도

하나님 아버지, 저는 제자들처럼 너무 부족해서 예수님의 안수하심과 기도하심을 바라고 나오는 사람들을 꾸짖습니다. 저보다 못나 보이고 없어 보여서 무시하고 제게 오는 그들을 용납하지 않았습니다.

부자 청년처럼 내가 못 한 게 뭐냐고, 왜 나한테 이런 일이 생기냐고 할 때 주님은 정확한 처방을 주셨으나 저는 돌이키지 못했습니다. 아무리 제게 말씀하셔도 슬퍼하고 근심하면서 떠날 수밖에 없는 완악함과 부요가 있습니다. 이런 제 모습을 보게 하옵소서.

아무리 말씀을 들어도 변하지 않는 가치관을 안타까워하며 어린아이 같은 마음으로 주님께 나왔습니다. 끊을 수 없는 중독과 술, 담배, 간음의 죄를 통곡하는 마음으로 회개합니다. 모든 죄를 용서하여 주옵시고, 주님은 어린아이를 영접한다고 하셨으니 저의 죄 때문에 아파하는 이 마음을 받아 주시고 참행복을 얻도록 은혜를 주시옵소서. 예수님 이름으로 기도합니다. 아멘.

13

당신을 위하여 하나님만이
하실 수 있는 일이 있다

마태복음 19:23~30

하나님 아버지, 우리 각자를 위해서 우리는 못하지만
하나님만이 하실 수 있는 일이 있다고 하십니다.
주님만 행하시옵소서. 우리를 살려 주옵소서.
말씀하여 주옵소서. 듣겠습니다.

율법적이고 권위적인 아버지 밑에서 힘든 시절을 보낸 집사님이 있습니다. 그 아버지는 자녀들에게 하나님의 뜻이 아니라 아버지의 뜻에 따라 살기를 요구했다고 합니다. 돈도 안 벌고 바람을 피우면서 율법으로만 하나님을 가르쳐서 자식들을 실족시켰습니다. 그리고 자신의 죄를 보지 못해 결국 어머니와 이혼하고 새어머니와 재혼했습니다. 그러나 새어머니는 돈밖에 몰라서 그 가정에도 위기가 왔습니다. 이후 친어머니는 직장암으로 돌아가시고, 아버지는 당뇨병으로 고생했습니다. 그럼에도 집사님은 말씀으로 양육받으며 가족을 용서하고 사랑하게 되었습니다. 하지만 오빠와 남동생은 실족해서 하나님을 떠났고, 집사님은 불임과 경제적 어려움으로 고난 중에 있습니다. 안 믿는 동서는 아들딸 낳고 잘 사는데 달라지지 않는 자신의 환경을 볼 때 '하나님은 무얼 하시는가' 하는 생각이 든다고 했습니다.

그러나 주님은 우리를 위해 하나님만이 하실 수 있는 일이 있다고 하십니다. 부모 형제가 할 수 없는 일을 하나님이 하십니다. 사회와 국가,

회사가 해 줄 수 없는 일을 하나님은 하실 수 있습니다. 하나님은 가장 먼저 구원을 이루어 주십니다. 이 구원만 이루어지면 모든 문제가 하루아침에 해결됩니다. 구원이 없어 절망인 것입니다.

하나님은 당신을 위해 구원을 이루셨습니다

> 예수께서 제자들에게 이르시되 내가 진실로 너희에게 이르노니 부자는 천국에 들어가기가 어려우니라_마 19:23

예수님은 부자가 천국에 들어가기가 어렵다고 말씀하십니다. 그러니까 부자가 되지 말아야 합니까? 성경을 그렇게 읽으면 안 됩니다. 일도 안 하고 "부자도 안 돼야지" 하는 건 게으름을 합리화하는 것입니다. 부자 청년은 봉사도 하고 구제도 하고 헌금도 했지만 근심하며 떠났습니다. 예수님께 일대일 양육을 받고도 재물과 모든 것을 내려놓지 못해서 떠났습니다. 부자가 천국에 오지 못하도록 주님이 막고 계시는 게 아닙니다. 정작 부자 자신이 천국에 관심이 없기 때문입니다. 가고 싶은 마음이 없는 것입니다. 돈 있고 다 가졌는데 그것을 두고 어떻게 천국에 가겠습니까? 부자는 재물이나 지위만 못 내려놓는 게 아니라 불편함도 못 참습니다. 그러니 이 땅에서 가난하고 곤고한 자들이 천국을 사모할 수밖에 없습니다. 그래서 천국은 확실히 가난한 자의 것입니다.

> 다시 너희에게 말하노니 낙타가 바늘귀로 들어가는 것이 부자가 하나님의 나라에 들어가는 것보다 쉬우니라 하시니_마 19:24

목사이자 성경비평학 교수였던 윌리엄 바클레이(William Barclay)는 바늘귀를 다음과 같이 설명했습니다. 당시 예루살렘 성에는 밤에 출입하는 조그만 문이 있는데 낙타가 들어가기에는 너무 좁아서 걸어서는 통과할 수 없고 짐을 다 버려야 했습니다. 무릎을 꿇고 기어서 들어가야 하는데 너무 고통스러워서 대부분 포기했다고 합니다. 이처럼 천국에 들어가려면 모든 것을 내려놓고 무릎을 꿇고 낮아져서 가야 하는데 부자가 제일 못하는 게 낮아지는 것입니다.

왜 낮아지지 못합니까? 불철주야 이를 악물고 노력해서 재물을 가졌는데 어떻게 무릎을 꿇겠습니까? 회사 가면 사장님 소리 듣고, 학교 가면 교수님, 총장님, 사모님 소리를 듣는데, 교회에 오면 화장실 청소해야 하니 이게 예삿일이 아닙니다. 부자가 되면 불편한 걸 못 참습니다. 춥고 더운 것 못 참고 숙이고 들어가는 것을 못 합니다.

또 목장에 가면 망한 사람들만 있으니 자기 관리 잘한 부자는 이런 지체들이 도무지 이해가 안 됩니다. '내가 이런 사람들과 왜 함께해야 하나?', '이 시간에 차라리 돈을 벌지, 이렇게 패잔병들만 모인 곳에서 뭐 하나?' 싶습니다. 의사나 변호사 같은 전문직 사람들에게는 시간이 돈입니다. 목장예배 몇 시간 드려도 돈도 안 되니 그렇게 생각할 수 있습니다. 저는 피아노 레슨할 때 시간이 돈이었습니다. 그렇게 시간이 금 같던 사람이 주의 일 하느라 하루 전부를 드리게 된 것이 기적입니다.

부자는 어디를 가든지 환영을 받습니다. 또 예수 믿어도 자존심을 유지하려면 돈이 필요합니다. 그래서 다들 부자가 되려고 돈에 집착합니다.

하지만 어느 모임이든 부유한 자는 말씀을 듣기가 어렵습니다. 부자뿐 아니라 자기 분야에서 일가를 이룬 사람들은 남의 말을 듣지 못하고 남을 섬기지 못합니다. 믿음은 들음에서 나고 들음은 그리스도의 말씀으로 말미암는다고 했는데(롬 10:17) 들을 기회가 원천적으로 봉쇄되어 있는 것입니다. 그들로서는 주일예배도 시간을 대단히 할애해서 옵니다. 가난한 자들은 할 일이 없어서 주일예배, 수요예배 다 드리고, 양육받고, 목장에 가는 줄 압니다. 다 망해 먹고 할 일이 없어서 교회 공동체에 붙어사는 줄 압니다.

그러나 부자도 공동체에 붙어 있어야 합니다. 말씀을 들어야 합니다. 양육을 받아야 합니다. 예수님이 일대일로 부자 청년을 양육하셨으나 그는 떠났습니다. 전했는데 떠나는 건 어쩔 수 없습니다. 하지만 여기서 끝난 것이 아닙니다.

> 제자들이 듣고 몹시 놀라 이르되 그렇다면 누가 구원을 얻을 수 있으리이까_마 19:25

제자들이 몹시 놀란 이유가 무엇입니까? 가난한 자만 천국에 들어가서입니까? 그런데 레위기 19장 15절에 "너희는 재판할 때에 불의를 행하지 말며 가난한 자의 편을 들지 말며 세력 있는 자라고 두둔하지 말고 공의로 사람을 재판할지며"라고 했습니다. 왜 재판할 때 가난한 자의 편을 들지 말아야 합니까? 그것은 하나님의 공의 때문입니다. 무조건 가난한 자, 약한 자의 편이 아니라 공의의 편에 서야 하는 것입니다. 가난이 곧 선은 아닙니다. 가난하다고 다 천국에 들어가는 것이 아닙니다.

그런데도 제자들이 몹시 놀란 것은 그들의 롤 모델이 부자 청년이기 때문입니다. 제자들이나 부자 청년이나 믿음이 없기는 매한가지입니다. 제자들이 열심히 주님 따르면서 살고 싶은 모델이 바로 부자 청년입니다. 부자 청년과 다를 바 없는 제자들이지만 이상한 소리 하면서도 예수님께 붙어 있습니다. 그것이 다릅니다.

제자들이 몹시 놀란 것처럼 우리도 천국에서 몹시 놀랄까 봐 걱정입니다. 담임목사가 천국에서 안 보이는데 욕만 먹던 집사가 있습니다. 얼마나 놀라겠습니까. 슈바이처처럼 대단한 사람이 천국에 없습니다. 마지막에 예수님을 부인했기 때문입니다. 우리도 "누가 구원을 얻을 수 있으리요" 하면서 몹시 놀랄지 모릅니다.

누가 부자입니까? 부자는 돈이 있고 없고를 떠나서 자기가 돈의 주인인 사람입니다. 여러분의 가정에서 주인은 누구입니까? 돈 버는 일에는 누가 주인이고 쓰는 일에는 누가 주인입니까? 자녀를 키우는 일에는 누가 주인입니까? 주인이 되면 인생이 힘듭니다.

진짜 부자와 가짜 부자가 있습니다. 진짜 부자는 친구의 사업이 성공하면 마음이 흐뭇하고, 아름다운 친구의 외모를 봐도 샘이 안 나는 사람입니다. 남을 위해 쓰는 돈이 안 아까운 사람, 다른 집 아들딸이 명문 대학에 가고 변호사가 되어도 내 자녀가 보통 사람으로 건강하게 성장하는 것을 감사하게 여기는 사람이 진짜 부자입니다. 식사 기도할 때 음식에 너무 감사한 사람, 자연의 아름다움에 감사한 사람, 비판하는 횟수보다 축복하는 횟수가 많은 사람, 가장 바쁠 때 하나님을 생각하는 사람이 진짜 부자입니다. 죽음에 대해서 자신 있는 사람이 부자입니다. 주님 오실 때 부자 청년과 같은 가짜 부자로 있는 사람이 가장 불쌍합니다.

영생은 인간의 공로로 얻는 것이 아님을 모르고 누가 구원을 얻을 수 있냐고 묻습니다. 부자나 제자들이나 똑같습니다.

예수께서 그들을 보시며 이르시되 사람으로는 할 수 없으나 하나님으로서는 다 하실 수 있느니라_마 19:26

부자 청년은 떠나갔지만 예수님은 제자들을 사랑하기에 보시며 대답해 주십니다. '보시며'는 부정과거로 주동사 시제보다 먼저 일어난 일입니다. 즉 제자들을 관찰하신 뒤 낙심하지 않도록 위로해 주느라고 말씀하신 것입니다.

부자 청년은 모든 것을 가진 채로 영원히 망하지 않고 평생 부자로 사는 영생을 구했습니다. 주님 앞에 은혜받으러 온 것이 아닙니다. 그러나 제자들은 부족해도 엄마 품을 파고드는 어린아이처럼 주님 품 안에 있으니까 주님이 양육하십니다. 내가 멋모르고 영접 기도를 했어도 계속 교회에 나가면 주께서 보시고 양육해 주십니다. 어떤 사람이 전 재산을 사회에 기부하고 죽었어도 하나님과 상관없으면 구원과 상관이 없습니다.

하지만 "사람으로는 할 수 없으나 하나님은 다 하실 수 있느니라"고 하십니다. 그런데 어려서부터 부자로 산 사람은 '사람으로는 할 수 없다'는 생각을 못 합니다. 마음만 먹으면 무엇이든 다 되는 줄 압니다. 자기를 위해 쌓아 놓은 게 많을수록 사람으로는 할 수 없다는 생각을 못 합니다. 그러므로 어려서 고생해야 커서도 겸손을 유지할 수 있습니다. 세상 사람들은 불가항력적인 일을 만나고 한계상황을 만나도 '사람으로는 할 수 없다'는 생각을 못 합니다. 그저 불굴의 의지로 해내려고 합니다. 내가 내 삶의 주인이기에 하나님을 의지하고자 하는 마음이 없습니다. 하나님을 알려고 하지도 않습니다. 그래서 사람으로는 할 수 없음을 깨닫는 것이 구원입니다. 예수님을 알고자 하는 마음이 영생의 첫 단계이고, '사람으로는 할 수 없다'는 걸 알아 가는 것이 생명을 얻는 노력입니다. 생명은 하나님만이 주실 수 있기 때문입니다.

그런데 우리가 사람으로는 할 수 없다는 걸 깨닫기 위해서는 치러야 할 것이 있습니다. 그냥은 안 됩니다. 제가 그랬습니다. 하루도 빠짐없이 피아노를 쳐서 인간 승리로 장학금을 받아 대학에 입학했고, 직접 돈을 벌어서 시집까지 갔으니, '사람으로는 할 수 없다'는 생각을 전혀 하지 못했습니다. 그래서 시집살이 고난, 남편 고난을 치러야 했습니다. 내가 할 수 없는 것을 뒤늦게야 알게 되었습니다. 그러나 뒤늦게나마 이런 진리를 알게 해 주신 것이 복입니다.

우리가 고난에 처하면 다들 '내가 왜 이 고생을 하는가' 합니다. 그러나 이런 고난을 통해 '내가 할 수 없다'는 걸 깨닫는 것이 가장 큰 복입니다.

> 이에 베드로가 대답하여 이르되 보소서 우리가 모든 것을 버리고 주를 따랐사온대 그런즉 우리가 무엇을 얻으리이까_마 19:27

부자 청년은 돈이 많아서 떠났는데 베드로는 주님을 잘 따랐습니다. 그러니 잘난 척을 합니다. 하지만 베드로가 뭘 버렸습니까? 내가 가난해서 쇼핑하러 다니지 못하는 걸 가지고 "내가 쇼핑을 버렸다, 쇼핑을 끊었다"고 하면 안 됩니다. 돈 없어서 술도 못 마시고 게임도 못 하면서 "술도 버리고 게임도 버리고 주님을 따랐다"고 하면 안 됩니다.

"교회에 와서 훈련받고 양육받았으면 뭔가 보상이 있어야 하는 것 아니냐?"는 질문이 있을 수 있습니다. 앞서 11장에서 부인의 장례식에 와서 조의금까지 챙겨 간 남편의 이야기를 했습니다. 그 사람이나 바람 한 번 안 피우고 모범적으로 산 제 남편이나 하나님을 모르면 똑같습니다. 그 사람도 부인의 기도로 돌아와서 신학교에 갔습니다. 제 남편도 기도로 돌아왔습니다. 보통 기적이 아닙니다.

하나님을 모르는 사람은 끝까지 불쌍히 여기고 가야 합니다. 부자 청년은 예수님이 일대일로 양육했어도 떠나 버리는 바람에 가장 불쌍한 사람이 되었습니다. 천국은 무엇을 버리고 따라가는 곳이 아니라 기뻐서 누리는 곳입니다. 주님 자체가 상급이 되어서 예배가 즐겁고 기뻐야 합니다. 그런데 베드로는 '이것을 하면 뭘 얻을까' 합니다. 값 치른 것도 없이 주님만 따르면서 '나는 다 버렸다'고 합니다. 생색내고 잘난 척합니다. 스스로 생각해도 자기가 대단한 겁니다. '내가 어떻게 이런 적용까지 했는 가?' 하며 스스로가 기특한 겁니다. 그래서 "내가 다 버리고 따랐는데 주님은 이제 무엇을 보상해 주실 겁니까?" 하고 묻습니다. 그러니 행위로만 봐서는 오히려 부자 청년이 더 낫습니다. 그래도 주님께 무조건 붙어 있으니까 품어 주십니다. 얼마나 감사합니까.

우리도 예외가 아닙니다. 예수를 믿으면서 끊임없이 보상받을 생각을 합니다. "다른 건 다 안 주셔도 좋으니까 우리 아이가 수능만 잘 보게 해 주세요" 기도한다면 베드로와 똑같은 것입니다.

❖ 진짜 부자로 살고 있습니까, 가짜 부자로 살고 있습니까? 열심히 믿는다면서 속으로 어떤 보상을 바라고 있지는 않습니까?

하나님은 당신을 위해 세상을 새롭게 하십니다

예수께서 이르시되 내가 진실로 너희에게 이르노니 세상이 새롭게 되어 인자가 자기 영광의 보좌에 앉을 때에 나를 따르는 너희도 열두 보좌에 앉아 이스라엘 열두 지파를 심판하리라 _마 19:28

베드로가 보상이 뭐냐고 묻자 주님은 심판할 권세를 주겠다고 하십니다. 그러면 우리는 "심판은 세상 끝에 있잖아요" 하며 볼멘소리를 합니다. 교회에 와도, 기도해도 별로 나아지는 것이 없습니다. 지금 나아지는 것도 없는데 세상 끝에 심판하는 게 무슨 보상이 되겠느냐고 합니다. "당장 이 직장에 취직이 될까요, 안 될까요?" 묻는데 "심판하리라" 하니까 알아듣지 못합니다. 그래서 예언 기도를 받으러 다니는 사람도 있습니다.

주님은 베드로 때문에 가슴이 미어터지십니다. 매일 잘난 척하고 나중엔 말고의 귀까지 베고……. 우리도 매한가지입니다. 말귀를 알아듣지 못합니다. 날마다 예수 안에서 잘되는 것은 필요 없으니 세상에서 잘되는 것을 보여 달라고 합니다.

예수님이 영광의 보좌에 앉을 때 제자들에게도 심판의 권세를 주신다고 합니다. 그런데 심판을 제대로 하려면 분별을 잘 해야 합니다. 옳고 그름을 분별하지 못하면 심판할 수 없습니다. 그러므로 모든 것을 버리고 주님을 따를 때 우리가 받는 보상도 그렇습니다. 분별을 잘 하는 것입니다. 그렇다면 주님이 주시는 분별력은 어떤 것일까요?

천국은 재림 때만 누리는 것이 아니라 이 땅에서 누리는 것임을 알게 되는 것입니다. 주님이 주시는 분별력이 생기면 모든 사물에 대해 올바른 견해를 갖게 되고 가치관이 달라집니다. 그 달라진 가치관으로 세상을 살아갑니다. "학벌이 전부가 아니다, 돈이 전부가 아니다, 지위가 다가 아니다, 뇌물 받지 마라" 담대히 말할 수 있습니다. 세상의 빛이 되고 소금이 되고, 복음으로 나아가게 되는 것입니다.

어떤 집사님은 옥탑방에 살면서 끼니를 걱정해야 하는 상황에서 겨우 취업을 했습니다. 그런데 그 회사에서 음력으로 생시를 가져오라 해서 "돈이 다가 아니다" 하고 회사를 나왔습니다. 새로운 가치관이 임했기 때문입니다. 이후에 아내가 암에 걸렸는데 주위 분들에게 기도를 부탁하며 주님이 고쳐 주시리라 믿고 수술받았는데 기적이 나타났습니다.

이처럼 새로운 세계가 임하게 되면, 우리가 이런 태도를 가지면 영광의 보좌에 앉게 됩니다. 다른 사람들도 인정해 줍니다. 다들 학벌에, 돈에 쩔쩔매는데 그게 다가 아니라고 삶으로 말하면 모두가 나를 만나고 싶어 하는 영광의 보좌에 앉게 됩니다. 이것이 보상입니다.

> 또 내 이름을 위하여 집이나 형제나 자매나 부모나 자식이나 전토를 버린 자마다 여러 배를 받고 또 영생을 상속하리라 _마 19:29

부자들이 돈을 내려놓지 못하는 가장 큰 이유가 가족 때문입니다. 가족의 객관화가 안 돼서 집과 전토가 필요한 겁니다. 가족에게는 충성만 해야지 집착하면 안 됩니다. 가족이 우상이 되면 안 됩니다. 그래서 가족을 예수님의 이름을 위해서 버리라고 하십니다.

그런데 정작 우리는 어떻습니까? 예수님의 이름을 위해 기도한다고 하면서 "집과 전토, 자식, 부모 형제를 다 버리게 해 주시옵소서"라고 기도하지 않습니다. 오히려 집을 달라고, 부모 형제와 자식이 잘되게 해 달라고 눈물로 기도합니다.

여러분은 어떻습니까? 버리게 해 달라고 기도합니까, 얻게 해 달라고 기도합니까?

버리는 기도란 사실은 결코 버리는 것이 아닙니다. 버리기로 마음만 먹어도 예수님은 이 땅에서 여러 배로 돌려주십니다. 그러니 버리는 기도는 곧 맡기는 기도입니다.

예수님의 이름을 위하여 형제와 가족을 버리는 것도 그렇습니다. 여기서 버린다는 것은 구원을 위해 눈치 보지 않는 것을 의미합니다. 사람들한테 욕먹지 않으려고 마음에도 없으면서 악착같이 부모를 찾아가는 것은 효도가 아닙니다. 다른 식구들 눈치 보느라 부모님의 구원도 포기하는데, 이것은 절대 효도가 아닙니다. 주변의 눈치를 보느라 제사를 폐하지도 못하고, 복음을 전하지도 못하는 것은 예수님의 이름을 위해 아무것도 버리지 못하는 부자 청년과 같습니다.

어떤 재벌 집은 어머니가 교회를 좋아하셔서 교회 옆에 방을 마련해 줬습니다. 편안하게 교회에 다니시라고요. 명색이 재벌인데 체면이 말이 아니라고 생각됩니까?

모든 예배와 모든 훈련의 최고봉은 '자유'입니다. 훈련 자체가 목적이 아니라 자유하려고 받는 것입니다. 교회의 모든 양육과, 목장예배도 자유하려고 가는 겁니다. 자꾸 정죄하고 보상을 바라면 안 됩니다. 내 욕심을 보았으면 자유해져야 합니다. 내가 하는 일이 구원 때문인지, 체면 때문인지는 나 자신이 알고 주님이 아십니다. 내 이름 때문에 부모를 모시면 안 됩니다.

모든 것을 버리고 주님을 따르면 영원한 유익을 주십니다. 육의 가족을 '버리면' 영의 가족을 보상해 주십니다. 내가 버렸더니 그들이 주님께 돌아오는 것입니다. 그만큼 큰 보상은 없습니다. 돈 없고 집 없어도 한 가족이 같은 믿음을 가지면 천국을 누립니다.

세상은 벨리알의 자식입니다(고후 6:15). 내가 구원받고 거듭나서 복음을 전하면 싫어할 수밖에 없습니다. 하지만 하나님이 절묘하게 나를 양육하시고 구원을 위한 지경을 넓혀 주십니다. 하나님만이 하실 수 있다는 것을 깨닫는 것이 구원이고 성숙입니다.

＊ 예수 안에서 잘되는 것을 소원합니까, 세상에서 잘되기를 더 소원합니까? 나

의 삶에 천국이 임했습니까? 나로 인해 세상의 어떤 것들이 변화되었습니까? 예수님의 이름을 위해 버리게 해 달라고 기도합니까? 아직도 버리지 못한 것은 무엇입니까?

하나님은 나중 된 자를 먼저 된 자로 만드십니다

그러나 먼저 된 자로서 나중 되고 나중 된 자로서 먼저 될 자가 많으니라_마 19:30

주님은 부족한 자가 풍성하게 가진 자를 앞선다고 하십니다. 어리석은 자가 지혜로운 자를 부끄럽게 한다고 하십니다. 그것이 하나님이 일하시는 방식입니다.

여러분의 약점은 무엇입니까? 하나님이 그 약점을 사용하실 것을 기대하며 나아가길 바랍니다.

이 장 맨 처음에 언급한 집사님 이야기를 좀 더 들려드립니다.

이 집사님은 어머니를 버리고 재혼한 아버지가 당뇨병에 걸리며 갖은 고생을 하자 '차라리 아버지가 없으면 좋겠다'는 생각을 했습니다. 남동생도 그런 아버지 때문에 십 대 후반부터 술에 절어서 살았습니다. 그런데 아버지가 사이코패스라고 생각했더니 불쌍히 여겨지기 시작했다고 합니다. 그리고 어느 날 기도하는 중에 하나님이 동생을 사랑하시며 왜 하나님께 돌아와야 하는지, 왜 구원이 중요한지를 말씀해 주셨습니다. 남동생을 전도할 때라는 하나님의 음성을 듣고 동생에게 처음으로 복음을 전했습니다. 그리고 그동안 쌓아 둔 마음의 쓴 뿌리를 꺼내 놓으며 동생에게 하나하나 용서를 구했습니다. 또 엄마도 동생에게 용서를 구했습니다. 그런 후 세 사람이 얼싸안고 눈물을 흘렸습니다.

그런데 동생이 교회에서 양육을 받고 나서 이렇게 말하더랍니다. "아버지를 가장 싫어하면서도 그 아버지를 제일 많이 닮아 가는 형이지만 하나님은 우리에게 그런 형을 사랑하고 섬겨야 할 예수님으로 주셨어. 그러니까 절대 형을 미워하면 안 돼. 아버지와 형은 내 구원을 위한 일등 공신이야."

집사님은 늘 자기 집안이 이보다 더 나쁠 수 없을 만큼 형편없다고 생각하며 살았습니다. 하지만 하나님이 자기 집안을 사용하기 위해 먼저 콩가루로 만드셨음이 깨달아졌다고 했습니다. 그리고 이런 집안 때문에 동생이 구원받게 되었으니 감사하다고 했습니다.

나에게 구원의 선물을 주시고 식구들에게 구원의 선물을 주실 분은 하나님밖에 없습니다. 속상해도 구원이 이루어지면 모든 일이 풀립니다. 부자가 천국에 못 가는 것은 낮아지지 못하고 엎드리지 못하기 때문입니다. 부자도 가난한 자도 내 죄를 보면서 믿음으로 가는 곳이 천국입니다. 내가 얼마나 세상 부요를 탐내고 낮아지지 못하는지 보게 해 달라고 기도하십시오.

모든 것을 버리고 주님을 따르는 보상은 세상을 심판하는 것입니다. 우리가 할 일은 옳고 그름을 분별하며 올바른 가치관을 가지고 복음을 전하는 것입니다. 예수님의 이름을 위하여 가족을 객관화해 자기를 부인하고 구원 때문에 내려놓을 때 가족을 구원해 주실 줄 믿습니다. 내 이름 때문이 아니라 예수의 이름 때문에 버려야 할 것이 무엇인지 지혜를 달라고 기도하십시오.

주님은 나의 부족과 약점을 쓰십니다. 먼저 된 자를 부러워 말고 비교하지 말고 하나님만이 하실 수 있는 일을 기대하십시오. 재물과 건강이 없어도 구원을 가진 것이 얼마나 기쁜지 남에게 보이게 해 달라고 기도하십시오.

* 나의 부족과 약점은 무엇입니까? 그 부족과 약점을 사용하실 하나님을 기대합니까? 나의 삶에서 하나님께서 일하신 방식을 나누어 보십시오.

말씀으로 기도하기

고난이 닥쳐오면 '내가 왜 이런 고생을 하는가'가 우리의 주제가입니다. 내 삶의 주인이 나 자신이기에, 불가항력적인 일을 만나고 한계상황에 부딪혀도 불굴의 의지로 해내려고 애쓰며 하나님을 의지하지 않습니다. 생명은 하나님만이 주실 수 있습니다. 내가 할 수 없음을 인정하고 하나님만이 하실 수 있다고 고백하는 것이 구원에 참여하는 길입니다.

하나님은 당신을 위해 구원을 이루셨습니다(마 19:23~27).
부자는 천국에 들어가기 어렵다고 하십니다. 주님을 따른다고 하면서도 보상받을 생각만 하고, 손에 쥔 것을 바라보며 세상 성공을 좇느라 천국에는 관심도 없으며, 낮아지는 것과 불편한 것을 못 참는 제가 바로 부자임을 고백합니다. 이렇게 안 되는 저를 겸손히 인정하고, 주님 자체를 상급으로 여기며 이 땅에서도 천국을 누리는 '진짜 부자'로 살아가게 하옵소서.

하나님은 당신을 위해 세상을 새롭게 하십니다(마 19:28~29).
세상에서 잘되기를 바라기보다 예수 안에서 잘되기를 사모하게 하옵소서. 주님이 주시는 분별력으로 가치관이 달라져, 가족을 향한 집착을 예수님의 이름으로 내려놓고 '버리는' 기도를 할 수 있게 하옵소서. 구원을 위해 눈치 보지 않고 체면을 내려놓기 원합니다. 그래서 주님이 주시는 참된 자유를 누릴 수 있게 인도해 주옵소서.

하나님은 나중 된 자를 먼저 된 자로 만드십니다(마 19:30).

부족한 자가 풍성히 가진 자를 앞서고, 어리석은 자가 지혜로운 자를 부끄럽게 하는 것이 주께서 일하시는 방식임을 깨닫게 하옵소서. 그리하여 먼저 된 자를 부러워하지 말고 영혼 구원을 위해 저의 약점을 기꺼이 내어 드리며 저를 통해 일하실 하나님을 기대하게 하옵소서.

우리들 묵상과 적용

저는 회사에 입사한 지 얼마 되지 않아 결혼을 했습니다. 신혼이지만 회사에 적응하느라 매일 밤늦게 귀가했습니다. 집에 와서도 실력을 키우려고 공부했지만, 소기의 성과는 달성하지 못하고 스트레스만 쌓여 갔습니다. 이런 생활을 하다 보니 아내가 8년 동안 불임으로 고통을 받고 있는데도 남의 일처럼 여기고 바쁘다는 핑계로 병원에도 함께 가지 않았습니다.

극심한 스트레스를 받던 아내는 루프스라는 난치병을 얻게 되었지만, 하나님의 은혜로 자녀를 낳았습니다. 저희 부부는 딸을 믿음으로 양육한다고 했지만, 실상은 우리의 기준과 생각을 앞세워 딸의 감정을 무시한 채 우리가 원하는 대로 키웠습니다. 신앙으로 키워 '짠' 하고 남들에게 보여 주고 싶은 야망이 숨어 있었던 것입니다(마 19:23).

결국 딸은 고등학교를 자퇴했고, 현재는 조울증 치료를 받고 있습니다. 딸이 아프기 전까지 저는 아이의 양육을 전적으로 아내에게 위임했습니다. 그러나 아픈 후로는 많은 정보를 접하면서 나름대로 생활 수칙을 정했지만, 아내는 제 말을 무시했습니다. 딸을 화나게 하는 아내의 행동을 보면서 '저러면 안 된다'는 확신을 갖게 되니 더 이상 참을 수 없어 갖은 폭언과 분을 쏟아냈습니다. 그러면서 "얘가 이렇게 아픈 건 다 당신 때문이야!"를 외치니 부부 사이는 점점 안 좋아져 더 이상 같이 못 살겠다는 말까지 하며 싸웠습니다.

그래도 교회 공동체의 권면으로 말씀 앞에서 각자의 죄를 보면서 가니, 지금은 힘든 시간을 함께 통과하는 동지애를 갖게 되었습니다. 예전에 아내는 제가 비난하고 질책할 때는 꿈쩍도 하지 않더니, 요즘에는 딸의 치료를 위해 화도 자제하고, 5년 동안 해 오던 아르바이트도 내려놓았습니다. "사람으로는 할 수 없으나 하나님으로서는 다 하실 수 있느니라"는 말씀에 더욱 순종하여 가족과 지체들을 섬기겠습니다(마 19:26).

영혼의 기도

하나님 아버지, 아직도 학력과 지위, 권세, 재물이 부러워서 낮아지지 않는 교만이 있습니다. 예수 믿는 모델이 부자 청년이어서 그가 예수님을 떠났어도 정신을 못 차립니다. 주를 위해 모든 것을 버렸는데 보상이 뭐냐고 안타깝게 부르짖습니다. 주님 자체가 상급이 됨을 알지 못합니다. 보상으로 새로운 세계의 가치관이 임해서 옳고 그름을 분별하는 복음의 능력을 주셨는데도 써먹지를 못합니다. 불쌍히 여겨 주옵소서.

예수님의 이름을 위하여 부모 형제와 집, 전토, 자식을 버리라고 하셨는데 저는 오히려 그것을 얻지 못해 통곡합니다. 주님을 따르는 보상이 가족을 버리는 것인데 객관화가 안 됩니다. 사람으로는 할 수 없다고 하셨사오니 제자들을 양육하신 것처럼 육신의 정욕, 안목의 정욕, 이생의 자랑에 물든 저를 양육해 주옵소서.

우리 가족 중에서 믿는 자 안 믿는 자를 구별해야 하는데 가슴이 아픕니다. 버려야 할 부모, 형제, 친척, 자녀들 때문에 슬프고 힘든 일들을 예수님의 이름을 위해 내려놓으니 구원으로 돌려주시고 만져 주옵소서. 영의 질병, 육의 병, 정신의 병을 고쳐 주옵소서. 구원이 된다면 어떤 것도 감수하겠사오니 구원으로 찾아가 주옵소서. 나는 아무것도 못 하지만 하나님만이 하실 수 있음을 믿사오니 안수하여 주옵소서. 예수님 이름으로 기도합니다. 아멘.

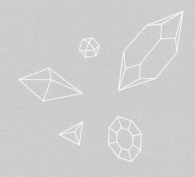

14

이것이 하나님의 뜻이다

마태복음 20:1~16

하나님 아버지, 여전히 하나님의 뜻이
무엇인지 모릅니다.
오늘도 말씀하시는 하나님의 음성을
듣기 원하고 하나님의 뜻을 알기 원합니다.
말씀하여 주옵소서. 듣겠습니다.

제임스 1세의 핍박을 받던 영국의 청교도 102명은 자신들이 누리던 기득권을 포기한 채 신앙을 찾아 메이플라워호를 타고 미국의 플리머스항에 도착했습니다. 부자 청년은 "소유를 팔아 가난한 자들에게 주라"고 해도 못 하는데, 청교도들은 영국의 대단한 문명과 모든 것을 버리고 떠났습니다. 그들은 처음에 네덜란드로 갔습니다. 그러나 그곳은 국제 무역 도시인지라 자녀들이 쉽게 죄에 오염됐습니다. 그러던 중 그들은 신대륙이 영국의 식민지가 되었다는 소식을 들었습니다. 그래서 그곳으로 가고자 배를 마련하기 위해 7년 동안 일했습니다. 그리고 10년 만에 허허벌판이나 다름없는 신대륙으로 떠났습니다.

이 청교도들의 이 결정은 세계 역사를 바꾸었습니다. 집, 전토, 자식을 버리는 자에게 여러 배를 주신다고 했듯이 하나님은 미국을 세계 최강국으로 변화시키셨습니다. 주님 때문에 버리는 것이 있으면 반드시 하나님께서 축복해 주실 줄 믿습니다.

우리의 교회는 어떻습니까? 냉난방이 잘 안됩니까? 개척교회라서

298

봉사할 것이 많습니까? 모든 기득권을 내려놓고 메이플라워호를 타고 간 청교도들의 기쁨이 우리에게도 있을 것입니다. 그런데 신앙의 기득권만 부르짖으며 예수님을 상급으로 받지 못하는 부자 청년과 제자들이 있습니다. 그들에게 예수님은 하나님의 뜻이 무엇인지 가르쳐 주십니다.

하나님의 뜻은 영혼 구원입니다

> 천국은 마치 품꾼을 얻어 포도원에 들여보내려고 이른 아침에 나간 집 주인과 같으니 _마 20:1

포도원 주인은 이른 아침부터 품꾼을 찾아 집을 떠났습니다. 포도는 익기 시작하면 3~4일 이내에 따야 합니다. 단번에 수확하려면 많은 일꾼이 필요했습니다. 그래서 포도원 주인은 절박하고 급한 마음으로 이른 아침에 나갔습니다. '이른 아침'은 원어로는 해뜨는 시간을 가리키는 영 시, 오늘날 시간으로는 오전 6시경을 가리킵니다. 즉, 눈 뜨자마자 꼭두새벽부터 나간 겁니다.

여기서 포도원 주인은 하나님이요, 품꾼은 성도를 가리킨다고 볼 수 있습니다(이후 8절에 나오는 청지기는 예수 그리스도로 볼 수 있습니다). 그러니 이 말씀은 곧 하나님께서 성도를 천국에 들여보내려고 이른 아침부터 부지런히 일하고 계신다는 뜻입니다. 영혼 구원은 이토록 화급을 다툽니다. 부지런해야 합니다. 하나님은 저에게도 급한 마음을 주셨습니다. 제가 그렇게 부지런한 사람이 아닌데도 이른 아침에 눈을 뜨면 말씀 묵상부터 합니다. 영혼 구원을 위해 제가 먼저 회개하고 깨달아 드리기 위해서입니다.

천국은 공로나 자격으로 가는 곳이 아닙니다. 그러나 이른 아침에 일어나서 천국 확장을 위해 애쓰시는 주님을 본받아야 합니다. 이른 아침부터 주부는 살림하고, 학생은 공부하고, 직장인은 일을 해야 합니다. 각자 주어진 자리에서 부지런해야 다른 사람을 포도원에 들여보낼 수 있습니다. 저는 나이 오십에 신학을 했는데 공부하는 3년 동안 지각이나 결석을 한 번도 하지 않았습니다. 하나님은 우리의 사소한 모습까지 지켜보시기 때문입니다.

> 그가 하루 한 데나리온씩 품꾼들과 약속하여 포도원에 들여보내고
> _마 20:2

천국은 약속이 있는 곳이고 약속은 반드시 지켜야 합니다. 부부간의 약속, 부모 자식 간의 약속도 마찬가지입니다. 영혼 구원을 위해서는 반드시 약속을 지켜야 합니다. 또 일을 시킬 때는 정당하게 돈을 주고 보상도 정당하게 해야 합니다.

당시 한 데나리온은 하루 임금으로는 적당한 편이었습니다. 그런데 한때 우리나라에서는 외국인 노동자를 데려다 일을 시켜 놓고는 제대로 임금을 주지 않는 경우가 허다했습니다. 그래서 몸과 마음이 상해서 고국으로 돌아간 외국인 노동자들이 많았습니다. 탈북 청소년을 위한 대안학교인 여명학교의 조명숙 선생님을 비롯한 여러 사람이 이런 현실을 안타까워하며 그들을 위해 나섰습니다. 그들에게 미지급한 임금을 나라가 보상하도록 탄원했습니다. 이미 고국으로 돌아간 사람들까지 그 대상에 포함했습니다.

굳이 이미 지난 것까지 보상할 필요가 있냐고 할지 모르지만, 이분

들이 7개월 동안 각 나라에 흩어진 사람들을 찾아서 돌려준 임금이 30억 원에 이릅니다. 적지 않은 돈이 나라 밖으로 유출되었지만, 이것은 국익을 위해서도 유익한 일이었습니다. 예수 믿는 한 사람의 믿음이 이루어낸 일입니다. 약속은 지키려고 하는 것입니다. 여러분은 전도할 때 무슨 약속을 합니까? 약속을 잘 지킵니까?

> 3 또 제삼시에 나가 보니 장터에 놀고 서 있는 사람들이 또 있는지라 4 그들에게 이르되 너희도 포도원에 들어가라 내가 너희에게 상당하게 주리라 하니 그들이 가고 5 제육시와 제구시에 또 나가 그와 같이 하고 6 제십일시에도 나가 보니 서 있는 사람들이 또 있는지라 이르되 너희는 어찌하여 종일토록 놀고 여기 서 있느냐_마 20:3~6

장터란 지금으로 말하면 인력시장입니다. 일감이 없는 사람들이 나 좀 써 달라고 모여 있는 곳이 인력시장입니다. 그런 그들이 포도원 주인을 만났습니다. 인간 세상에서 해결할 수 없는 삶의 문제 때문에 갈 바를 알지 못하는 우리에게도 주님이 마치 포도원 주인처럼 찾아오셨습니다. 우리 인생에 이보다 더 큰 기적은 없습니다. 주님과의 만남이 없으면 부부의 만남도, 공동체의 만남도 헛것입니다. 예수님과의 만남이 없는 모든 만남은 헛됩니다.

그리고 이 포도원 주인은 품꾼을 찾기 위해 부지런히 나갔습니다. 이른 아침에 나갔고, 제삼 시(오전 9시)에 나갔고, 제육 시(정오)와 제구 시(오후 3시)에도 나갔으며 제십일 시(오후 5시)에 또 나갔습니다. 그때마다 필요한 사람을 데려왔습니다. 그런데 주인은 필요한 사람을 찾기도 했지만, 이후 14절을 보면 자비까지 베풉니다. 사람을 사랑하고 구원하는 데 목적이 있는 것입니다. 지금 내 곁에도 일감이 없어 종일토록 장터에서 놀고 서 있는 사람이 어김없이 있습니다. 여러분은 어떻습니까? 포도원 주인처럼 날마다 부지런히 장터로 나가 이런 사람들을 찾아봅니까?

어떤 분이 암에 걸려 두 달여의 시한부 인생을 사는 친구에게 복음을 전했더니, 친구가 "너는 나랑 14년이나 사귀었으면서 이제야 복음을 전하니? 너의 이기적인 마음 때문에 네가 전한 복음은 받아들일 수 없어" 하더랍니다. 우리는 장터로 나가 보지도 않을뿐더러 나가도 필요한 사람을 보지 못합니다. 나의 교양 때문에 복음을 제대로 전하지도 못합니다.

앞서 말씀드린 여명학교 조명숙 선생님은 대학교 3학년 때 잘못 건 전화 한 통 때문에 외국인 노동자를 돕는 일을 시작했다고 합니다. 어느 날 파키스탄 노동자에게 전화를 잘못 걸어서 영어로 사과하고 끊었더니 다시 그로부터 전화가 왔답니다. 그러고는 "지금 노만이라는 친구가 다쳤으니 영어를 할 줄 알면 도와달라"고 하더랍니다. 조 선생님은 비록 짧은 영어지만 "사람이 친구를 위하여 자기 목숨을 버리면 이보다 더 큰 사랑이 없나니"(요 15:13)라는 말씀을 붙들고 그를 도와주러 갔습니다. 그리고 2주 동안 의정부에서 서울 구로동에 있는 병원을 오가며 그들을 도왔습니다.

또 그러는 동안 그들이 처한 불합리한 현실과 딱한 사정도 보게 되었습니다. 그때부터 조 선생님은 외국인 노동자의 친구가 되었습니다. 중국인, 필리핀인 등 외국인 노동자들을 도와주던 중에는 탈북자들의 비참한 상황도 알게 되어서 지금은 탈북 청소년 학교까지 섬기고 있습니다. 이분의 눈에는 나갈 때마다 필요한 사람이 보이고 도울 사람이 보였습니다. 이것이 포도원 주인의 마음입니다.

앞서 언급했듯이 14년 동안 복음을 전하지 않는 사람도 있지만 사람을 만날 때마다 복음을 전한 사람도 있습니다. 우리들교회가 창립 1주년 때 전도축제를 했는데, 그때 제가 간증을 했더니 300명이 예수님을 영접했습니다. 그다음 해에도 300명이 영접했습니다. 하나님은 영혼 구원을 위해 제 간증을 쓰기 원하시는 모양입니다. 해마다 때마다 똑같은 얘기를 하는데도 전도축제를 하면 해마다 수많은 사람이 주님을 영접합니다. '이제 더 이상 내 얘기를 듣고 싶어 하지 않겠지, 이제 사람들이 그만 오겠지' 하지만 전도축제 때마다 많은 영혼이 구원되는 것을 봅니다. 이처럼 우리는 보이는 사람 모두를 긍휼히 여긴 포도원 주인의 마음으로 복음을 전해야 합니다.

❖ 나는 무엇을 위해 부지런합니까? 영혼 구원을 위해 새벽부터 저녁까지 장터에 나가 봅니까? 나는 전도할 때 무슨 약속을 하며, 약속을 잘 지킵니까? 나는 나가 보지도 않을뿐더러 나가도 필요한 사람을 보지 못하고 나의 교양 때문에 복음을 전하지 못하는 사람은 아닙니까?

구원이 가장 큰 상급입니다

8 저물매 포도원 주인이 청지기에게 이르되 품꾼들을 불러 나중 온 자로부터 시작하여 먼저 온 자까지 삯을 주라 하니 9 제십일시에 온 자들이 와서 한 데나리온씩을 받거늘 _마 20:8~9

제삼 시에 온 품꾼은 이른 아침부터 일한 품꾼에 비하면 세 시간이나 늦게 왔지만 주인은 똑같이 삯을 상당하게 주라고 합니다. 처음에 오나 나중에 오나 모두 똑같이 한 데나리온입니다. 구원의 상급은 처음이나 나중이나 똑같습니다. 천국은 자신의 수고와 결과 때문이 아니라 하나님의 은혜로 주어지는 것입니다. 구원 자체가 상급이기 때문에 처음 오나 나중 오나 똑같다는 겁니다. 십자가 우편의 강도가 그랬습니다. 죽기 직전에 구원을 받았으나 일찍 받은 사람과 똑같은 상급을 받았습니다.

그렇다면 왜 구원이 최고의 상급입니까? 설악산의 가을 단풍이 아무리 아름다워도 그렇습니다. 내 곁에 사랑하는 사람이 없으면 그 가을은 외롭기만 하고 단풍도 아무런 의미가 없습니다. 그처럼 우리 삶에 예수님과의 만남이 없으면 어떤 것도 아름다울 수 없습니다. 구원만이 우리 삶을 아름답고 풍성하게 합니다. 사람이 가장 아름다운 존재이지만 구원받지 못한 사람은 지옥 갈 인생입니다. 생명이 아닌 죽음이기 때문에 아름다울 수가 없습니다. 그렇게 죽은 사람들의 모임에 무슨 아름다운 것이 있겠습니까? 살아 있는 사람의 모임만큼 아름다운 모임은 없습니다. 항상 생명이 움틉니다. 갈라디아서는 "형제들아"로 시작해서 "형제들아"로 끝납니다. 여기서 형제들은 곧 구원 공동체입니다. 구원 공동체 간의 사랑은 죽어 가는 사람도 살립니다.

> 6 제십일시에도 나가 보니 서 있는 사람들이 또 있는지라 이르되 너희는 어찌하여 종일토록 놀고 여기 서 있느냐 7 이르되 우리를 품꾼으로 쓰는 이가 없음이니이다 이르되 너희도 포도원에 들어가라 하니라
> _마 20:6~7

장터에 있던 사람들은 내내 놀다가 제십일 시(오후 5시)에 온 게 아닙니다. 똑같이 아침부터 기다렸는데 써 주는 사람이 없었습니다. 새벽 여

섯 시에 불려 간 사람들보다 노동력이 떨어져 보였기 때문입니다. 인력시장이든 결혼 시장이든 마찬가지입니다. 학벌 좋고 외모 좋고 상품 가치가 높으면 빨리 불려 갑니다.

그런데 제십일 시에 부름을 받은 사람들은 그때까지 아무도 써 주는 사람이 없으니 곤고하고 겸손할 수밖에 없습니다. 내일은 누가 써 주려나 했을 겁니다. 가족 중에도 공부도 안 되고 취직도 안 되고 무슨 일을 해도 안 되는 무능한 사람이 있을 것입니다. 하지만 주님은 아무런 조건이나 대가 없이 포도원에 들어가라고 하십니다.

아마도 십일 시에 뽑힌 사람은 무능함 때문에 인생에 정신적 방황이 많았을 것입니다. 되는 일이 없으니까 지옥을 살았을 겁니다. 그런데 십일 시는 품꾼들이 일과를 마감하기 한 시간 전입니다. 더구나 포도원까지 가느라 시간이 걸렸으니 실제로 일한 시간은 20~30분에 불과했을 것입니다. 그랬기에 그들은 자기를 불러 준 주인이 너무나 감사해서 누구보다 열심히 일했을 것입니다.

우리들교회가 그렇습니다. 자기 죄와 무능을 깨닫고 온 사람들은 두말하지 않아도 양육을 받고, 오자마자 말씀이 들린다고 합니다. 하지만 잘난 사람들은 양육을 잘 안 받습니다. 말씀도 제대로 알아듣지 못합니다. 그 귀에 말씀이 안 들리기 때문입니다.

제가 예전에 이끈 학생 모임에서 큐티도 잘 하고 공부도 잘하던 아이들이 서울대학교에 들어간 것은 한동안 저의 자랑이 되었습니다. 그런데 20년이 지난 뒤에 보니까 제가 그토록 자랑으로 여기던 아이들이 저를 찾아오지 않았습니다. 세상에 나가 모든 사람에게 인정받으니까 제 생각이 날 리가 없었을 것입니다. 그들은 성품과 머리는 좋았을망정 믿음이 없었던 것입니다.

예수님을 만나지 못했으면 우리 역시나 장터에서 놀고 서 있다가 죽을 인생입니다. 그런데 은혜로 포도원에 들어오니까 하나님의 동역자로 대접을 받습니다.

우리 각자에게는 하나님이 주신 시간이 있습니다. 하나님이 주권으로 예정해 주신 시간이기에 "왜 이만큼이냐 저만큼이냐" 따지지 말고 순종함으로 받아야 합니다. 십일 시가 되도록 쓰임받지 못하는 내 자녀, 내 배우자가 있어도 그렇습니다. 그들을 눈물로 이해해야 합니다. 그들이 장터에서 놀고 서 있다가 죽지 않도록 포도원으로 데리고 들어가야 합니다.

특히나 오늘 십일 시에 부름받은 사람들은 아무도 자기를 뽑아 주지 않는다고 원망하지 않았습니다. 잘 기다렸습니다.

다음은 우리들교회 성도의 글입니다.

저는 공인중개사 시험을 봤으나 1차 시험만 통과하고 2차 시험은 불합격했습니다. 1년 5개월을 공부해도 1차 시험만 합격했다고 저의 사정을 잘 아는 여러분에게 이 사실을 알렸더니 누구보다 담임목사님이 놀라워하셨습니다. 생긴 건 일류대 출신처럼 보이는 제가 1년 5개월을 공부해서 공인중개사 시험에 떨어졌다고 하니 놀라신 것입니다. 자랑은 아니지만 그렇다고 죄도 아니기에 저는 목사님에게 이 같은 얘기를 당당하게 할 수 있었습니다. 이전에는 아무리 공부해도 노력한 만큼 성적이 안 나온다고 솔직히 말하면서도 창피했습니다. 하지만 이제는 하나님이 부족한 저도 사랑해 주신다는 그 말씀을 믿고 사람들의 판단에 영향을 받지 않으려 합니다. 그렇게 마음을 먹으니 1차 시험이나마 합격하게 해 주신 것도 감사했습니다. 부족한 저를 하나님이 어떻게 사용하시는지를 보여 주는 크리스천이 되겠습니다.

저는 하나님을 모르고 지냈을 때 각종 모임에 나가 부어라 마셔라 하며 놀았습니다. 단란주점 같은 곳에 가서 여자들과 어울리기도 했습니다. 지금은 다니던 회사를 나와 시험공부를 하고 있습니다. 아내는 제가 돈은 못 벌어도 사람답게 변한 지금의 모습이 훨씬 사랑스럽다고 합니다. 내년엔 반드시 합격해서 정상적인 남편, 정상적인 아빠, 정상적인 사회인, 정상적인 크리스천이 되도록 하겠습니다. 그리고 무엇보다 저의 목표는 인간적인 하자는 점점 없어지고 사람다운 사람이 되는 것입니다.

이것이 구원받은 사람의 아름다움입니다. 구원받으면 열등감이 없어집니다. 그리고 다른 사람의 영혼 구원을 생각한다면 우리도 부지런히 나가서 장터에서 놀고 서 있는 사람을 찾아야 합니다.

* 나는 부지런히 나가서 복음을 전하고 있습니까? 구원의 상급이 가장 큰 줄 안다면 남과 비교하지 말고 구원받은 것에 감사해야 하는데 "내가 권사인데, 내가 장로인데" 하면서 세상적인 상급만을 기대하고 있지는 않습니까?

하나님과 거래하려고 하면 안 됩니다

10 먼저 온 자들이 와서 더 받을 줄 알았더니 그들도 한 데나리온씩 받은지라 11 받은 후 집 주인을 원망하여 이르되 12 나중 온 이 사람들은 한 시간밖에 일하지 아니하였거늘 그들을 종일 수고하며 더위를 견딘 우리와 같게 하였나이다_마 20:10~12

똑같이 한 데나리온을 받기로 하고 일했는데 먼저 온 사람들은 '더 받을 줄 알았다'고 합니다. 그들은 자기들의 수고에 대해 정당한 대접을 받지 못했다고 주장합니다. 주인을 원망합니다. 뒤에 온 사람들에 대한 우월감과 자만심도 대단합니다. 이것이 곧 모범생의 교만입니다. 모범생일수록 더 공부하고 봉사했으니 더 나은 걸 주셔야 한다고, 주님이 틀렸다고 합니다.

명문 대학을 나온 내가 대학도 못 나온 사람과 똑같이 연봉을 받게 된다면 여러분은 어떻겠습니까? 당연히 억울하고 화도 나고 생색도 날 것입니다. 그러나 여러분, 이른 아침이나 제삼 시에 온 사람들은 능력이 있어서 일찍 뽑혔으니 이미 이 땅에서 인정받고 상급을 받은 것입니다. 그러니 이제는 돌려줄 것밖에 없습니다.

> 13 주인이 그 중의 한 사람에게 대답하여 이르되 친구여 내가 네게 잘못한 것이 없노라 네가 나와 한 데나리온의 약속을 하지 아니하였느냐 14 네 것이나 가지고 가라 나중 온 이 사람에게 너와 같이 주는 것이 내 뜻이니라 15 내 것을 가지고 내 뜻대로 할 것이 아니냐 내가 선하므로 네가 악하게 보느냐 16 이와 같이 나중 된 자로서 먼저 되고 먼저 된 자로서 나중 되리라_마 20:13~16

주인이 하는 일을 따지고 원망함에도 주인은 그들을 '친구'라고 부르십니다. 그리고 똑같이 주는 것은 잘못이 아니라고 하십니다. 그렇습니다. 포도원 주인에게 무슨 잘못이 있습니까? 누구에게나 원래 약속한 대로 한 데나리온을 주었을 뿐입니다. 더구나 늦게 왔다고 품삯의 십분의 일만 주면 한 끼 식사도 못 합니다. 그러니 주인이 자비를 베풀 때 똑같이 받았다고 칭송하는 진짜 부자가 되어야 하는데, 이들은 하나님이 잘못했다고 주인이 악하다고까지 비난합니다.

하지만 주님은 잘못이 없습니다. 주님의 뜻은 나중에 와도 똑같이 주는 것입니다. 우리를 일찍 부르건 나중에 부르건 하나님의 뜻입니다. 그런데 우리는 "내가 어떻게 공부했는데, 봉사했는데, 훈련받았는데" 하면서 하나님을 악하다고 합니다. 이 또한 모범생의 교만입니다. 이 교만을 깨려고 십일 시에 부름받은 사람들 같은 내 식구들이 수고하는 것입니다.

일찍 부름받은 사람들은 이 양육을 통해서 죄가 드러났습니다. 그러나 십일 시에 온 사람은 말이 없습니다. 입을 다물고 감사밖에 하지 않습니다. 우리 교회의 한 지체가 이런 나눔을 해 주셨습니다.

오래전부터 제 마음속에는 분노가 있었습니다. 저희 집은 아버지가 일을 열심히 안 해서 대신 어머니가 노점상을 하며 근근이 살았습니다. 운전을 하시는 아버지는 일 년 중 거의 절반은 집에 계셨습니다. 저는 그런 아버지를 이해할 수가 없었습니다. 우리가 가난하게 살고, 어머니가 고생하는 것은 모두 아버지 때문이라고 생각해서 저는 아버지를 마음속 깊이 미워했습니다. 그리고 친구들이 저희 집에 놀러 올 때면 얼마나 창피하던지, 이로 인한 상처도 크게 자리 잡고 있습니다. 최근까지도 능력 있는 아버지가 왜 그렇게 무력하게 살았는지 이해할 수 없었습니다.

하지만 돈을 못 번다는 것 말고는 아버지는 우리에게 좋은 분이었습니다. 그랬기에 저는 단 한 번도 제 마음속의 분노를 표출해 본 적이 없습니다. 이제 어느덧 70세를 지나는 아버지를 보며 연민의 정도 느끼고 있던 터라 제가 더 이상 아버지를 미워하지 않는다고 생각했습니다. 여전히 저는 주변에서 착한 아들로 살았습니다.

그러나 정작 문제는 다른 데서 나타났습니다. 진정으로 아버지를 용서하고 용납해 본 적 없는 저는 아버지에 대한 분노를 제 아들에게 쏟은 것입니다. 제 아들은 아버지와 똑같았습니다. 잘생기고, 똑똑하고, 여러 면에서 능력이 뛰어났으나 자기의 능력을 발휘하지 않고 곁길로 나가기 시작하더니 급기야 고등학교도 졸업하지 못하는 사태가 벌어졌습니다.

저는 "너를 얼마든지 지원할 수 있으니 열심히 공부해라, 그러면 너를 진정 내 아들로 대우해 주마"라고 말하곤 했습니다. 하지만 아들이 저의 뜻을 따르지 않자 쉴 새 없이 분노를 쏟아냈습니다. 저에게 인정받지 못한 아들은 나가서 친구들에게 인정받기를 원했고 그럴수록 저의 바람과는 점점 더 멀어져 갔습니다.

저에게는 한때 하나님을 알기 위한 열심도 있었는데 왜 이런 일이 저에게 일어나는지, 정말이지 지난 몇 년간은 지옥 같았습니다. 그러던 중 아내의 강권에 못 이겨 우리들교회에 나오게 되었고 그때부터 제 삶이 해석되기 시작했습니다. 하나님은 저에게 은혜의 때를 가장 먼저 주셨습니다. 아무것도 모르고 세상에 속해 살다가 교회에 다니기 시작한 제가 기특했던 모양입니다. 저는 하나님에 대해서 아는 것이 없었지만 가슴으로 뜨겁게 하나님을 사랑했습니다.

다음으로 하나님은 당신이 누구라는 것을 저에게 가르쳐 주셨습니다. 성경이 무엇인지, 말씀이 무엇인지, 하나님은 누구인지를 가르쳐 주셨습니다. 이 시기에 저는 하나님을 알고자 열심히 공부했습니다.

하지만 이 시기(15년가량)를 지나는 중에도 아들에 대한 분노는 계속 폭발되고 있었습니다. 그런데 돌이켜 보니 "그렇게 가난한 환경 속에서도 나는 이렇게 일구었다"는 것을 아들에게 말하고 싶었던 것이 아닌가 합니다. 하나님은 저의 그런 교만을 오래전부터 깨뜨리기 위해 아버지를 사용하셨고 또 아들을 사용하셨습니다.

그리고 저는 지난 주일예배에서 가장 선한 체하지만 살인자보다 못한 저 자신을 보게 되었습니다. 지난 20년 동안 제 속에 있는 분노로 아들을 괴롭혀 왔음도 깨달았습니다. 맑은 영혼을 가진 아들이 저의 바람과는 달리 세상에서 나돈 것은 제 사랑이 그리워서 제 인정에 목말라서였는데, 겉으로만 선한 저는 그 아들을 받아들이지 못했던 것입니다. 하지만 아들이 세상에서 인정받고 잘나갔다면 제가 어떻게 그 교만을 꺾고 하나님 앞에 무릎을 꿇을 수 있었겠습니까?

저는 아들을 일찌감치 군대에 보냈습니다. 아들은 군대 가기 전날 "아빠 엄마, 미안해" 하면서 울먹거렸습니다. 지금 돌이켜 보니 저는 살인자보다 못한 죄인이었습니다. 썩은 나뭇가지만도 못한 저를 구원하시기 위해 하나님은 제 아버지와 아들을 도구로 쓰신 것입니다. 하나님! 제가 지은 죄를 어찌하면 좋습니까?

남자들이 변하기가 참 힘든데, 말씀의 위력이 대단합니다. 이것이 아버지의 마음입니다.

예수를 믿고 새롭게 된 사람의 가장 큰 특징은 말씀으로 사람을 분별하고 사건을 해석하는 것입니다. 율법주의와 경건주의로 무장되어 꼬박꼬박 헌금하고 기도하는 바리새인은 비록 모범생으로 보여도 스스로 내세울 것이 많아서 예수님의 말씀을 못 알아들었습니다. 그래서 천국에 가지 못합니다. 천국은 가난하고 병든 자의 것이고 어린아이의 것이라니까 분을 냅니다. 입만 열면 성경이 나오고 하나님 사랑한다고 하지만 십자가를 받아들이지 못하기 때문에 먼저 되어도 나중 될 수밖에 없습니다.

하나님의 뜻은 영혼 구원입니다. 우리에게 구원보다 더 큰 상급은 없습니다. 이른 아침에 왔다고 박수받을 것도 없고 십일 시에 왔다고 부끄러워할 필요도 없습니다. 나는 일찍 왔다며 따지고 하나님과 거래하려고 하면 안 됩니다.

요셉과 유다가 생각납니다. 요셉은 형제들의 손에 팔려 갔어도 보디발 아내의 유혹을 거절하고 애굽의 총리가 되어서 식구들을 도왔습니다. 하지만 야곱이 유언할 때 장자와 차자의 순서를 바꿔서 축복하려니까 요셉은 그러지 말라며 기뻐하지 않았습니다(창 48:17). 그러나 동생을 팔아먹고 며느리와 간음한 유다는 불러 주신 것이 감사해서 말이 없었습니다. 우리는 이런 유다가 예수님의 계보에 올랐음을 기억해야 합니다. 내가 수고했다고, 견딘 것이 많다고 교만해지면 안 됩니다.

내가 만민 중에 택함받은 것이 감사입니다. 주의 인자가 얼마나 큰지 알게 되면 하나님 아버지의 뜻을 알게 됩니다.

＊ 더 공부하고 봉사했으니 더 나은 걸 주셔야 한다고, 주님이 틀렸다고 항의합니까? 나는 누구처럼 취급받을 때 화가 나고 누구처럼 취급받을 때 감사합니까? 나에게 모범생의 교만이 있어서 늦게 부름받은 사람을 질투하며 틀렸다고 합니까?

312

◆◆◆

하나님의 뜻은 영혼 구원입니다.
우리에게 구원보다 더 큰 상급은 없습니다.

◆◆◆

말씀으로 기도하기

한 영혼이라도 더 구원하시려는 하나님의 애타는 마음을 알기 원합니다. 저도 그 마음을 품고 영혼 구원을 위해 이해타산과 생색, 원망을 내려놓을 수 있게 하옵소서. 구원이 가장 큰 상급임을 늘 기억하게 하옵소서.

하나님의 뜻은 영혼 구원입니다(마 20:1~6).

삶의 문제로 힘들어하는 저를 구원하시고자 포도원 주인처럼 찾아와 주셔서 감사드립니다. 저를 천국에 들여보내시려고 이른 아침부터 부지런히 일하시는 주님의 사랑을 깨닫게 하옵소서. 저도 주어진 자리에서 부지런히 영혼 구원의 사명을 감당할 수 있게 도와주옵소서.

구원이 가장 큰 상급입니다(마 20:6~9).

저 역시 예수님을 만나지 못했다면 장터에서 놀고 서 있다가 죽을 인생입니다. 수고하고 노력한 것이 아무것도 없는 저를 찾아와 구원해 주신 은혜를 생각하면 그저 감사할 따름입니다. 그 은혜에 조금이나마 보답하고자, 구원의 기쁨을 몰라 서성이는 영혼에게 찾아가 복음을 전하기 원합니다.

하나님과 거래하려고 하면 안 됩니다(마 20:10~16).

이른 아침에 오거나 제십일 시에 오거나 먼저 구원받은 것이 자랑이
될 수 없고 죽기 직전에 구원받은 것이 부끄러운 일도 아니라고 하십니
다. 그럼에도 내가 더 봉사하고 훈련도 많이 받았으니 억울하다며 생색내
는 교만한 저를 용서해 주옵소서. 이래저래 따지며 하나님과 거래하려는
마음을 내려놓고, 저를 친구라고 부르시는 주님의 인자를 배울 수 있게
하옵소서.

우리들 묵상과 적용

연애 시절 남편은 헌신적이고 변치 않는 모습으로 저를 사랑해 주었습니다. 그러나 저는 '잘난 내가 너를 받아 준다'는 식의 교만한 마음으로 남편을 무시할 때가 많았습니다. '이 사람과 살면 내가 편할 것 같다'는 이기적이고 계산적인 생각으로 결혼을 해서는 늘 남편과 다른 남자들을 비교하며 살았습니다. 그러던 중 남편의 바람이 시작되었고, 그 광풍은 10년도 넘게 이어지면서 급기야 남편은 딴살림을 차리기까지 했습니다. 그때 저는 교회 지체들이 남편의 외도로 예배를 회복하고 힘든 고난 중에도 평안의 능력으로 다른 사람을 살리는 모습을 보면서, 남편의 차가운 외면과 이혼 요구에도 가정을 지킬 수 있었습니다.

하지만 제 속의 해결되지 않은 미움과 분노가 딸에게로 흘러갔습니다. 어릴 적 저의 혈기와 남편의 폭언과 폭행으로 깊은 상처를 받은 딸은 사춘기가 되면서 우울과 불안으로 자해를 하고 등교를 거부했습니다. 딸은 자신을 때린 아빠를 미워하며 거친 욕을 했고, 남편은 그런 딸이 못마땅하여 늘 날이 서 있었습니다. 저는 중간에 끼여 숨을 쉬기도 어려웠지만, 시간이 지나 가정으로 돌아온 남편이 딸의 우울과 방황을 부모로서 같이 감당해 주니 감사했습니다.

처음에 자녀 고난이 시작될 때 저는 죄지은 남편이 아니라 지금껏 말씀 안에서 인내하며 살아온 나에게 이런 삶을 주시는 게 맞냐며 하나님을 원망했습니다(마 20:11~12). 그러나 자녀의 오랜 수고를 통해 내가 종일토록 자기 의의 장터에서 놀고 있는 자이고, 이런 나를 보시고도 제십일시에 포도원에 들어오게 하신 주님의 긍휼을 깨닫게 되었습니다(마 20:5~6). 주님의 은혜로 자격 없는 제가 구원받았는데, 포도원에 일찍 들어와 수고한 것이 많다고 착각하는 제 실상을 보게 하시고, 끝까지 저와 저희 가정을 포기하지 않으시는 주님의 사랑을 알게 하시니 감사합니다.

영혼의 기도

하나님 아버지, 영혼 구원이 아버지의 뜻임을 알기에 이른 아침에 일어나고 부지런하며 약속을 지키고 시간마다 나가 보기를 원합니다. 그런데 제가 악하고 게을러서 나가 보기도 싫고 필요한 사람을 보기도 싫어합니다. 구원보다 더 큰 상급이 없는데 사사건건 저울질하며 불평하고 원망하고 생색내기를 좋아하는 저를 불쌍히 여겨 주옵소서.

이른 아침에 부름받았어도 십일 시에 부름받은 사람의 위치에서 그 마음을 체휼하기 원합니다. 아무도 써 주는 사람이 없어서 종일 장터에서 서성거리는 그 고통과 아픔을 체휼하기 원합니다.

무기력과 무감각을 고쳐 주시고 나의 교만을 없애 주셔서 그들을 돕는 자가 되게 하옵소서. 천국은 공로나 자격으로 가는 것이 아닌데 한 치 앞을 모르고 아버지 마음을 몰랐습니다. 이른 아침에 왔든지 십일 시에 왔든지 천국에서는 똑같은 영혼임을 아는 겸손을 제게 주옵소서. 예수님 이름으로 기도합니다. 아멘.

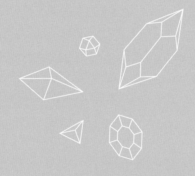

15

으뜸이 돼라

마태복음 20:17~34

하나님 아버지, 세상의 으뜸이 아닌
진정한 으뜸이 무엇인지를 알기 원합니다.
하나님이 원하시는 으뜸이 무엇인지
말씀하여 주옵소서. 듣겠습니다.

아시아계 미국인이자 의사인 쇼 야노는 어려서부터 신동으로 불렸습니다. 아이큐가 200이 넘어서 측정이 불가능하다고 합니다.

네 살 때 작곡을 하고, 아홉 살에 대학 입학, 그해 수석 졸업, 열두 살에 시카고 의대에 들어가서 새로운 단백질로 특허를 취득했습니다. 동생 사유리 야노도 열 살에 시카고 트루먼 대학에 입학했습니다.

어릴 적 이 남매는 쇼팽의 피아노곡을 들으면서도 혹시 이 피아노곡에도 질량이 있을까를 궁리했다고 합니다. 게다가 사회성도 좋다고 합니다. 일본인 아버지와 한국인 어머니 사이에서 태어났는데 엄마 진경혜 씨는 생후 6개월부터 책을 많이 읽어 줬다고 합니다. 이 아이들이야말로 으뜸 중의 으뜸입니다. 그러나 하나님이 원하시는 으뜸은 다릅니다.

으뜸이 되려면 목적이 분명해야 합니다

예수께서 예루살렘으로 올라가려 하실 때에 열두 제자를 따로 데리시고 길에서 이르시되 _마 20:17

예수님은 왜 자꾸 예루살렘에 올라가십니까? 십자가를 지고 죽기 위해서입니다. 또한 열두 제자가 예수님의 말씀을 알아듣지 못해도 끝까지 따로 데리고 다니며 양육하십니다. 우리는 힘든 이야기는 하기도 듣기도 싫어하는데 예수님은 세 번째로 십자가 이야기를 하십니다.

예수님은 인생의 목적이 뚜렷합니다. 이 땅에 왜 오셨는지, 왜 죽어야 하는지 인생의 목적이 분명하니까 두려움 없이 자신의 죽음을 주제로 제자들을 양육하십니다. 죽음을 통해 가장 강한 메시지를 전할 수 있기 때문입니다.

내가 암 선고를 받았다면 이제부터 식구들에게 "내 소원은 가족이 예수 믿는 것밖에 없다"고 해야 하는데 우리는 그렇게 못합니다. 목적이 뚜렷하지 않기 때문입니다. 이것을 지금부터 준비해야 합니다. 불치병과 죽음을 선고받았을 때, 그때부터 나의 한계를 인정하고 기쁘게 죽는 모습을 보여야 합니다. 마지막까지 제자들과 자녀들을 양육해야 합니다. 많은 무리 중에 제자들도 예수님의 말씀을 못 알아듣습니다. 하지만 복음을 전하는 것은 해도 되고 안 해도 되는 것이 아니라 반드시 해야 합니다. 그런 뒤에 죽어야 합니다.

18 보라 우리가 예루살렘으로 올라가노니 인자가 대제사장들과 서기

관들에게 넘겨지매 그들이 죽이기로 결의하고 19 이방인들에게 넘겨
주어 그를 조롱하며 채찍질하며 십자가에 못 박게 할 것이나 제삼일에
살아나리라 _마 20:18~19

대제사장들과 서기관들이 예수님을 원수에 넘겨 죽이기로 결의합
니다. 이방인들에게 넘길 뿐 아니라 조롱하고 채찍질하고 십자가에 못 박
게 할 것이라고 합니다. 이런 말씀을 보면 내가 행여 대제사장이 되어서
예수님을 죽이기로 결의하는 자가 되면 어쩌나 생각해 봐야 합니다.

미가서에는 거짓 선지자들의 이야기가 나옵니다.

"너희가 선을 미워하고 악을 기뻐하여 내 백성의 가죽을 벗기고 그
뼈에서 살을 뜯어 그들의 살을 먹으며 그 가죽을 벗기며 그 뼈를 꺾어 다
지기를 냄비와 솥 가운데에 담을 고기처럼 하는도다"(미 3:2~3).

이런 거짓 선지자나 대제사장과 사두개인들이나 다를 바가 없습니
다. 그런데 우리는 100% 죄인이기에 대제사장의 지위와 서기관의 학식
을 부러워합니다. 예수를 믿기에 세상의 박사는 그래도 덜 부러운데 교회
잘 다니는 박사는 너무나 부럽습니다.

하지만 대제사장의 가르침을 받으면 나도 똑같이 예수님을 못 박고
죽일 수밖에 없습니다. 그 가르침대로 시집 장가를 가고 취직하지만 결국
에는 조롱당하는 결혼생활, 직장 생활을 하게 됩니다. 거짓 선지자들로부
터 고난의 십자가를 들어 본 적이 없으니까 이방인에게 넘겨져 희롱당하
고 침 뱉음을 당해도 그것이 무엇을 의미하는지 모르고 억울해하기만 합
니다. '나는 이렇게 당할 사람이 아니야' 하면서 안 믿는 사람들과 똑같이
내 옆에 예수님으로 있는 배우자를 죽이고, 자녀를 죽입니다. 부모를 미
워하고 상사를 증오하며 허랑방탕하게 삽니다.

살다 보면 우리도 예수님처럼 고생을 합니다. 그러나 차이가 무엇입니까? 예수님은 인류의 구원을 위해 아무 죄가 없어도 자발적으로 조롱을 감당하고 기쁘게 십자가를 지셨습니다. 하지만 우리는 힘들면 죽을 생각만 합니다. 교회에 와도 "금식 열흘 하면 남편이 온다, 취직된다" 이렇게 간명한 해답을 내놓지 않고 도리어 "예수님처럼 썩어져라, 십자가 져라, 채찍질당해라" 하니, "아멘"이 나오지 않습니다. 예수님처럼 분명한 목적을 알지 못하기 때문입니다.

하지만 우리도 이제는 내 가족과 공동체를 위해 자발적으로 조롱을 감당하고 기쁘게 십자가를 져야 합니다. 예수 믿는 순간부터 우리 인생은 십자가 지는 인생으로 운명이 바뀌었기 때문입니다. 주님처럼 목적이 분명하면 어떤 상황에서도 천국을 누립니다. 인생의 목적이 분명하지 않기에 고난이 오면 흔들리는 것입니다.

아무 생각 없이 걷다가 얼음판을 만나 넘어지면 대형 사고로 이어질 수 있지만, 얼음판이 있는 줄 알고 조심하다가 넘어지면 큰 사고는 나지 않습니다. 장차 당할 환난이 복음인 줄 알고 나아가면 어떤 상황에도 넘어지지 않습니다. 넘어져도 큰일이 없습니다.

그런데 나 혼자서는 십자가를 못 집니다.

보라 우리가 예루살렘으로 올라가노니……_마 20:18a

예수님은 혼자 죽으러 가면서도 자꾸 '우리'가 올라간다고 하십니다. 제자들이 못 알아들어도 자꾸 '우리'라고 대우해 주십니다. 그러니 주님 옆에 붙어 있기만 해도 양육이 됩니다. 비난하면서도 붙어 있으면 소망이 있습니다.

제가 교회에서 성도들과 같이 큐티하고 함께 가니까 교회가 힘이 있고 영광이 있음을 봅니다. 그래서 말씀을 들건 안 듣건, 비난하건 따르건 저와 함께 있다는 것만으로도 성도들이 귀합니다. 우리가 같이 예루살렘에 올라가기를 바라되 못 가겠으면 옆에서 보기라도 하십시오. 십자가 이야기를 들은 것과 듣지 않은 것은 하늘과 땅처럼 큰 차이가 있습니다.

◆ 혹시 대제사장이 되어서 예수님을 죽이기로 결의하는 자가 되고 있진 않습니까? 예수님처럼 우리도 고생하는데 예수님은 기쁘게 십자가를 지셨지만 우리는 불평이 쏟아져 나옵니다. 왜 그럽니까? 가족을 위해, 공동체를 위해 기꺼이 십자가를 질 수 있습니까? 혼자 십자가 지기 힘들어 공동체와 같이 걸어갑니까?

으뜸이 되려면 욕심을 내려놓아야 합니다

20 그 때에 세베대의 아들의 어머니가 그 아들들을 데리고 예수께 와서 절하며 무엇을 구하니 21 예수께서 이르시되 무엇을 원하느냐 이르되 나의 이 두 아들을 주의 나라에서 하나는 주의 우편에, 하나는 주의 좌편에 앉게 명하소서 _마 20:20~21

예수님은 세 차례나 반복해서 십자가를 가르치시는데 양육받은 제자들은 엄마를 앞세워 찾아와서 "좌의정, 우의정 자리를 내놓으라"고 합니다. 세베대의 아들의 어머니가 치맛바람의 원조입니다. 그 어머니가 자녀를 데려와 주님께 엎드려 절하며 구하고 있는 것이 무엇입니까?

"주의 나라에서 두 아들을 주의 우편과 좌편에 앉게 해 달라"고 합니다. 언뜻 보면 복음적인 것을 구한 것 같습니다. 우리도 입만 열면 '주의 나라', '주의 보좌'가 전자동으로 나옵니다. 저도 이 어머니처럼 "주여, 주여" 합니다. 남편 생전에는 남편이 운전하는 차의 조수석에 앉아서 조금만 불안하면 "주여" 하곤 했습니다. 밥 먹다가도 "주여" 했습니다. 그러니까 남편이 "주여, 주여, 그만하라"고 했습니다. 교양 있는 사람들은 이 소리를 듣기 싫어합니다. 하지만 우리는 좋아도 싫어도 "주여"가 나오는데 어쩌겠습니까.

> 예수께서 대답하여 이르시되 너희는 너희가 구하는 것을 알지 못하는도다 내가 마시려는 잔을 너희가 마실 수 있느냐 그들이 말하되 할 수 있나이다_마 20:22

예수를 믿어도 열심이 특심이 되면 착각에 사로잡혀서 진정 내가 무엇을 구하는지 알지 못하게 됩니다. 그 열심에 나도 속고 남도 속입니다. 으뜸이 되려면, 제대로 믿음을 가지려면 '마시려는 잔'이 있어야 합니다. 그 잔은 십자가 지는 고난을 기쁘게 감당하는 것입니다. 예수님은 인류의 구원을 위해 십자가에 못 박히는 잔을 마시셨습니다.

그런데 제자들은 뭣도 모르고 할 수 있다고 장담합니다. 아무리 주의 이름으로 나아가도 아무에게나 장담하면 안 됩니다. "대학에 떨어지면 어떡해!" 걱정하는 자녀에게 "떨어지면 감사하면 되지" 해서는 안 됩니다. 결혼을 앞두고 "힘들어지면 어쩌지!" 걱정하는 친구 앞에서 "결혼의 목적은 거룩이니, 당연히 그 고난을 잘 감당해야지. 그래야 거룩해지는 거야" 하면서 정답만 말하는 사람이 있습니다. 체휼을 못 하고 공감도 못 합니다. 이것이 바로 세베대의 아들들과 그들의 어머니가 말하는 "할 수 있나이다"입니다. "할 수 있나이다" 하며 장담하지만 예수님이 마시려는 잔을 전혀 공감하지 못합니다.

사실 이 어머니가 구한 것은 높은 지위입니다. 예수님이 다윗처럼 이스라엘의 위대한 왕이 될 것으로 믿었기 때문입니다. 예수님이 왕이 되면 한자리 차지할 욕심에 사로잡혀 있었던 것입니다. 그러니 겉으로는 "주여, 주여" 하면서 자신도 모르고 남도 모르는 외침을 하는 것입니다.

> 이르시되 너희가 과연 내 잔을 마시려니와 내 좌우편에 앉는 것은 내가 주는 것이 아니라 내 아버지께서 누구를 위하여 예비하셨든지 그들이 얻을 것이니라 _마 20:23

제자들은 뭣도 모르면서 고백했지만 주님은 그 고백을 책임지십니다. "과연 마실 것이라"고 약속해 주십니다. 훗날 세베대의 아들 야고보는 최초의 순교자로 헤롯 아그립바 1세에게 칼로 목 베임을 당했고, 요한은 밧모섬으로 유배를 갔습니다. 십자가의 잔을 마신 것입니다. 예수님 옆에 붙어 있으면 하나님께서 책임지십니다. 내가 아무것도 모른 채 장담하고 고백했어도 하나님은 그 고백을 책임지십니다. 구원의 일에 사용하십니다.

"너희가 아무리 잔을 마셔도 좌편, 우편에 앉는 것은 아버지 소관"이라고 말씀하십니다. 즉 하나님의 주권, 다시 말해 하나님에 의해서만 모든 것이 이루어진다는 뜻입니다. 예비하셨다는 것은 이미 과거에 이루어진 결정이라는 의미입니다. 그 결정은 결코 소멸되지 않습니다. 그 누구도 바꿀 수가 없습니다. 하나님의 주권이기 때문입니다.

그리고 야고보와 요한이 이렇게 구했어도 수제자 자리는 베드로에게 갔습니다. 일을 하면서 자리를 따지면 안 됩니다.

열 제자가 듣고 그 두 형제에 대하여 분히 여기거늘_마 20:24

왜 열 제자가 분히 여깁니까? '두 제자가 좌편, 우편에 앉게 되는가' 하는 생각이 들어서입니다. '우리는 왜 진작에 그런 생각을 못 했지?' 후회되고, 자리다툼에서 밀려난 것이 억울했기 때문입니다. 예수님의 죽음이 임박한 자리에서 제자들의 태도가 이렇습니다. 하물며 돈 많은 부모의 죽음 앞에서 자녀들이 어떻겠습니까?

예수께서 제자들을 불러다가 이르시되……_마 20:25a

예수님은 분히 여기는 그들을 불러다가 가르치십니다. 가르치고 또 가르쳐도 어쩌면 이렇게 못 알아들을 수 있습니까? 예수님이 참 많이 속상하셨을 것입니다. 이런 예수님의 모습을 보며 저 역시 목회하면서 더 많이 인내해야겠다는 생각을 합니다.

25b ……이방인의 집권자들이 그들을 임의로 주관하고 그 고관들이 그들에게 권세를 부리는 줄을 너희가 알거니와 26 너희 중에는 그렇지 않아야 하나니 너희 중에 누구든지 크고자 하는 자는 너희를 섬기는 자가 되고_마 20:25b~26

세상 사람들은 높은 자리에 오르면 권세를 부립니다. 당연합니다.

그런데 예수님은 너희는 그러지 말라고 말씀하십니다. 여러분은 어떻습니까? 높은 자리에 올라 권세 부리는 것이 불편해야 하는데 당연하게 여기고 섬김을 받으려고만 하지 않습니까?

저도 그렇습니다. 집사 시절에는 무시받는 게 당연하더니 목사가 되니까 무시당하면 분합니다. '내가 남자라면 이런 무시를 안 받았을 텐데' 하는 마음도 있습니다. 큰 자가 못 돼서 그렇습니다. 사람이 너무 비천하면 슬픈 줄도 모릅니다. 그러나 높은 자리에 있으면 조금만 무시당해도 분합니다. 자리다툼 하는 것도 그렇습니다. 하나님 나라의 비밀이 임하지 않아서입니다. 그 비밀을 누리지 못하니까 끊임없이 '크냐, 작으냐'를 따집니다. 그 때문에 시기하고 질투합니다. 그러니 인생이 편할 리 없습니다.

◆ 내가 예수 믿으면서도 구하는 우편, 좌편은 무엇입니까? 권세, 부, 명예를 얻는 것만이 내가 섬기는 목적입니까? 오직 구원을 위해 섬기며 자기 십자가를 지고 주님을 따르는 것이 진정 으뜸인 삶임을 믿습니까?

종이 되기를 힘써야 합니다

27 너희 중에 누구든지 으뜸이 되고자 하는 자는 너희의 종이 되어야 하리라 28 인자가 온 것은 섬김을 받으려 함이 아니라 도리어 섬기려 하고 자기 목숨을 많은 사람의 대속물로 주려 함이니라_마 20:27~28

으뜸이 되려면 종이 되어야 합니다. 섬김을 받는 게 아니라 섬겨야 합니다. 하지만 자기보다 높은 사람에게 종이 되는 건 섬김이 아닙니다.

이병이 일병을 섬기고 일병이 상병을 섬기고 상병이 병장을 섬기는 건 당연합니다. 그런데 계급 사회인 군대에서 병장이 이병을 섬기면 복음을 전하기가 수월합니다. 높은 사람이 아랫사람을 섬기는 것, 말이 안 되는 사람을 섬기는 것, 높은 자리에서 폭군처럼 휘두르는 사람을 섬기는 것이 으뜸이 되는 지름길입니다.

앞서 말한 영재들의 어머니인 진경혜 씨는 '영재 교육의 가장 큰 적은 교만'이라고 했습니다. 자녀를 떠받들어 키우면 교만해집니다. 진경혜 씨는 "영재 교육원이 아니라 엄마의 철학과 따뜻한 가정 분위기, 부모의 노력에서 자녀가 영재로 자랄 수 있다"고 강조했습니다.

영재 자녀를 둔 것도 부러운데 구구절절 옳은 소리를 하니 여러분은 하나님이 원망스럽지 않습니까? 자식 가진 부모라면 "왜 저한테는 이런 자녀를 주지 않으시냐" 하며 원망하고 불평하는 소리가 나오게 마련입니다. 나머지 열 제자가 분히 여긴 것과 다르지 않은 반응입니다.

우리 교회 어느 집사님의 적용 나눔입니다.

지난 토요일 33세 아들이 선을 봤습니다. 막내 올케가 주선한 자리인데 상대 여자는 키도 크고 얼굴도 예쁘고 날씬한데다 신앙이 아주 좋다고 했습니다. 결혼을 위해 새벽기도까지 한다고 했습니다. 반면에 아들은 교회도 안 다니고 신앙도 없는데다 술과 담배를 너무나 좋아하고 걸핏하면 소리를 지르는 30대 반항아였습니다. 심지어 엄마처럼 교회에 열심히 다니는 여자하고는 결혼하지 않겠다고 했습니다. 그러니 아들에게는 과분한 자매였습니다.

저는 자매를 만나고 들어온 아들을 옆에 앉히고 이것저것 궁금한 것을 묻고 싶었지만 그랬다간 버럭 화부터 낼까 봐 아예 묻지도 않았습니다. 그런데 어제저녁 아들이 술에 잔뜩 취해 들어와서는 "엄마! 나 선본 것 궁금하지 않아?" 했습니다. "당연히 궁금하지. 아가씨가 마음에 드니?" 했더니 아들이 "궁금해도 조금만 참아" 하고는 자기 방으로 들어가 버렸습니다. 쫓아가 재차 물으니 어린 시절 엄마 아빠한테 너무 많은 상처를 받아서 누구한테도 속마음을 털어놓지 않게 되었다며 선본 것도 말하고 싶지 않다고 했습니다.

아들은 자매가 신앙생활도 하지 않는 자기를 왜 좋아하는지 모르겠다고 자랑삼아 말하고, 저 역시나 그 자매를 며느리 삼고 싶었지만 한편으로 생각하면 자매가 불쌍하다는 생각이 들었습니다. 자매 입장에서는 불신결혼을 하는 것이니 딱했습니다.

사실 저는 그동안 불신결혼을 우상처럼 여겼습니다. 믿음 없는 아들에게 안 믿는 아가씨와 결혼하려면 차라리 혼자 살라고, 나와 인연을 끊고 너 혼자 멋대로 살라고 퍼부어 댔습니다. 제 모습이 얼마나 완악했으면 아들이 엄마처럼 믿는 여자와는 결혼하지 않겠다고 했겠습니까?

저는 아들에게 눈물을 흘리며 저의 죄를 고백했습니다.

"내가 믿음도 없는 너에게 불신결혼 안 시키려고 욕심을 부렸구나. 내가 죄인이지. 이제 내 욕심을 내려놓으마. 나는 상관하지 말고 네가 선택한 사람과 결혼해. 설사 네가 안 믿는 여자와 결혼하더라도 그것은 너를 잘못 키운 내 죄의 결과야. 네가 어떤 결혼을 하든지 거룩을 위해 고통이 따른다면 너와 내가 감당할 일이지 않겠니."

제가 말을 마치고도 눈물을 계속 흘리자 아들이 당황해서 "엄마 왜 그래" 했습니다.

이상한 일은 다음 날 아침에 일어났습니다. 출근하려고 일어난 아들이 나를 부르더니 자매와 만난 이야기를 들려주었습니다. 토요일에 선을 보고

월요일 빼고 수요일까지 계속 만났다면서 아무래도 엄마가 자기를 위해 기도한 것이 응답되려는 모양이라고 말했습니다. 교회 이야기만 하면 날을 세우던 아들이 자기 입으로 기도 응답을 말하니 기적이 일어난 것만 같았습니다. 아들이 갑자기 온순해진 것 같았습니다.

아들을 불신결혼시키지 않으려는 내 욕심을 깨닫게 해 주신 하나님께 감사합니다. 모든 것을 주님이 주관해 주실 것을 믿고 내려놓으니 마음이 얼마나 홀가분해졌는지 모릅니다. 그동안 불신결혼해서는 안 된다는 명목 아래 얼마나 아들을 볶았는지 모릅니다. 이제는 아들이 믿음으로 영혼 구원이 되어 가치관이 바뀌고 스스로 불신결혼하지 않기를 기도하겠습니다.

큐티하는 분들은 적어도 이런 적용을 해야 합니다. 믿는 부모는 자녀가 교회 잘 다니고 큐티 잘 하면 믿음생활 잘 한다고 생각합니다. 하지만 교회 다니는 열심이 특심이 되면 나도 속고 남도 속입니다. '내 아들 때문에 저 며느리가 얼마나 고생할까', '내 딸 때문에 저 사위가 얼마나 고생할까' 하면서 눈물 흘린 적 있습니까? 세베대의 아들의 어머니처럼 날마다 좌편 우편밖에 모르지는 않습니까? '내 자식만 최고'라고 하지 말고 진실한 기도를 하십시오.

◆ 높은 자리에 올라 권세 부리는 것이 불편해야 하는데 당연하게 여기고 섬김을 받으려고만 하지 않습니까? 나보다 못나서, 작아서 섬겨야 할 사람은 누구입니까? 우리가 자녀를 위해 기도해야 할 것이 무엇입니까? 날마다 꿇어 엎드려 높은 자리만 구해야겠습니까?

마땅히 봐야 할 것을 봐야 합니다

그들이 여리고에서 떠나 갈 때에 큰 무리가 예수를 따르더라 _마 20:29

예수님은 언제나 으뜸이 되는 모습, 섬기는 모습을 보여 주십니다. 죽으러 가면서도 병자를 고치고 남의 것까지 깨달아 주십니다. 내가 비록 암에 걸려 죽게 되어도 그렇습니다. 우리는 식구들 것까지 깨달아 주고 가야 합니다.

맹인 두 사람이 길 가에 앉았다가 예수께서 지나가신다 함을 듣고 소리 질러 이르되 주여 우리를 불쌍히 여기소서 다윗의 자손이여 하니 _마 20:30

맹인 두 사람은 '예수님이 오신다'는 말만 듣고도 와서 소리 질렀습니다. 우리들교회에 오지 않아도 제 책만 읽고도 큐티하는 분들이 많고, 지방에서, 전 세계에서 저를 보고 싶어 하는 분들이 많습니다. 그런데 제가 바로 옆에 있어도 큐티 안 하고 소 닭 보듯 하는 분들도 많습니다. 옆에 있을 때 알아보면 얼마나 좋습니까?

맹인들은 믿음의 대상이 다윗의 자손임을 정확하게 알았습니다. 다윗은 불륜에, 간음에 살인과 거짓말에 온갖 죄를 지었어도 누구보다 주님을 사랑한 사람입니다. 맹인들은 구속사적으로 정확히 알고 정확히 기도했습니다. 세베대의 아들의 어머니처럼 자리를 구하지 않았습니다. 내가 무슨 죄로 맹인이 됐냐고 따져 묻지도 않았습니다. 다만 나를 불쌍히 여겨 달라고, 내가 죄인이라고 고백했습니다.

그러나 그렇게 기도했건만 그들은 수로보니게 여인처럼 무시당합니다.

무리가 꾸짖어 잠잠하라 하되 더욱 소리 질러 이르되 주여 우리를 불쌍히 여기소서 다윗의 자손이여 하는지라 _마 20:31

그럼에도 맹인 두 사람은 똑같은 이야기를 더욱 소리 질러 말했습니다. 이렇듯 우리의 기도도 대상과 내용이 바뀌면 안 됩니다. 맹인들은 나중에 눈을 뜨고 나서 주님을 따랐습니다. 주님을 따르기 위해 십자가를 지겠으니 눈을 뜨게 해 달라고 서원했을 것입니다. 영적인 소원입니다.

그런데 눈 떠서 과연 좋은 게 무엇입니까? 점자책 보며 구걸하던 삶을 버리고, 한글 배우고 일을 해야 하는데 이것이 또 얼마나 무거운 십자가입니까? 하지만 맹인 두 사람이 자기 유익만을 구했다면 이런 기도는 할 수 없습니다.

그런데 그 모습을 보며 무리가 꾸짖고 무시합니다. 무리는 아이들이 와도 꾸짖고, 맹인이 와도 꾸짖습니다. 자기네보다 약한 사람들은 다 무시합니다.

예수께서 머물러 서서 그들을 불러…… _마 20:32a

그러나 맹인들의 간절함과 애통함이 예수님을 머물러 서게 했습니다. 여러분은 맹인과 같은 간절한 기도를 합니까?

제가 평신도로 큐티 사역을 하는 동안 "너는 잠잠하라"는 꾸짖음을 얼마나 많이 받았겠습니까? 하지만 '잠잠하라'는 꾸짖음을 들어도 저는 그저 "불쌍히 여겨 달라"고 날마다 기도했습니다.

> 32b ……이르시되 너희에게 무엇을 하여 주기를 원하느냐 33 이르되
> 주여 우리의 눈 뜨기를 원하나이다_마 20:32b~33

"무엇을 하여 주기를 원하느냐"고 물으시니 그들은 오로지 "눈 뜨게
해 달라"고 대답합니다. 저는 주님이 "무엇을 해 주기 원하느냐"고 물으
실 때 "말씀을 깨닫기 원한다"고 대답했습니다. 저는 과부가 된 엄마 밑
에서 자라는 자녀들을 위해서라도 제가 어떤 사람이 되는가가 중요했습
니다. 그래서 말씀을 깨닫기를 원했습니다. 그랬더니 아무리 무리가 꾸짖
어도 하나님이 불러 세우셔서 여기까지 왔습니다. 그리고 생명에 대한,
영혼 구원에 대한 부담을 주셨기 때문에 이 길을 갑니다. 내 인생을 내 마
음대로 못 합니다. 한 가지 영적 소원이 이토록 중요합니다. 여러분의 한
가지 소원은 무엇입니까?

> 예수께서 불쌍히 여기사 그들의 눈을 만지시니 곧 보게 되어 그들이 예
> 수를 따르니라_마 20:34

맹인 두 사람이 "눈 뜨기를 원한다"는 기도를 할 때 예수님은 창자가
끊어지도록 그들을 불쌍히 여기십니다. 그리고 주님이 그들의 눈을 만지
시니 곧 그들의 눈이 떠졌습니다. 그들에게 세상 만물이 다 보였습니다.
귀로만 듣던 예수님도 두 눈으로 보았습니다.

마가복음에 보면 맹인들이 눈을 뜬 뒤 곧 길에서 예수님을 따랐다고
했습니다(막 10:52). 이것이 너무나 중요합니다. 주님을 따르고자 눈 뜨기

를 원했기 때문에 감격해서 곧장 예수님을 따랐습니다. 맹인에게 세상은 자기보다 높은 사람밖에 없는 곳입니다. 그래서 그들은 섬기는 것이 자기 옷처럼 편안합니다. 예수님은 예루살렘 입성 전에 마지막 기적을 맹인들에게 베푸셨습니다. 대제사장과 서기관에게 베푸신 것이 아닙니다.

D.L. 무디 목사님이 설교 중에 사용한 예화 한 편을 소개합니다.

한 부인이 성격이 포악한 남편을 참고 살았더니 아들조차 아버지의 영향을 받아서 사악한 행동을 하고 무서운 죄를 저지르고 다녔습니다. 마침내 아들은 살인을 저질러 사형선고를 받았습니다. 그러던 중에 남편이 죽었습니다. 재판을 하는 동안 어머니는 한 번도 빠지지 않고 법정에 앉아서 과정을 지켜봤습니다. 증언이 불리하게 나올 때마다 아들보다 어머니가 더 마음이 아팠습니다. 마침내 사형 판결이 났을 때 모든 배심원이 당연하다고 했으나 어머니는 정상 참작을 요청했습니다. 그러나 거절당했습니다.

사형을 당한 아들의 시체를 달라고 했으나 그것마저 거절당해 아들은 죄인들의 묘지에 매장되었습니다. 어머니는 훗날 죽으면서 자신의 시체를 아들 옆에 묻어 달라고 했습니다. 살인자라고 손가락질하는 그 아들 옆에 묻어 달라고 할 사람은 어머니밖에 없습니다. 자식이 살인자라고 해도 부끄럽지 않습니다.

그러나 이 사랑도 하나님의 사랑에 비하면 보잘것없습니다. 이 땅에서 전과자이고 살인자라도 예수님을 믿으면 우리는 바랄 게 없습니다. 내가 직접 아버지께 부름받으면 으뜸이 될 수 있습니다. 누구를 불평하면 안 됩니다. 내가 아버지를 영접하면 그 사랑하는 아버지가 있어서 가고 싶은 곳이 천국입니다. 나를 제일 사랑하는 아버지가 계시기에 가고 싶은 곳이 천국입니다.

맹인처럼 불쌍히 여겨 달라는 기도가 저절로 나오는 사람, 섬기는 자리에 있는 사람의 기도가 주님을 머물러 서게 합니다. 구원을 위해 능욕과 채찍질과 침 뱉음을 당할지라도 하나님의 시간, 삼 일 후에 살아날 것을 믿고 십자가를 잘 지고 갈 때 진정한 으뜸으로 살아갈 수 있습니다.

◆ 구원을 위해 조롱당하고 십자가 지는 것을 기쁘게 여길 수 있습니까? 나는 무엇을 부러워하며 예수님보다 귀하게 여깁니까? 나도 모르는 내 열심으로 나도 속고 남도 속이는 일이 무엇입니까? "다윗의 자손이여, 불쌍히 여겨 주옵소서" 하고 기도한 맹인들처럼 예수님을 머물러 서시게 하는 기도를 하고 있습니까?

•••

우리도 이제는 내 가족과 공동체를 위해
자발적으로 조롱을 감당하고 기쁘게 십자가를 져야 합니다.
예수 믿는 순간부터 우리 인생은
십자가 지는 인생으로 운명이 바뀌었기 때문입니다.
주님처럼 목적이 분명하면 어떤 상황에서도 천국을 누립니다.
인생의 목적이 분명하지 않기에 고난이 오면 흔들리는 것입니다.

•••

말씀으로 기도하기

우리는 세상에서 잘나가는 사람이 교회까지 잘 다니는 것을 보면 시기가 올라옵니다. 대제사장의 높은 지위와 서기관의 폭넓은 학식을 부러워하고, 으뜸이 되어 칭찬받고 싶어서 높은 자리만을 탐합니다. 하지만 예수님은 으뜸이 되려면 종이 되어 섬겨야 한다고 하십니다.

으뜸이 되려면 목적이 분명해야 합니다(마 20:17~19).

인생의 목적이 뚜렷하여 십자가를 지고 죽기 위해 예루살렘으로 올라가시면서도 자신의 죽음을 주제로 제자들을 양육하신 예수님을 본받기 원합니다. 저도 예수님처럼 영혼 구원을 위해 자발적으로 능욕을 받고, 가족과 공동체를 위해 제 몫의 십자가를 기쁘게 지고 갈 수 있게 도와주옵소서.

으뜸이 되려면 욕심을 내려놓아야 합니다(마 20:20~26).

저도 세배대의 아들들처럼 아무것도 모른 채 욕심에 이끌려 자기 열심으로 예수님이 마시려는 잔을 함께 마시겠다고 고백할 때가 많았습니다. 이제는 그 잔이 십자가에 못 박히는 잔이라는 것을 압니다. 권세를 부리지 않고 섬김의 자리로 내려가는 것이 십자가 지는 것처럼 어렵지만, 예수님을 생각하며 그 십자가의 잔을 기쁨으로 마시게 하옵소서.

종이 되기를 힘써야 합니다(마 20:27~28).

높은 자리에 올라 다른 사람의 섬김을 받으며 권세를 부리려고만 하는 저를 불쌍히 여겨 주옵소서. 하나님으로서 점처럼 낮아져 사람이 되신 예수님의 겸손을 배우게 하옵소서. 죄가 없지만 한 영혼을 살리려고 자기 목숨을 대속물로 내주신 예수님의 섬김을 기억하게 하옵소서. 저도 구원을 위해서라면 종처럼 낮아져 다른 사람을 섬길 수 있게 인도해 주옵소서.

마땅히 봐야 할 것을 봐야 합니다(마 20:29~34).

예수님을 머물러 서시게 한 맹인들의 간절함과 애통함이 제게도 있게 하옵소서. 주께서 "무엇을 해 주기 원하느냐?"라고 물으실 때, 말씀을 깨닫고 주님을 따르기 원한다고 대답할 수 있는 믿음을 허락해 주옵소서.

우리들 묵상과 적용

저는 학교 후배의 소개로 지금의 남편을 만나, 목사님의 주례로 결혼했습니다. 재수 시절 곤고할 때 하나님을 만난 남편은 믿음도 있고 세상적으로도 갖춘 것이 많아 보였습니다. 무엇보다 저는 남편의 언변과 자상함이 좋았습니다. 남편은 제게 '눈에 보이는 하나님'이자 상담자, 편안한 친구 같은 존재였습니다. 그러나 신혼을 보내고 첫아들을 낳은 후 산후 우울증으로 친정에서 여러 날을 보내는 동안, 생각지도 못한 남편의 일탈이 시작되었습니다. 남편은 일을 핑계 삼아 주말에만 집에 들어왔고, 변한 남편 때문에 발등에 불이 떨어진 저는 밤마다 돌이 갓 지난 아이를 업고 기도원으로 향했습니다.

두 맹인은 '우리가 죄인이니 우리를 불쌍히 여겨 달라'고 소리 질러 겸손히 구했지만(마 20:30), 저는 오직 남편과의 관계 회복이 목적이었기에 맹인처럼 부르짖었어도 주님을 머물러 서시게 하지 못했습니다(마 20:32). 상황은 더 악화되어 남편은 통장에 있는 돈을 전부 인출해 가출하기에 이르렀고, 저는 친구의 소개로 2005년도에 비로소 우리들교회에 오게 되었습니다.

죄의 문제를 해결하기 전에는 아무것도 해결되지 않는다는데, 베란다에서 외도녀와 절절히 통화하는 남편을 보니 가증스러워 견딜 수가 없었습니다. 그런데 남편의 모습이 하나님 앞의 제 모습처럼 여겨졌습니다. 나를 사랑하고 계신 하나님이 내 옆에 계신데, 남편을 우상 삼고 세상을 동경하며 두마음을 품었던 제 실체를 보여 주시는 것 같았습니다. 그리고 나의 이런 우상숭배를 하나님이 가증스럽게 여기시겠다는 것이 깨달아 졌습니다.

어릴 때 어머니가 편찮으셔서 온 가족이 교회에 다니게 되었고, 저는 낮은 자존감으로 삶이 곤고해서 열심히 신앙생활을 했습니다. 고등부에서는 주일예배 후 성경 공부와 노방전도로, 미션스쿨인 고등학교에선 기도 모임과 채플로, 대학생 때는 선교단체에서 활동하며 하나님을 찾았습니다. 이것이 나의 의가 되어 하나님 앞에 신실한 줄로 착각했습니다. 그러나 저의 밑바닥에는 경건을 이익의 재료로 삼아 자존감을 채움받고 세상으로 향하고 싶은 열망이 숨어 있음을 보게 되었습니다. 결국 '예배'가 아닌 '세상'이 목적이었던 것입니다.

나의 곤고함에서 비롯된 열심을 믿음이라 착각하며 죄를 깨닫지 못하는 영적 맹인이 될 뻔했는데, 주님이 불쌍히 여겨 주셔서 말씀이 있는 공동체로 불러 주시고, 죄로 가려진 눈을 만져 주셔서 죄인이라고 고백하는 은혜를 주셨습니다(마 20:34). 그리고 그즈음 남편을 가정으로 보내 주시고 예쁜 딸도 주셔서 육적으로도 회복하게 해 주셨습니다. 아직 남편이 교회에 나오지 않는 것은, 예수님을 더 깊이 만나지 못해 구원에 대해 절박하지 못한 저 때문임을 고백합니다. 십자가 말씀이 점점 더 많이 들려 내 죄를 깨닫고, 귀로만 들리던 말씀이 눈으로 보이듯(마 20:34) 체험되기를 소망합니다.

영혼의 기도

하나님 아버지, 예수님은 예루살렘에 죽으러 가시면서도 마지막까지 제자들을 양육하셨습니다. 저 역시 죽음을 앞두고 하나님 나라를 전할 수 있기를 원합니다. 저는 욕심이 앞서서 제가 왜 조롱을 당하는지 모릅니다. 대제사장의 지위와 서기관의 학식이 부러워서 당하는 것이 제 인생의 결론인데 십자가를 지기 싫어서 깨닫지 못합니다. 날마다 그 부러운 것 때문에 나는 살고 예수님을 못 박습니다.

목적이 분명하지 않아서 예수님께 구하고 절하며 주의 나라에서 우편과 좌편에 앉게 해 달라고 기도하면서 남도 속이고 나도 속습니다. 제가 구하는 것의 목적이 구원에 있게 하옵소서.

문제 자녀는 없고 문제 부모만 있다고 했는데 문제 부모의 중심에 제가 있습니다. 자녀를 객관적으로 보기 원합니다. 볼 것을 보기 위해 "다윗의 자손이여, 불쌍히 여기소서" 하는 맹인의 기도를 하기 원합니다.

주 안에서 으뜸이 되어서 많은 사람에게 나누어 줄 것만 있는 인생을 살 수 있도록 은혜를 내려 주옵소서. 예수님 이름으로 기도합니다. 아멘.

천국을 보여 주는 인생

초판 발행일 Ⅰ 2006년 10월 11일
개정증보판 발행일 Ⅰ 2023년 12월 11일
지은이 Ⅰ 김양재

발행인 Ⅰ 김양재
편집인 Ⅰ 김태훈
편집장 Ⅰ 정지현
편집 Ⅰ 김윤현 진민지 고윤희
디자인 Ⅰ 디브로㈜

발행한 곳 Ⅰ 큐티엠
주소 Ⅰ 경기도 성남시 분당구 판교공원로2길 22, 4층 큐티엠 (우)13477
편집 문의 Ⅰ 070-4635-5318　**구입 문의** Ⅰ 031-707-8781
팩스 Ⅰ 031-8016-3193
홈페이지 Ⅰ www.qtm.or.kr　**이메일** Ⅰ books@qtm.or.kr
인쇄 Ⅰ ㈜정현씨앤피
총판 Ⅰ ㈜사랑플러스 02-3489-4300

ISBN Ⅰ 979-11-92205-62-5

큐티엠(QTM, Quiet Time Movement)은 '날마다 큐티'하는 말씀묵상 운동을 통해
영혼을 구원하고, 가정을 중수하고, 교회를 새롭게 하는 일에 헌신합니다.